कारावास के दिन : यादें और अनुभव

(संस्मरण)

कारावास के दिन

यादें और अनुभव

शेरजंग

अनुवाद

निर्मला शेरजंग

राधाकृष्ण प्रकाशन

ISBN : 978-81-7119-541-1

कारावास के दिन : यादें और अनुभव

पहला संस्करण : 2000
This book is printed on **Print on Demand** Technology : 2024
मूल्य : ₹695

प्रकाशक
राधाकृष्ण प्रकाशन प्राइवेट लिमिटेड
जी-17, जगतपुरी, दिल्ली-110 051
शाखाएँ : अशोक राजपथ, साइंस कॉलेज के सामने, पटना-800 006
पहली मंज़िल, दरबारी बिल्डिंग, महात्मा गांधी मार्ग, प्रयागराज-211 001
1, अनमोल सोराबजी संतुक लेन, धोबी तलाव, मरीन लाइंस, मुम्बई-400 002
वेबसाइट : www.radhakrishnaprakashan.com
ई-मेल : info@radhakrishnaprakashan.com

KARAVAS KE DIN : YAADEN AUR ANUBHAV
Memoirs by Sherjung

आजादी की स्वर्ण जयंती
पर
स्वतंत्रता सेनानियों को मेरी श्रद्धांजलि

—निर्मला शेरजंग

मूल अंग्रेजी में यह पुस्तक 'प्रिज़न डेज : रिकलेक्शंस एंड रिफ्लेक्शंस' शीर्षक से बी.आर. पब्लिशिंग कार्पोरेशन, दिल्ली से प्रकाशित हुई थी।

अनुवादक की ओर से

साठ वर्ष की लंबी अवधि के बाद जब एक साथी की मृत्यु होती है तो दूसरा मरता तो नहीं, अधूरा अवश्य हो जाता है। शेरजंग की मृत्यु (दिसंबर 1996) के बाद उनकी 'प्रिज़न डेज़' नामक पुस्तक के अनुवाद करने का विचार मेरे सामने जीवन की एक प्रेरणा बनकर आया और मैं अपने आपको भूलकर उसके अनुवाद में जुट गई।

यह पुस्तक शेरजंग की जीवनी नहीं है; उनके जेल-जीवन की कुछ घटनाओं व अनुभवों का संकलन है। उन घटनाओं को यद्यपि मैंने स्वयं नहीं झेला, तथापि उनसे मेरा घनिष्ठ संबंध अवश्य रहा है। पुस्तक में जिन राजनीतिक बंदियों का वर्णन किया गया है उनसे मेरा व्यक्तिगत परिचय था। मैं शेरजंग और उनके जेल के बाहर के साथियों के बीच 'एक संपर्क' का कार्य करती थी। शेरजंग के जेल से छूटने के बाद भी मेरा इन सब साथियों के साथ व्यक्तिगत संपर्क बना रहा।

शेरजंग के अज्ञातवास की घटनाओं के साथ मेरा सीधा संबंध नहीं है। शेरजंग के जेल से रिहा होने के बाद मैंने उनके साथ उन सब स्थानों का भ्रमण किया जहाँ शेरजंग रहे और जहाँ-जहाँ पुलिस के साथ उनकी मुठभेड़ें हुई थीं। मैं उन सब लोगों से भी मिली, जिन्होंने उन्हें अपने घरों में आश्रय दिया था। उनमें से कुछ अभी जीवित हैं, उनसे मेरा संपर्क बना हुआ है। जो साथी अब नहीं रहे उनके परिवारों से भी स्नेह का नाता बना हुआ है। इसी कारण मैंने शेरजंग की 'प्रिज़न डेज़' नामक पुस्तक के अनुवाद का कार्य स्वयं करना चाहा। जिससे मैं यथासंभव उनके विचारों, मूल्यों और अनुभवों को और साथ ही स्वतंत्रता सेनानियों की दारुण यातनाओं को आपके सम्मुख रख सकूँ। इस कार्य में मैं कहाँ तक सफल हो पाई हूँ, इसका निर्णय तो आप ही करेंगे।

20.9.97 —निर्मला शेरजंग

यह किताब

शेरजंग से मेरी पहली भेंट भारत के स्वाधीन होने के कुछ ही दिनों बाद, सन् 1947 में हुई। उस समय देश का विभाजन हुआ था, उससे सारा देश संकट और विषाद में डूबा हुआ था। शरणार्थी लगातार आ रहे थे, दिल्ली भर में भयानक घटनाएँ हो रही थीं। हमारा परिवार भी शरणार्थियों में से एक था, तथापि हमारी दशा उतनी शोचनीय नहीं थी जितनी कि अन्य शरणार्थियों की थी, क्योंकि देश विभाजन के कुछ ही महीने पहले मेरे पिताजी का लाहौर से दिल्ली में तबादला हो चुका था। हम दिल्ली में अपनी गरमियों की छुट्टियाँ मनाने आए थे। कुछ ही समय में हम भाइयों को यह स्पष्ट हो गया कि अब हमें लाहौर वापस जाकर अपनी शिक्षा पूरी करने का विचार छोड़ना होगा। कुछ मित्रों और संबंधियों ने हमें दिल्ली में खोज निकाला। हम अपने अन्य संबंधियों के विषय में चिंतित थे। हमारा बहुत सा समय रेडियो के निकट बैठकर उन समाचारों और संदेश सुनने में व्यतीत होता जो परिवारों के बिछुड़े सदस्य एक-दूसरे की खोज में आकाशवाणी द्वारा प्रसारित करवाते रहते थे।

एक दिन मैं और मेरा एक मित्र, शरणार्थियों के सहायता-कार्यों में अपना सहयोग देने के लिए अपनी-अपनी साइकिलों पर सवार होकर किंग्ज़वे शरणार्थी कैंप गए। कैंप का मुख्य संचालक बहुत सभ्य पुरुष था। उसने अत्यंत विश्वसनीय, किंतु अनौपचारिक ढंग से हमारे साथ बात की और कहा कि यहाँ का काम ऐसा नहीं जिसे कुछ घंटों के लिए यों ही किया जा सके। यह पूरा समय और पूरी तल्लीनता माँगता है। जब मैं उन्हें यह आश्वासन दिला सका कि मैं अपना पूरा समय देने को तैयार हूँ तो उन्होंने मुझे तुरंत कैंप का कुछ काम दे दिया। मैं काम करने लगा। इस कैंप संचालक का नाम शेरजंग था।

मैं भी, अनेक नवयुवकों की भाँति, उस समय अपनी पहचान की खोज में तथा अपने संभावित भविष्य की रूपरेखा को निश्चित करने के प्रयास में, अपनी डायरी में यदाकदा कुछ घटनाएँ लिख लिया करता था। उसके पन्नों को अब जब मैंने पलटकर देखा तो मुझे लगा कि शेरजंग से मिलना मेरे जीवन की एक अनुपम घटना थी। मैं उनके प्रभावी व्यक्तित्व, साहस, विद्वत्ता और उनके अपने मूल्यों पर निर्मित जीवन-शैली से बहुत प्रभावित हुआ। भौतिक विज्ञान में मेरी अत्यधिक रुचि थी। फिर भी उसे छोड़कर शेरजंग के साथ उनकी घुमक्कड़ जीप में बैठकर लोगों को आवश्यक

सहायता पहुँचाने का तथा उस समय की विनाशकारी क्रोधाग्नि की जलती ज्वालाओं में कूदकर लोगों की रक्षा करने का विचार मेरे मन में आया। इस विचार को यदि मैंने शेरजंग के सम्मुख रखा होता तो मुझे पूरा विश्वास है कि उन्होंने मेरे उस प्रस्ताव को अस्वीकार कर दिया होता। धीरे-धीरे जंग और निर्मला से मेरी मैत्री हो गई जिसका आनंद मैं कभी भी समय मिलने पर ले सकता था।

शेरजंग की अंग्रेजी में लिखी पुस्तक 'प्रिज़न डेज़' और निर्मला द्वारा किए उसके अत्युत्तम अनुवाद ने मेरे मन को बहुत प्रभावित किया है। यह पुस्तक एक अपूर्व व्यक्तित्व के कठोर और कडुवे अनुभवों का संकलन है। अभी तक मुझे शेरजंग के सन् 1947 से पूर्व की युवावस्था की सामान्य जानकारी ही थी। अब यह मुझे अपनी मूर्खता लगती है कि मैंने यह जानने की कभी कोशिश ही नहीं की कि वे कौन सी घटनाएँ व अनुभव थे जिन्होंने उनके व्यक्तित्व को इतना व्यवस्थित और प्रभावशाली बनाया था। मुझे यह सोचकर विस्मय होता है कि यह सब झेलने और देखने के बाद भी उनके व्यक्तित्व में कैसे वह निखार और संपन्नता आई जिसे 1947 में मैंने देखा और अनुभव किया। पिछले वर्ष शेरजंग का देहान्त हो गया और अब मेरे पास उनसे यह प्रश्न पूछने का अवसर ही नहीं रहा।

इस समय जो पुस्तक आपके हाथ में है मैं उसके संबंध में कुछ शब्द कहना चाहूँगा। शेरजंग की अंग्रेजी में लिखी पुस्तक 'प्रिज़न डेज़' को पढ़ने के पश्चात् मैं सोचने लगा कि क्या शेरजंग अपनी पुस्तक में जो कुछ कहना चाहते थे उसका अनुवादक उसे पकड़ पाएगा। क्या वह उसके विचारों और भावों को सही तरह से व्यक्त कर पाएगा ? तब मैंने निर्मला के अनुवाद को पढ़ा और देखा कि उसमें यथावत् वही लिखा गया है जो शेरजंग स्वयं कहना चाहते थे। शेरजंग ने अपनी पुस्तक को यदि स्वयं हिंदी में लिखा होता तो वह ठीक ऐसी ही होती, संभवतः यह उससे कुछ बेहतर ही है। मैं नहीं समझता कि निर्मला शेरजंग के अतिरिक्त कोई अन्य शेरजंग के मंतव्य को इतनी सार्थकता के साथ व्यक्त कर पाता। धन्यवाद निर्मलाजी, आपने शेरजंग के कारावास के दिनों की रोमांचक, किंतु दिल दहलानेवाली घटनाओं को हिंदी पाठकों के सामने खोलकर रख दिया है। वस्तुतः हिंदी पाठकों की संख्या अंग्रेजी पाठकों से कहीं अधिक है। उस समय की जिन घटनाओं का जो विवरण इस पुस्तक में है वह अत्यंत रोमांचक होने के साथ-साथ मन और मस्तिष्क, दोनों को उद्विग्न और विचलित करने वाला भी है। मैं आशा करता हूँ कि आगे चलकर इस पुस्तक का अनुवाद अन्य भाषाओं में भी होगा। मैं चाहता हूँ कि जनसाधारण को उन निडर और आस्थावान् युवक और युवतियों के विषय में जानकारी मिले जिन्होंने स्वतंत्रता मिलने से तीन दशक पूर्व आजादी पाने की धुन और मस्ती में, उस समय की जेल-व्यवस्था में परपीड़कों के हाथों यातनाओं, अत्याचारों और पाशविकता को झेला था। वह सब अभी भी पूर्ण रूप से खत्म नहीं हुआ। उन्नीस वर्ष की आयु में शेरजंग ने एक सीधे-साधे निर्धन किसान, चाचा भूरा, को कहा था, 'मैं सामाजिक

व्यवस्था को बदलने के लिए संघर्ष कर रहा हूँ क्योंकि तभी भारतीय एक-दूसरे पर अत्याचार करना छोड़ेंगे, तभी शोषण और सूदखोरी की लूट-खसोट खत्म होगी।' किंतु, स्वतंत्रता की पचासवीं वर्षगाँठ पर भी हमारी सामाजिक व्यवस्था में शोषण, अपराध और अत्याचार की स्थिति बनी हुई है। हमारे लिए यह बहुत दुःख का विषय है। इसकी कसक को हमें दिन-रात अनुभव करते रहना होगा। अन्यथा हम स्वतंत्रता की मूल धारणा को कैसे साकार कर पाएँगे ?

—यशपाल

6.11.97

आभार

मैं सर्वप्रथम इस पुस्तक के परिचय के लेखक प्रो. यशपाल के प्रति अपना आभार व्यक्त करना चाहती हूँ। भारत के गौरव को अंतरिक्ष की ऊँचाइयों तक पहुँचाने वाले प्रो. यशपाल के नाम से कौन परिचित नहीं है। अपनी निष्ठा और लगन से किए अनुसंधानों के बल पर आपने वैज्ञानिक क्षेत्र में भारत को अमरीका और रूस जैसे विकसित और धनी देशों के साथ बराबर लाकर खड़ा कर दिया।

अंतरिक्ष के ज्ञान-विज्ञान का उपयोग विश्वशांति, मानव-हित और रचनात्मक प्रकार्यों के लिए होना चाहिए, यह इनके जीवन की मूल धारणा रही है; इसे सकारात्मक रूप देने का इन्हें विशेष अवसर उस समय मिला जब आप संयुक्त राष्ट्र के 'अंतरिक्ष शांतिमय प्रयोग कमीशन' के महासचिव नियुक्त किए गए। शिक्षा से इनका सदैव विशेष लगाव रहा है। 'विश्वविद्यालय अनुदान कमीशन' के चेयरमैन की भूमिका में इन्होंने शिक्षा स्तर उन्नत और विकसित करने के लिए अनेक सराहनीय कदम उठाए। इस समय भी आप 'राष्ट्रीय अनुसंधान' के प्रोफेसर हैं और बड़ी तल्लीनता से ज्ञान-विज्ञान के विस्तार और उन्नति के कार्यों में जुटे हुए हैं।

इतना व्यस्त होने पर भी आपने शेरजंग की पुस्तक 'प्रिज़न डेज़' को तथा उसके हिंदी अनुवाद को पढ़ा और उसके इस हिंदी अनुवाद के विषय में लिखा। इसमें व्यक्त स्नेह और आत्मीयता से इनकी संवेदनशीलता और उदार मनोवृत्ति का परिचय मिलता है।

भौतिक विज्ञान की ठोस सच्चाइयों को खोजने वाले इस विश्वविख्यात वैज्ञानिक के भीतर सुकुमार भावनाओं से भरा एक विशाल दिल है जो दुनिया के दुःख-सुख अपने में समोए हुए है। यही इनकी भारतीय स्वतंत्रता सेनानियों के प्रति श्रद्धा और समाज कल्याणकारी कार्यों में रुचि का रहस्य है।

ऐसे महानुभाव तथा मित्र के प्रति कृतज्ञता व्यक्त करने के लिए मेरे पास शब्द तो क्या, साहस भी नहीं है। भूमिका के रूप में इन्होंने मेरा जो उत्साह बढ़ाया है, मैं उसे अपना सौभाग्य ही समझती हूँ।

मैं डॉ. श्रीमती अरुणा सीतेश की विशेष आभारी हूँ। आप इंद्रप्रस्थ कॉलेज, दिल्ली विश्वविद्यालय की प्रिंसिपल हैं और पिछले बत्तीस वर्ष से इसी कॉलेज के अंग्रेजी विभाग

की प्राध्यापिका हैं। इन्हें अंग्रेजी साहित्य के अतिरिक्त हिंदी साहित्य से भी विशेष लगाव है। पढ़ने और लिखने में इनकी रुचि को देखते हुए यह कहना गलत न होगा कि लिखना इनकी मानसिक बाध्यता है और पढ़ना-पढ़ाना इनका स्वभाव। इसीलिए इनका सहयोग मेरे लिए बहुत महत्त्वपूर्ण रहा।

इनकी अंग्रेजी और हिंदी में अनेक पुस्तकें प्रकाशित हो चुकी हैं और कुछ प्रकाशनाधीन हैं। अध्यापन और लेखन के आधार पर दिल्ली विश्वविद्यालय में ही नहीं, साहित्य की दुनिया में भी इनका अपना विशिष्ट स्थान है। यह मेरा सौभाग्य है कि इन्होंने समय निकालकर 'प्रिज़न डेज़' के मेरे इस हिंदी अनुवाद को प्यार और ध्यान से पढ़ा और अपने सुझावों से उसे सुधारने और सँवारने में मुझे सहयोग दिया। मैं इस सहयोग के लिए इनकी कृतज्ञ हूँ।

मैं इंद्रप्रस्थ कॉलेज के मनोविज्ञान विभाग की प्राध्यापिका डॉ. सत्या चौधरी के प्रति अपनी कृतज्ञता व्यक्त करना चाहती हूँ। उन्हें जब-जब समय मिला, आकर मेरे इस काम को देखा और अपने अमूल्य सुझाव दिए। उनके सहयोग के लिए मैं उनकी बहुत आभारी हूँ।

मैं अपने निकट संबंधी स्वर्गीय श्री विजेंद्र सिंह पुंडीर, काँवली गाँव, देहरादून की भी बहुत आभारी हूँ। वह कैंसर के इलाज के लिए देहरादून से दिल्ली आए थे और कुछ महीने मेरे पास रहे थे। स्वभाव से खुशमिज़ाज, पढ़ने-लिखने के प्रेमी, श्री विजेंद्र सिंह की हिंदी साहित्य और दर्शन में विशेष रुचि थी।

मैं दिन भर जितना अनुवाद कर पाती थी, उन्हें पढ़कर सुनाती थी। वह उसे पूरे ध्यान से सुनते और अपने सुझाव देते। मैंने उनके सुझावों का भरपूर लाभ उठाया। मुझे खेद है कि वह मेरी इस पुस्तक को देख नहीं पाए। मेरा मन सदा उनका आभारी रहेगा।

–निर्मला शेरजंग

अनुक्रम

भूमिका

यह डायरी नहीं है, इसमें वर्णित घटनाएँ कालक्रम के अनुसार नहीं हैं, न ही इसे आत्मकथा अथवा जीवनी कहा जा सकता है क्योंकि इसमें लेखक की अपेक्षा औरों का उल्लेख अधिक किया गया है। इसलिए इसे जेलयात्रा का विवरण कहना ही उचित है और यह जेलयात्रा उन बंदीगृहों की है जब भारत में अंग्रेजों का राज्य था। यह उस जेलयात्रा का विवरण है जिसके मुख्य स्मारक-चिह्न अब मिट चुके हैं, जिसकी परिधि-रेखाएँ अब स्पष्ट नहीं हैं, जिसके पदचिह्न अब बीते वर्षों के बोझ से दब चुके हैं।

कुछ घटनाओं को छोड़कर शेष सब घटनाएँ, जो पहले मन में बहुत स्पष्ट थीं, वे अब धुँधली पड़ चुकी हैं। इतना ही नहीं, जो घटनाएँ अब भी याद हैं, उनके स्थान और काल को निश्चित करना कठिन होता जा रहा है। इस कठिनाई के कारण मैंने 'स्थान' और 'काल' के चक्र से बाहर निकलकर घटनाओं का सरल और स्वच्छंद रूप से वर्णन करने का निश्चय किया है। इसके अतिरिक्त मैं और कर भी क्या सकता हूँ क्योंकि जेलयात्रा की लगभग पूरी-की-पूरी अवधि में मुझे कागज-कलम जैसी सामग्री रखने की अनुमति नहीं थी। यह वस्तुएँ, जो सभ्यता की निशानियाँ हैं और मनुष्य के मन पर सौम्य प्रभाव डालती हैं, उस समय बंदीगृहों में खतरनाक समझी जाती थीं। उस समय के जेल-अधिकारी अपने कुकर्मों के कारण इतने भयभीत थे कि वे हमें ऐसी कोई सामग्री नहीं देना चाहते थे जिसके माध्यम से हमारा बाहरी जगत् से संपर्क हो सके और उनके काले कारनामों की पोल खुल सके।

मेरे पास क्योंकि कोई लिखित सामग्री नहीं है, इसलिए मैं अपनी स्मृति के आधार पर लिखने जा रहा हूँ। स्मृतियाँ कभी-कभी धोखा भी दे देती हैं, तथापि मैंने यथासंभव अपने जेलकाल के अनुभवों को सही प्रकार से पुनःस्मरण करने की चेष्टा की है। और, उस समय के कुछ नाटकीय चरित्रों और करुणामय घटनाओं को भी प्रस्तुत करने का प्रयास किया है। इसमें बंदीगृह में आने के तुरंत पहले की उन स्मृतियों का भी उल्लेख है जब मैं पुलिस की पकड़ से बचने के लिए इधर-उधर भाग रहा था।

इसमें वर्णित घटनाओं का चयन प्राथमिकता या अनुक्रम की दृष्टि से नहीं किया गया। कुछ घटनाएँ इतनी कठोर और निष्ठुर थीं कि उन्हें विस्मृति सागर भी

अपने में समा नहीं पाया। समय की तीव्र गति के थपेड़े सहती हुई भी वे चेतना में स्थिर रहीं और वही मेरी इस पुस्तक का मुख्य विषय हैं।

घटनाओं का उल्लेख कुछ बिखरा-बिखरा और कहीं-कहीं पुनरुक्तियुक्त दिखाई पड़ता है। परंतु यह स्वाभाविक है—जो कुछ भी इस पुस्तक में लिखा है, वह अलग-अलग टुकड़ों, अलग-अलग समय पर, अलग-अलग लेखों में पहले लिखा गया है। लेख दिल्ली की एक प्रसिद्ध पत्रिका 'मेनस्ट्रीम' में प्रकाशित हो चुके हैं। अंतर केवल इतना है कि इस पुस्तक में उनके अतिरिक्त उन चरित्रों और अनुभवों का भी उल्लेख है जिनका संबंध उन दिनों से है जो मैंने पुलिस की हिरासत से बचने के लिए इधर-उधर भागते हुए बिताए थे।

इस पुस्तक को दो भागों में बाँटा जा सकता है : पकड़े जाने से पूर्व और पकड़े जाने के बाद। इन दोनों कालों ने मुझे बहुत अनुभव दिए हैं, मानव-स्वभाव के अलग-अलग रूप दिखलाए हैं—बिना किसी नियम और प्रयोजन के, अलग-अलग दबावों और कठिनाइयों में मनुष्य के अलग-अलग रूप मुझे देखने को मिले हैं। इस पुस्तक में आपको कुछ कुलीन और रोचक चरित्रों का वर्णन भी मिलेगा, विशेषकर अपराधियों में से। विश्वास कीजिए अपराधियों में कुछ बहुत नेक, गंभीर, दृढ़ निश्चयी और सुंदर स्वभाववाले व्यक्ति भी मिले हैं—बाहरी रूप से कठोर और अंदर से खरा सोना। कुछ अपराधियों के प्रति मन में आदर की भावना जागृत हुई, कुछ के प्रति सहानुभूति और सब के प्रति जिज्ञासा।

जेल में कैद अपराधी शोषक समाज के निस्सहाय शिकार थे। शोषणकर्ता पहले अपनी दौलत के बल पर बंधुआ मज़दूरों के सिर पर चोट मारते हैं, फिर उन्हें विश्वास दिलाते हैं कि धन-दौलत बटोरने के लिए सभी साधन उचित हैं। शोषणकर्ता की बंधुआ मज़दूरों पर यह दूसरी चोट है। परंतु धन बटोरने के प्रयास जब मजदूरों को उन रास्तों पर ले जाते हैं जो मालिकों की अनुमति से बाहर होते हैं, तब वे उन्हें पकड़ते हैं और जेल की कोठरियों में भिजवा देते हैं। यह उनकी तीसरी चोट है।

सामान्य रूप से कैदी रंगीन मिज़ाज के होते हैं, बेपरवाह, नरम दिल, मस्त और आवेगमय, जिनमें सहानुभूति और प्रेम सरीखे कोमल और कुलीन भाव भी सम्मिलित हैं। इसके विपरीत जेल-अधिकारी सामान्य रूप से कुत्सित स्वभाव के होते हैं, निष्ठुर और निर्दयी। निस्सहाय, नम्र और विनीत व्यक्तियों को कष्ट देना, पीड़ा पहुँचाना, एक-दूसरे के विरुद्ध योजनाएँ बनाने में तल्लीन रहना और अपने से उच्च अधिकारियों की घुटने टेककर चापलूसी करना इनके स्वभाव की विशेषताएँ हैं।

राजनीतिक और आपराधिक, दोनों प्रकार के कैदियों की प्रतिक्रियाओं में मूलभूत अंतर था जो उनकी पृष्ठभूमि, संस्कृति, शिक्षा एवं बचपन की परिस्थितियों पर निर्भर था, इसके विपरीत सब जेल-अधिकारियों—जेलर, वार्डन, गार्ड—की प्रतिक्रियाएँ लगभग एक-सी थीं। अपने आपको सशक्त दिखलाना और दूसरों को पीड़ा पहुँचाना उनके व्यवहार की मुख्य विशेषताएँ थीं। यहाँ मैं यह भी कहना चाहूँगा कि जेल जीवन में

मुझे जो शांति और सहानुभूति मिली और जिसने मुझे अपने कठिन समय में आत्महत्या के विचार को नकारने की हिम्मत दी, वह मुझे अपने कैदी साथियों से मिली थी। इनमें अधिकांश ऐसे अपराधी थे जो पहले भी सजा काट चुके थे। यह कैदी मुख्य रूप से पंजाब के सरल स्वभाव और बड़े दिलवाले किसान थे। परंतु दुर्भाग्यवश उनके साथ मेरा यह संबंध एकतरफा ही रहा, उनके और मेरे बीच एक सीमारेखा थी जिसे मैं पार नहीं कर सकता था। उन लोगों के कुछ ऐसे अनुभव थे, उन्होंने कुछ ऐसी घटनाएँ देखी थीं जो मेरे निजी अनुभवों के दायरे से बाहर थीं। फलस्वरूप, उन अनुभवों के आधार पर उन्होंने जो जानकारी, धीरता और सहनशक्ति पाई थी वह मेरे पास नहीं थी। उनका अपना संसार था, जिसका कुछ भाग उनका निजी था। उसके विषय में वे आपस में खुलकर बात कर सकते थे। उनके संसार का वह भाग अत्यंत भयानक और शूरता से भरपूर था और मेरा उससे कोई संबंध नहीं था।

उनका धैर्य और संयम मेरे लिए हिम्मत के स्रोत बने, ऐसे स्रोत जिनके बल पर मैं जेल की दुख और आँसुओं भरी दुनिया में भी अपने आपको स्थिर रख सका। मैंने ढाँढ़स के लिए कभी भगवान की शरण नहीं ली, यद्यपि मैंने भय की अंतिम सीमा तक सफ़र किया है। मेरे लिए बहुत छोटी आयु में ही भगवान मर गया था। भगवान की हत्या उन लोगों के हाथों से हुई थी जिन्होंने जेल की चहारदीवारी में भयानक जुल्म किए थे। मैंने जब जेल में प्रवेश किया था उस समय मैं अविश्वासी था। मेरा यह अटल विश्वास था कि भगवान के विषय में न कुछ जाना गया है और न जाना जा सकता है। परंतु कुछ ही दिनों में मेरा मन इन सब संशयों और विचारों से मुक्त हो गया और मैं पक्का नास्तिक बन गया। इस 'महान् अनुग्रह' के लिए क्या मुझे जेल-अधिकारियों का धन्यवाद करना होगा या समाज के सामाजिक-आर्थिक संगठन का ? संभवतया इन दोनों का।

—शेरजंग

प्रस्तावना

जेल से लवलेस नामक एक अंग्रेजी कवि ने अपनी प्रेयसी को एक कविता में लिखा था—

'न पत्थर की दीवारें जेल बनाती हैं,
न लोहे की सलाख पिंजरा।'

परंतु मेरे विचार में यह सही नहीं है। मुझे ऐसा लगता है कि यह कवि का क्षतिपूर्ति-भ्रम था, या उसके मन की वह स्थिति थी जो वास्तविकता को मानना नहीं चाहती थी। पत्थर की दीवारें जेल बनाती हैं, ठीक उसी तरह जैसे सलाखें पिंजरा—उनके लिए भी जिनके संदर्भ में कवि ने यह लिखा था। मैं यह अपने निजी अनुभवों के आधार पर कह सकता हूँ।

मैंने लगभग चौदह वर्ष (1929-38 और 1940-45) अर्थात् अपना पूर्ण यौवन जेलों में बिताया है। इस अवधि का अधिकांश भाग उन पिंजरों में बिताया है जिन्हें जेल की भाषा में एकाकी कोठरी (काल कोठरी) कहते हैं। विश्वास कीजिए जेल संसार का सबसे घटिया और विनाशकारी संस्थान है—पीड़ा पहुँचाने का भयानक साधन; इसकी कल्पना और निर्माण अवश्य ही किसी परपीड़क शैतान के दिमाग की उपज है। कारावास मनुष्य को नष्ट करता है, शारीरिक रूप से ही नहीं, मानसिक और नैतिक रूप से भी। अन्यथा कैसे ऑस्कर वाइल्ड जैसा प्रखर बुद्धि और विद्वान् डी प्रोफंडी की रचना कर सकता था और इसी प्रकार दास्तोएव्स्की साइबेरिया की जेल से अपनी याचनाओं और पत्रों में ज़ार की स्तुति कर सकता था।

इसमें कुछ अपवाद अवश्य हैं, परंतु सामान्यतया अपवादों से सामान्य नियमों की पुष्टि होती है। मुझे उन कैदियों से भी मिलने का अवसर मिला जिन्होंने साहस के साथ सब कठिनाइयों का सामना किया, स्वयं टूटने के स्थान पर मानव प्रतिष्ठा को ऊँचा उठाया और स्वयं मानव प्रतिष्ठा के प्रतिरूप बन गए। कठिनाइयाँ सहने से उनकी आत्मा उन्नत हुई, सब मलिनता तलछट की तरह जल गई और उनकी विशुद्ध आत्मा खरे सोने की तरह निखरकर चमक उठी। इससे पहले कि मैं इस विषय पर कुछ और लिखूँ, मैं संक्षेप में यह बता देना चाहता हूँ कि मैं इन 'पापमोचन' बंदीगृहों

में कैसे और क्योंकर आ पहुँचा।

इस सदी के तीसरे दशक के बीच भारतीय स्वतंत्रता संग्राम तेजी पकड़ चुका था। मैं क्रांति के उपासकों के साथ मिल गया। देश पर मर मिटने के लिए तैयार युवक और युवतियाँ, खुले में या छिप-छिपाकर सब संभव साधनों से, अंग्रेजी राज्य की गुलामी को उखाड़ फेंकने की चेष्टाओं में लग गए। उनके लिए बम-प्रयोग का सिद्धांत कोई अभिशाप नहीं था और न ही बदले की भावना से कोई परहेज। वे 'ईंट का जवाब पत्थर से' देने में विश्वास रखते थे। वे राज्य संचालक प्रबंधों में बाधाएँ डालकर और विध्वंसक कार्यों द्वारा राज्य के अधिकारियों के मनोबल को छिन्न-भिन्न करने में विश्वास रखते थे। उनकी चेष्टाओं का उद्देश्य राज्य की चेतना को जाग्रत करना और समाजवादी प्रजातंत्र को स्थापित करना था।

इन उद्देश्यों को लेकर उस समय देश में जो विभिन्न घटनाएँ हुईं, अहमदगढ़-रेल डकैती केस (जैसा कि पुलिस की किताबों में दर्ज है) भी उन्हीं में से एक था, और यही मुझे पुलिस की नज़र में ले आया। यह घटना ऐसे असाधारण और विलक्षण ढंग से हुई जिसकी कल्पना करना भी कठिन है।

उस समय पंजाब सूबे में बहुत से घोषित अपराधी सक्रिय थे। उनमें अधिकांश खूनी, डकैत, राहों पर लूटमार करने वाले थे। वे लूटमार व अपहरण करने तथा शत्रुओं से बदला लेने के भाव से गाँवों और कस्बों में घूमते रहते थे। साहूकार, व्यापारी, सुनार और समृद्ध किसान उनके मुख्य लक्ष्य थे। वे सोच-विचारकर योजनाएँ बनाते थे और बहुत ध्यान से उनका निष्पादन करते थे। उनके प्रत्येक काम में अनुशासन रहता था। इनमें अधिकांश महायुद्ध के वे भूतपूर्व सैनिक थे जिन्हें युद्ध के उपरांत सेना से अलग कर दिया गया था। यद्यपि वे निराशा से पीड़ित थे और अपने अँधेरे भविष्य से डरे हुए थे, तथापि वे साहसी थे और उनके पास लड़ने के साधन भी थे। वे सब प्रकार से प्रशिक्षित और सशस्त्र थे। उस समय हमें ऐसा लगा था कि किसी प्रकार यदि उनके दृष्टिकोण को बदलकर उन्हें राजनीतिक क्रियाओं के लिए अभिप्रेरित किया जा सके तो यह क्रांतिकारी कार्यों के लिए लाभप्रद रहेगा। इसीलिए क्रांतिकारियों ने उनकी ओर ध्यान देना उचित समझा।

इसे ध्यान में रखते हुए उनके मुख्य सदस्यों से संपर्क बनाने की चेष्टा की गई। मैं इस काम में सफल हुआ। धीरे-धीरे मैं उन्हें अपनी विचारधारा पर लाने में भी सफल हुआ—उनमें से कुछ अपनी पहली गतिविधियों को छोड़कर हमारी कार्य प्रणाली को अपनाने के लिए सहमत हो गए। हमने उन्हें कुछ वैसे ही काम करने को कहा जो उनके पहले कार्यक्रम के अनुरूप थे। धनराशि इकट्ठा करने के लिए उन्हें बैंकों, डाकघरों, खजानों, रेलवे स्टेशनों जैसे स्थानों पर छापा मारने का काम सौंपा गया। अस्त्र-शस्त्र अर्थात् हथियारों को इकट्ठा करने के लिए उन्हें पुलिस-चौकियों, हथियार-कक्षों, गोला-बारूद के गोदामों और इसी प्रकार के अन्य संस्थानों पर आक्रमणकारी हमले करने का भी सुझाव दिया गया। इसी प्रकार उन्हें घमंडी, कठोर

और निष्ठुर अधिकारियों, पुलिस के जासूसों, राष्ट्रद्रोहियों और विश्वासघातियों को पकड़ने और खत्म करने का काम भी सौंपा गया था। जो काम उन्हें दिए गए वह उन्हें पसंद आए और उन्होंने उन कार्यों को दृढ़निश्चय के साथ पूरा करने का प्रण किया। उनमें से कुछ ने हमें अपने हथियार भी दिए और अपने छिपने-छिपाने के स्थान भी बता दिए और हमारे निर्देशानुसार काम करने का वायदा भी किया। क्या शानदार चमत्कार ! उस समय की हमारी मनःस्थिति की आप कल्पना भी नहीं कर सकते। हमें अपने स्वप्न सफल होते हुए दिखाई पड़ने लगे। हमारे लिए वह सब अत्यंत सुखद और आनंदमय था।

जहाँ तक मुझे याद है उनमें से एक लड़के का नाम शीतल था। वह बहुत मशहूर अपराधी था। पुलिस उसकी तलाश में थी। उसके अपराधों में से कुछ ऐसे भी थे जिनकी सजा मौत थी। अपने सहयोग का पूरा आश्वासन देकर और कुछ दिनों के बाद लौट आने की तिथि और समय निश्चित करते हुए वह अपने अन्य साथियों और हथियारों को इकट्ठा करने के लिए चला गया। दुर्भाग्य से रास्ते में ही पुलिस से उसका सामना हो गया और वह पकड़ा गया। यह घटना केवल उसके लिए ही नहीं हम सब के लिए दुर्भाग्यपूर्ण थी। इसने हमारे कार्यक्रम की रूपरेखा और गतिविधियाँ ही बदल डालीं; हमारे लिए कई उलझनें और कठिनाइयाँ पैदा कर दीं।

शीतल सिंह पर मुकदमा चला और उसे मौत की सजा सुनाई गई। उसने उच्चतर न्यायालयों में अपील की, परंतु सबने मृत्युदंड की ही पुष्टि की। उसका अपराध इतना क्रूर और नीच था कि उच्चतम न्यायालय ने भी मृत्युदंड को सही ठहराया। अंत में उसने वाइसराय के पास रहम की अपील की, और निर्णय की प्रतीक्षा करने लगा। उन्हीं दिनों अहमदगढ़ डकैती केस की घटना हुई जिससे ब्रिटिश राज्य को बहुत धक्का लगा था। लाहौर में पुलिस अधिकारी सॉन्डर (saunder) की हत्या और लाहौर में विधानसभा में बम कांड (जिसमें भगतसिंह और बटुकेश्वर दत्त थे) के बाद, यह एक ऐसी घटना थी जिसने तहलका मचा दिया। यह खबर देश के सब समाचार पत्रों के पहले पन्ने पर मोटे अक्षरों में छपी थी। इस कांड का आयोजन क्योंकि बहुत कम व्यक्तियों ने किया था (धर्मशास्त्र के तीन छात्र, बिलकुल नए और अपरिचित) इसलिए पुलिस को इसका भेद आसानी से नहीं मिल पाया। पुलिस असमंजस में पड़ गई। उन्हें कोई भी ऐसा सुराग नहीं मिला जिसके बल पर वे इस कांड की छानबीन में आगे बढ़ सकें।

उस समय शीतल सिंह पंजाब की एक जेल में बंद था और काल कोठरी में (जो मृत्युदंड के कैदियों के लिए होती है) फाँसी का इंतजार कर रहा था, मृत्यु की छाया क्षण-प्रतिक्षण उसकी ओर बढ़ती चली आ रही थी। काल कोठरी में उसने रेल डकैती की खबर सुनी और उसने यह भी सुना कि पुलिस अपराधियों को पकड़ नहीं पा रही। मेरी जो उससे बात हुई थी, उसके आधार पर उसने अनुमान लगा लिया। उसने तुरंत जेल-अध्यक्ष से साक्षात्कार की प्रार्थना की और रेल-डकैती के संबंध में जानकारी देने की बात की। उसके बदले में क्षमा की माँग की। जेल-अधिकारियों ने यह सूचना उसी समय

उच्चतम अधिकारियों को पहुँचा दी और एक अधिकृत अभिकर्ता शीघ्र ही वहाँ आ गया। सरकार के लिए यह दैवी उपहार था। इसलिए बिना समय नष्ट किए शीतल सिंह की शर्त को स्वीकार कर लिया गया। उन्होंने वायदा किया कि यदि उसकी दी सूचना सही निकली तो उसे मृत्युदंड से मुक्त कर दिया जाएगा।

शीतल सिंह न तो मेरा नाम जानता था और न ही वह यह जानता था कि मैं कहाँ से आया था और वहाँ से कहाँ गया था। इसलिए मेरी शक्ल-सूरत और दैहिक गठन के अतिरिक्त वह मेरे संबंध में कुछ भी नहीं बता सकता था; किंतु वह अपने क्षेत्र के एक विद्यार्थी को जानता था जिसके द्वारा मेरी उससे भेंट हुई थी। वह छात्र इस काम में बिलकुल नया था। पुलिस की सख्तियों को सहन नहीं कर पाया। उसने सब कुछ बतला दिया। भेद खुल गया। मुझे पकड़ने के लिए पुलिस मेरे पीछे लग गई।

मुझे शीतल के विषय में और कुछ नहीं कहना, इसलिए कुछ ही वाक्यों में मैं इस चर्चा को यहीं खत्म कर देना चाहता हूँ।

मेरे पकड़े जाने के बाद शीतल सिंह सरकारी गवाह के रूप में मेरे विरुद्ध गवाही देने के लिए न्यायालय में पेश हुआ। उसकी सारी गवाही पुलिस की सिखाई-पढ़ाई थी, झूठ की एक लंबी कड़ी। उसकी आयु बाईस-पच्चीस वर्ष की थी। उसका शरीर ढीला-ढाला और टाँगें-बाँहें लंबी और पतली थीं, परंतु उसकी प्रतिवर्त-क्रियाएँ बहुत द्रुत थीं।

साँप के फन की भाँति उसका चेहरा चौड़ा और आकर्षक था जिसमें बटनों की तरह दो आँखें चमक रही थीं। उसकी छटी हुई दाढ़ी और कटी हुई मूँछों के बीच एक स्थायी मुसकान थी जो दोनों कपोलों पर बराबर फैली हुई थी। उसकी नाक उठी हुई थी और मुँह मेढक जैसा था। उसका निचला होंठ बाहर को निकला हुआ था जिसे वह मुँह से शब्द निकालने के लिए फावड़े की भाँति प्रयोग कर रहा था। उसकी व्यवहार रीति बहुत सरल और अबाध थी—उस समय भी जब वह एक के बाद एक झूठ बोल रहा था। संभवतः हत्या करते समय भी उसका व्यवहार ऐसा ही सुगम और अबाध होता होगा।

उसकी गवाही के बल पर मुझे मौत की सजा सुनाई गई जो बाद में घटकर आजीवन कैद में बदल गई। और 'इस सेवा' के लिए शीतल सिंह को मृत्युदंड से मुक्त कर दिया गया। वाह रे इंसाफ़ !

शीतल सिंह को जेल की काल कोठरी में वापस आने में बहुत समय नहीं लगा। थोड़े ही दिनों में उसने एक और डकैती की जिसमें तीन व्यक्तियों की हत्या की गई। वह जल्दी ही पकड़ा गया और फाँसी के तख्ते पर लटका दिया गया। एक प्रकार से यह अच्छा ही हुआ; हमारे युवक साथियों को विश्वासघात का बदला लेने के लिए उसके पीछे नहीं भागना पड़ा।

—शेरजंग

कारावास के दिन : यादें और अनुभव

पकड़े जाने से पहले

(1928-29)

शीतल के विश्वासघात से पुलिस उस छात्र तक पहुँच गई जिससे उन्हें मेरा परिचय मिल सकता था। परिचय पा लेने के बाद, वे मुझे खोजते हुए हमारी रियासत में पहुँच गए। यह रियासत हिमालय की निचली पहाड़ियों में स्थित है। यहाँ से मुझे पकड़ने और रियासत से बाहर ले जाने के लिए राजा की पूर्व अनुमति लेना जरूरी था। अनुमति को विधिवत् रूप से प्राप्त करने में लगभग दो दिन लग गए। यहाँ का एक पुलिस अधिकारी मेरा मित्र था। मुझ तक सूचना पहुँचाने के लिए, उसके लिए दो दिन का समय पर्याप्त था। मैं चाहता तो वहाँ से भाग सकता था, लेकिन मैं यह कर नहीं सका। मैं एक वाहक की प्रतीक्षा में था जो लाहौर पार्टी-केंद्र से मेरे लिए संदेश लेकर आने वाला था। वह आया, किंतु उसे आने में एक दिन अधिक लग गया। बहुत कठिनाई से वह अपनी रक्षा कर सका, परंतु मुझे 'उसके पहुँचने और वहाँ से भाग निकलने' की सूचना नहीं मिली। इस कारण मैं कहीं दूर नहीं जा सका। इसलिए मैंने अपने गाँव के घर को छोड़कर किसी ऐसे स्थान पर जाने की सोची जहाँ उसके साथ संपर्क बनाया जा सकता था। शिकार खेलना हमारे परिवार की एक सामान्य क्रीड़ा थी। इसलिए शिकार के बहाने मैंने अपने एक कृषिघर में जाने का निश्चय किया। वह कृषिघर हमारे गाँव के घर से लगभग तीस मील दूर था।

सर्दी का मौसम था। मैं सुबह पौ फटने से पहले घर से निकल पड़ा। धरती पर कोहरा और चारों ओर धुँध छाई हुई थी। मैं दो मील चलकर पहाड़ी के शिखर पर पहुँचा, एक चट्टान पर बैठकर मैंने पीछे मुड़कर देखा। वहाँ से धुँधलायी घाटी नजर आ रही थी। शीघ्र ही ऊषा की किरणें निकलीं और उनकी लालिमा पहाड़ी पर खड़े सीधे ऊँचे चीड़ के पेड़ों पर फैल गई। धीरे-धीरे प्रभात जगमगाया और घना जंगल स्पष्ट दिखाई देने लगा। घाटी में फलों का बागीचा था और उसमें हमारा घर था। घर के चारों ओर नींबू के पुराने पेड़ थे। उनके बीच हमारा घर ऐसा दिखाई पड़ रहा था जैसे बिदा होती हुई प्रेयसी के कपोल पर गीली लंबी पलकों से गिरा हुआ अश्रु कण हो।

क्या मैं इस घर को फिर कभी देख सकूँगा ? क्या मैं अपने माता-पिता,

बहन-भाइयों, मोती घोड़े और बिजली कुत्ते को फिर कभी देख सकूँगा ?...आश्चर्य की बात है कि मैंने अपने पूरे कारावास में, अपने सपनों में मोती घोड़े और बिजली कुत्ते के अतिरिक्त किसी और को कभी नहीं देखा, एक बार भी नहीं। केवल यही दो प्राणी, मोती घोड़ा और बिजली कुत्ता, मेरे स्वप्नों में बार-बार आते रहे—केवल स्वप्नों में ही नहीं, दिवास्वप्नों में भी।

फिर एक झटके के साथ मैं वहाँ से उठा और चलने लगा। अपने बचपन के नटखट खेलों के स्थान को छोड़कर मैं जंगल की ओर बढ़ा। कृषिघर तक पहुँचने में लगभग संध्या हो गई थी। मैं शिकारगृह में ठहर गया। वह सुनसान कुटिया थी और उसकी देखभाल हमारा एक विश्वसनीय अनुचर करता था। मैं जानता था कि पुलिस अपनी रीति-अनुसार रात को छापा मारेगी, इसलिए सावधानी की दृष्टि से मैंने रात को वहाँ न रहने की सोच ली। हर रोज दिन ढलने पर मैं अपनी अंशतः स्वचालित बंदूक को लेकर बाहर निकल जाता था। दिखावे के लिए मैं शिकार खेलने जाता था, लेकिन वास्तविकता में मैं निकटवर्ती वन में सोने के लिए जाता था। दिन भर चौकस रहता था, देखता रहता था कि कहीं कोई नया या अपरिचित व्यक्ति तो उधर नहीं है।

अंत में पुलिस ने मेरे उस कृषिघर का पता लगा ही लिया और वे मेरे रहने के सही स्थान की खोज में इधर-उधर घूमने लगे। सबसे पहले पास के खलिहान से एक सुंदर ग्वालिन भागती हुई मेरे पास आई। उसने कहा कि पुलिस मेरी खोज में है, इसलिए मेरे लिए शिकारगृह को छोड़कर उनके पशुघर में चले जाना अच्छा रहेगा। मैंने उसकी बात मज़ाक में टाल दी और उसे वापस लौटा दिया। तथापि, मैं अनुचर को अधिक सतर्क रहने का आदेश देकर, किसी अन्य सुरक्षित स्थान की खोज में निकल पड़ा। जाते-जाते मैंने उससे कहा कि यदि कोई संदिग्ध व्यक्ति छिप-छिपकर इधर-उधर घूमता हुआ दिखाई दे तो वह अपने गद्दी कुत्ते को ज़ोर-ज़ोर से पुकारने लगे—मेरे लिए वह चेतावनी होगी।

दिन ढलने पर मैंने एक व्यक्ति को, शहरी लिबास में, कुटिया की तरफ जाते देखा : वह अनुचर के पास जाकर बात करने लगा। मैंने अनुमान लगाया कि वह अवश्य ही पुलिस का दूत होगा जिसे कुटिया पर छापा मारने से पहले पुलिस ने मेरी उपस्थिति की जानकारी प्राप्त करने के लिए वहाँ भेजा होगा। अनुचर ने उसे बैठने के लिए कुरसी दी और फिर ताज़ा चाय का एक प्याला। फिर उसे बताया कि मैं शिकार करने के लिए गया हूँ और सुबह वापस लौट आने की पूरी उम्मीद है। उसके बाद वह ज़ोर-ज़ोर से कुत्ते को पुकारने लगा, आवारा आदि कहकर कुत्ते को गालियाँ भी देता जा रहा था। गुरदित्ते ने (यही उस अनुचर का नाम था) वह सारा काम बहुत चतुराई के साथ किया। गुरदित्ता बहुत कुशल कार्यकर्ता था। साँझ का समय था, इसलिए उस समय मेरे लिए वहाँ से भाग निकलना बहुत कठिन था। मैंने सोचा, संभवतः पुलिस ने सारे रास्तों की नाकाबंदी कर रखी होगी, इसलिए भागने के

प्रयास में मेरा उनकी पकड़ में आ जाना आसान है। उस अँधेरे में मेरे लिए उनके चक्रव्यूह को भेदकर बाहर निकल सकना कठिन था। इसलिए मैंने कुछ समय के लिए वहीं छिपे रहना उचित समझा और धीरे-धीरे, छिपते-छिपाते, पास की झाड़ियों में अपने सोने के स्थान पर पहुँच गया।

कुटिया में मुझे न पाकर पुलिस को बहुत निराशा हुई और वह वन की उन्हीं झाड़ियों की ओर चल दी जहाँ मैं था। आश्चर्य है कि रात बिताने के लिए जिन झाड़ियों को हम दोनों, पुलिस और मैंने चुना वे एक-दूसरे से कुछ ही गजों की दूरी पर थीं। वहाँ घमासान अँधेरा था। सर्दी के मध्यकाल की ठंडक कोहरे में बदल रही थी। पास बहती यमुना की गर्जन, पहाड़ों से टकराकर प्रतिध्वनि कर रही थी। हम दोनों अर्थात् पुलिस और मैं एक-दूसरे की उपस्थिति से अनभिज्ञ थे। हम दोनों ही अगला कदम उठाने के लिए प्रभात होने की प्रतीक्षा कर रहे थे—अंतर केवल इतना था कि पुलिस कुटिया पर छापा मारने की प्रतीक्षा में थी और मैं वहाँ से भाग निकलने की। इससे पहले कि पुलिस अपना पहला कदम उठाती, मैं पौ फूटने से पहले अँधेरे में ही वहाँ से भाग निकला और घने जंगल में चला गया। वह जंगल वहाँ से लगभग दो मील की दूरी पर था। मैं पास की पहाड़ी के शिखर पर पहुँच गया। वहाँ से मुझे वह सारा क्षेत्र स्पष्ट दिखाई दे रहा था।

उस समय ऊषा के प्रकाश की लालिमा पेड़ों पर छाई हुई थी, धुंध घरों और खेतों से हटकर कंदरों और गहरी घाटियों में सिमट गई थी। पहाड़ियाँ पार करती हुई कोकिलाएँ लगातार बोल रही थीं और घाटियों में मुर्गे एक गाँव से दूसरे गाँव तक बाँग दे रहे थे। आधा घंटा और बीता और घास के ऊपर ओस की बूँदें चमकने लगीं—उनमें इंद्रधनुष के सभी रंग दिखाई दे रहे थे। प्रकाश कुछ और बढ़ा और अब मैं अपने चारों ओर स्पष्ट देख सकता था। मुझे अपनी शिकारगाह भी दिखाई दे रही थी और उसके पास बहती हुई नदी की श्वेतधारा भी। चमकते हुए अस्त्र-शस्त्रों के साथ पुलिस की भीड़ भी दिखाई दे रही थी। वे पचास के लगभग होंगे। सिपाहियों की वेशभूषा, अर्थात् वर्दियों से यह स्पष्ट था कि उनकी दो टुकड़ियाँ थीं। अधिकांश अंग्रेजी राज्य के सशस्त्र सिपाही थे और थोड़े से स्थानीय पुलिस के सिपाही। पठान और बलोच सशस्त्र सिपाही लंबे, ऊँचे और हृष्ट-पुष्ट थे, अपनी तुर्रेदार खाकी पगड़ी में बहुत प्रभावशाली दिखाई पड़ते थे। उनकी तुलना में स्थानीय सिपाही अपनी पीली पगड़ियों में मामूली नाटे-से दिख रहे थे।

अपने दोनों ओर जासूसों को लिये हुए वे सशस्त्र सिपाही हथियारों को तानकर, बहुत सावधानी के साथ, धीरे-धीरे आगे बढ़ रहे थे। पीली पगड़ीवाले सिपाही आगे थे और खाकी वर्दीवाले उनके पीछे। कुटिया पर पहुँचते ही उन्होंने उसे चारों ओर से घेर लिया और जो भी आड़ मिली उसके पीछे खड़े हो गए। वे मेरे शिकार से आने का इंतजार कर रहे थे और उनकी वह प्रतीक्षा बस प्रतीक्षा ही बनी रही। सुबह की किरणों में उनके शस्त्रों की भयानक चमक चारों ओर क्षितिज तक क्रोधाग्नि बरसा रही

थी। और, मैं मन-ही-मन उनकी पराजय पर हँस रहा था--शायद समय से कुछ पहले।

जिस दिन मैं सुबह-सुबह पुलिस की आँख बचाकर झाड़ियों से भाग निकला था, उसी दिन शाम को मुझे पुलिस की एक टोली मिल गई। उनके साथ मेरी अच्छी मुठभेड़ भी हो गई। वह स्थान हमारी शिकारगाह से लगभग बीस किलोमीटर था। अपने क्रांतिकारी संगठन के एक वाहक के लिए मुझे अपनी बहन के पास एक संदेश छोड़ना था। इसलिए मैं शिवालिक की निचली पहाड़ियों के घने जंगल में होता हुआ अपने घर की ओर जा रहा था। मैं एक कुंज में रुका। अभी दिन था, दोपहर के तीन बजे थे। उस घाटी के विभिन्न क्षेत्रों में से होते हुए मुझे अभी दस किलोमीटर और जाना था और आगे जंगल की सुरक्षा उपलब्ध नहीं थी। मुझे एक सूखी नदी के साथ-साथ चलकर पहाड़ी को पार करना था। वह पहाड़ी नंगी थी अर्थात् उस पर पेड़ नहीं थे। इसलिए आगे जाने की अपेक्षा मैंने जंगल में ही दिन ढलने तक रुकने का निश्चय किया।

मैं उस सारे क्षेत्र से बहुत अच्छी तरह परिचित था। वह क्षेत्र अपने घने जंगलों, शेर-चीतों जैसे जानवरों, नशीली शराब और सुंदर युवतियों के लिए प्रसिद्ध था परंतु अब वहाँ न जंगल है और न जानवर। किशोरावस्था में मैंने वहाँ बहुत शिकार खेला था। बहुत बार मैं अपने माता-पिता और अध्यापकों की नजर बचाकर कई-कई दिन व सप्ताह वहाँ रहा था। उसी जंगल में मैंने पहला शेर मारा था और वहीं मैंने पहली बार 'प्रेम' अनुभव किया था।

वहीं पास में ही, एक झोंपड़ी में बहुत भला, वृद्ध चाचा भूरा रहता था। वह मुझे मेरे बचपन से जानता था। मैं जब भी उधर शिकार खेलने जाता, वह मेरी देखभाल करता और जंगल की जानकारी देता। जंगल के संबंध में उसकी जानकारी और प्रवीणता से मैं बहुत प्रभावित था। इसके लिए मैं उसका बहुत सत्कार करता था। निशाने में मैं सिद्धहस्त था, इसके लिए वह मेरी प्रशंसा किया करता था, या यूँ कहिए कि हम दोनों ही एक-दूसरे के प्रशंसक थे और यह नाता बाद में अच्छी मित्रता में बदल गया। कुंज में पहुँचने से पहले मुझे एक चिरपरिचित गड़रिया मिला और मैंने उसके द्वारा चाचा भूरा को कहलाकर भेजा कि वह तुरंत मुझे गन्ने के खेत में मिले। आध घंटे में चाचा भूरा दो उबले हुए भुट्टे लेकर वहाँ पहुँच गया। यह उसका स्नेह था और मेरी उग्र आवश्यकता।

चाचा भूरा एक किसान था। किसान जाति कई वर्षों से जागीरदारों के शोषण से पीड़ित थी। साहूकारों और निम्नकोटि के अधिकारियों की लूट-खसूट की शिकार थी। परिणामस्वरूप, चाचा भूरा अशिक्षा, निर्धनता और उधार के बोझ से दबा हुआ था। तथापि वह बुद्धिमान था, बहुत उदार दिल और सही शब्दों में एक भद्र पुरुष। उसकी आयु पचास वर्ष से कुछ ही अधिक होगी, वह नाटा, मोटा और गंजा था। उसके गालों पर गहरी लंबी झुर्रियाँ थीं और उसकी भौंहें झुर्रीदार थीं। वह बलिष्ठ और

मज़बूत था—दिल से जवान—और शरीर से वह गरिमा-संपन्न था और सदियों की देहाती बुद्धिमत्ता को अपने में समाए हुए था। उसकी सबसे बड़ी अच्छाई और सच्चाई यह थी कि वह प्यार करता था और प्यार पाने के योग्य था। वह पुराने समय की स्वामीभक्ति का एक जिंदा नमूना था।

मुझे उस स्थिति में देखकर चाचा भूरा हक्का-बक्का रह गया। मेरे पास न घोड़ा था, न कोई अनुचर या साथी। मैं भूखा, थका हुआ, बंदूक थामे खेत में छिपा हुआ था।

"यहाँ तुम क्या कर रहे हो ?" उसने थोड़ी कर्कश आवाज़ में कहा।

"पुलिस से छिपा हुआ हूँ, चाचा।"

"पुलिस ! क्या कह रहे हो ?"

"हाँ, चाचा। पुलिस मेरे पीछे लगी हुई है।"

"पर क्यों ?··· तुमने क्या किया है ?"

"तुम इसे नहीं समझोगे, चाचा। समय क्यों नष्ट करें।"

"क्या मैं तुम्हें समझ नहीं सकूँगा, तुम्हें मैं तुम्हारे बचपन से जानता हूँ।··· उस समय से जब तुम गुलेल और छर्रेवाली बंदूक चलाया करते थे। उस समय तुम मेरे घुटने तक आते थे और अब कहते हो कि मैं तुम्हें समझ नहीं सकूँगा। तुम पागल हो गए हो क्या ?" उसे चोट पहुँची थी और उसकी आँखें तरल थीं।

"क्षमा करो, चाचा। नाराज़ मत हो। मैं केवल यह कह रहा था कि तुम नहीं समझ सकोगे कि मैंने किसलिए वह काम किया जो कानून की नज़र में सही नहीं है।··· तुमने मुझे गलत समझा है, चाचा।"

"हाँ, तुमने उसे क्यों किया ?··· उसे करने का कारण क्या था ?··· कुछ बताओ तो ?"··· उसने आक्षेपपूर्ण ढंग से कहा।

"राजनीति, चाचा ! जिसे तुम नहीं जानते। मैं तुम्हें बस इतना ही बतला सकता हूँ कि मैंने जो कुछ भी किया है, वह अपने स्वार्थ के लिए नहीं किया। विश्वास करो, चाचा। मैंने वह सब कुछ क्रांतिकारियों की गतिविधियों की सहायता के लिए किया है—उन्हें और सक्रिय करने के लिए किया है। मैंने उसे अंग्रेजी शासकों को देश से भगाने के लिए किया है जो हमारा खून पी रहे हैं, हमें दासता में जकड़े हुए हैं।"

"क्या बक रहे हो ? मैंने तो किसी अंग्रेज को यह करते नहीं देखा। पहले तो वे यहाँ आते ही नहीं और अगर आते भी हैं तो शिकार खेलने और मछली मारने के लिए आते हैं। तुम जो कह रहे हो वह तो हमारे भारतीय भाई करते हैं, देशी गंदे लोग जैसे : जमींदार, साहूकार, तहसीलदार, जंगलात के कर्मचारी, पुलिस अधिकारी, और इसी तरह के अन्य लोग। सूद, करों, लूट-खसूट, जुर्मानों से यह सब भिखारी और रिश्वतखोर हमारा शोषण करते हैं—हमारा खून चूसते हैं। क्या ये दुष्ट, खून के प्यासे यहाँ से चले जाएँगे ?··· मुझे बताओ और समझाओ, अकलमंद

लड़के।"

"ये शायद नहीं जाएँगे, किंतु व्यवस्था जरूर बदलेगी और जब व्यवस्था बदलेगी तो इसमें सुधार होगा ही।··· मुझे पूरी उम्मीद है कि व्यवस्था बदलने पर सुधार होगा।"

"मुझे तो ऐसी कोई आशा दिखाई नहीं देती। हमारा शोषण होता आया है और होता रहेगा। भेड़ें मुँड़ती रहेंगी और ऊन लुटती रहेगी। मैं बूढ़ा हूँ, मूर्ख हूँ, तुम्हारी बातों को नहीं समझ सकता जैसा तुमने पहले कहा था।··· फिर भी मुझे लगता है कि तुमने गलत रास्ता पकड़ा है।··· मेरा दिल दुःख रहा है, मेरे बच्चे।···मैं बहुत खिन्न हूँ, अप्रसन्न हूँ।" उसने रुँधे हुए कंठ से कहा।

"चाचा, बुरा मत मानो। तुम्हारे प्यार और आशीर्वाद से मैं बच निकलूँगा। मुझे कोई हानि नहीं पहुँचेगी। मैं जिस उद्देश्य से लड़ रहा हूँ वह हानिकर हो ही नहीं सकता। इसका मुझे विश्वास है।"

"अच्छा, अच्छा, तुम जो कह रहे हो मैं उस पर विश्वास कर लेता हूँ।··· और कर भी क्या सकता हूँ ?··· पर तुम्हें यह करने की आवश्यकता क्या थी ?··· यह मेरी समझ से बाहर है।"

"सारी बात फिर दोहराने में समय लगेगा जो हम नष्ट नहीं कर सकते। इसके स्थान पर मेरा एक काम करो।··· करोगे न, चाचा ?"

"अवश्य, कहो क्या काम है ? तुम क्या चाहते हो ?"

"मेरे पिताजी के पास जाओ और जो हुआ है उन्हें बता दो। वह समझ जाएँगे। हो सकता है वह इससे कुछ घबरा जाएँ।···हो सका तो मैं भी उन्हें मिलने का प्रयास करूँगा।···उन्हें कहना कि वह मेरी चिंता न करें।···तुम उन्हें विश्वास दिलाना कि उन्हें अपने पुत्र के कारण कभी लज्जित नहीं होना पड़ेगा।"

"मैं अभी जाता हूँ और जो कुछ तुमने कहा है उन्हें बतला आता हूँ। तुम इस बीच मेरे घर चले जाओ। तुम्हारे लिए वह जगह नई नहीं है।···क्यों, ठीक है न ?"

"नहीं चाचा, वह स्थान नया तो नहीं, परंतु इस समय वहाँ जाना समझदारी नहीं है। पुलिस निश्चय ही वहाँ का पता निकाल लेगी। और फिर वह तुम्हारे साथ क्या करेगी इसे सोचते ही मेरा दिल दहल उठता है। वे कसाई तुम्हें पीटेंगे, मारेंगे, तुम्हारी सारी हड्डियाँ तोड़ डालेंगे, और फिर तुम्हें जेल में बंद कर देंगे। इसके परिणामों को तुम सोच भी नहीं सकते, चाचा।"

"परिणामों को मारो गोली। मुझे उनकी तनिक भी चिंता नहीं। तुम मेरे साथ घर चलो और अन्य सब प्रबंध मैं स्वयं कर लूँगा।"

"धन्यवाद चाचा, किंतु मैं वहाँ नहीं जा रहा। इस पर तुम और बल न दो, समय को यों ही नष्ट न करो। अब देर हो चुकी है। हो सकता है पुलिस यहाँ चोरों की तरह छिप-छिपकर मेरी तलाश कर रही हो और किसी भी समय हम दोनों पर

टूट पड़े।"

"ऐसी बात है तो मैं नहीं जा रहा। मैं तुम्हारे साथ रहूँगा। जो होना है, हो जाए।" उसने कहा। उसकी आँखों में कठोर दृढ़ता झलक रही थी।

"बेवकूफ़ी मत करो चाचा। इससे होगा क्या ? केवल स्थिति और बिगड़ेगी। एक आदमी को पकड़ने के स्थान पर वे दो को पकड़ लेंगे। और, मैंने यदि अवरोध किया, जो मैं करूँगा ही, तो वे एक के स्थान पर दो को मार डालेंगे। तब मेरे पिता को कौन संदेशा देगा ? और, अगर मैं पकड़ा गया तो कचहरी में कौन मेरी रक्षा करेगा ?...और, अगर गाँववालों के सामने मारा गया तो...? चाचा, कृपा करके मुझे अकेला छोड़ दो और व्यर्थ में समय नष्ट न करो।"

चाचा भूरा बहुत ही अनमने मन से उठा, मुझे छाती से लगाया और वहाँ से चल पड़ा। झुर्रियाँ भरे उसके गालों पर अश्रुधारा बह रही थी। "भगवान तुम्हारी रक्षा करे।" फिर बिना पीछे मुड़े, उसने रुँधे हुए कंठ से कहा, "कुछ भी हो, उतावलेपन से काम न लेना।"

"धन्यवाद चाचा। मैं आपके कहने का पालन करूँगा। चाचा, मुझे गलत मत समझना। मैं जानता हूँ मैंने सदा ही तुम्हें कष्ट दिए हैं।"

एक दबी हुई सिसकी ने उसके सारे शरीर को हिला दिया। वह गन्ने के खेत में घुसकर आँखों से ओझल हो गया।

पश्चिम में सूर्य, पहाड़ों के शिखरों पर परिभ्रमण कर रहा था। आकाश का हलका पीला रंग चरागाहों की हरियाली से पीछे हट रहा था। पेड़ों की छाया तेजी से लंबी होती जा रही थी। ऐसा लगता था कि वन पक्षियों के लौटने की प्रतीक्षा में थे। किश्चिर अपनी तान छेड़ने के लिए सूर्यास्त होने का बेचैनी से इंतजार कर रहे थे।

वन के समांतर एक धूलभरी सड़क थी। इन दोनों के बीच इधर-उधर कुछ झोंपड़ियाँ थीं, कुछ खेत थे और कुछ बंजर स्थल। मैंने गन्ने के खेत से निकल जाना उचित समझा। पास ही एक कूड़ी थी, अर्थात् खाद बनाने के लिए सूखी-सड़ी वनस्पति को रखने का एक छोटा-सा स्थान। वह कूड़ी घनी झाड़ियों से घिरी हुई थी। मैंने अपने लिए उसका चयन किया क्योंकि वहाँ से थोड़ा सा भागने पर मैं आसानी से वन में प्रवेश कर सकता था। उन झाड़ियों के सामने दो-चार साल के बड़े व मोटे वृक्ष थे जो गोलियों से बचाने के लिए अच्छे थे। वह स्थान ध्यान-आकर्षक नहीं था। इसके अतिरिक्त मैं वहाँ से बिना दिखाई दिए सामने का पूरा रास्ता देख सकता था। इसलिए सुरक्षा की दृष्टि से वह स्थान उत्तम था।

इस नए स्थान पर मैं अभी ठीक तरह से बैठ भी नहीं पाया था कि मैंने अपने पुराने मित्रों की टोली अर्थात् पुलिस को गन्ने के खेत की ओर आते देखा। इस विचार से कि मैं किसी और स्थान पर जाने से पहले, अपने परिवार से संपर्क बनाने घर जाऊँगा, वे नाकाबंदी करने के लिए इधर आ रहे थे। रास्ते में उनकी नजर

एक सीधे-साधे गड़रिये पर पड़ी। वह वही गड़रिया था जिसके द्वारा मैंने चाचा भूरा को संदेश भेजा था। पुलिस ने धमका-फुसलाकर उससे मेरे छिपने के स्थान की जानकारी प्राप्त कर ली थी।

पुलिस दल, सावधानी के साथ, धीरे-धीरे आगे बढ़ते हुए उस स्थान पर आ पहुँचा जिसे उन्होंने अपने लिए लाभप्रद समझा। वह स्थान बंजर धरती का एक टुकड़ा था, मुश्किल से मेरे छिपने के स्थान से दस गज दूर। वहाँ सब इकट्ठे एक गिरोह के रूप में खड़े हो गए—सीधे मेरी राइफल की सीध में। मैंने अपनी अर्ध संचालित राइफल के निशाने को बिलकुल ठीक कर रखा था। इसलिए, अगर मैं चाहता तो उनमें से काफी व्यक्तियों को मार सकता था। तीव्र इच्छा होने पर भी मैंने ऐसा नहीं किया क्योंकि मैं स्थिति को और उलझाना नहीं चाहता था। मैंने समझदारी से काम लिया, साल के वृक्ष के पीछे अधोमुख पड़ा रहा और उनकी गतिविधियों को देखता रहा।

उसी समय एक छः फीटे बलिष्ठ बलोची सिपाही ने हुक्म देने शुरू किए :

''बलोची पुलिस दल खेत को घेरकर रखेगा। राज्य सरकार की इकाई खेत में प्रवेश करेगी। उसे एक किनारे से दूसरे किनारे तक ध्यान से देखेगी। अपनी संगीनें लगाकर बंदूकें तान लो।...सावधान।''

लगभग पंद्रह मिनट बीत गए, कुछ नहीं हुआ; कोई भी अपने स्थान से नहीं हिला। तब सहसा एक बहुत दुखद घटना हुई। मैंने बलोच अधिकारी को अपने अस्त्रधान से रिवॉल्वर निकालते देखा और राज्य के एक सिपाही को रिवॉल्वर के दस्ते से मारते देखा। राज्य का वह सिपाही संभवतः अपनी इकाई का मुख्याधिकारी था। मेरा अनुमान है कि उसके इस दुर्व्यवहार का कारण राज्य-सिपाहियों का खेत में घुसने से इनकार करना था। उनके इनकार करने के दो कारण हो सकते हैं—एक, डर कि कहीं खेत में घुसने पर वे मारे न जाएँ और दूसरा, मेरे प्रति सहानुभूति। जो भी हो, उनके इनकार करने से बलोच अधिकारी क्रोधित हो उठा और पास खड़े राज्य सिपाही को पीट दिया।

मेरे लिए यह असहनीय था—ऐसा अपमान जिसे मैं किसी तरह भी क्षमा नहीं कर सकता था। यद्यपि मैं अपनी आत्मरक्षा के लिए कुछ भी कर सकता था, किंतु उसके अतिरिक्त मैं किसी को मारना नहीं चाहता था। इसलिए मैंने उन्हें डराने की सोची, ध्यान से निशाना लिया और उस बलोची अधिकारी के निकट गोली दाग दी। .401 विंडचेस्टर राइफल की मोटी गोली ने धरती को फाड़ते हुए चारों ओर धूल उड़ा दी। अधिकारी को रेत और पत्थरों के कणों ने जख्मी कर दिया। उसके लिए वह एक अनहोनी घटना थी, वह पीठ के बल सीधे धरती पर गिर पड़ा। मैंने फिर दूसरी गोली चलाई, इतनी ऊँची कि वह उस उपाधिकारी के सिर के कुछ ऊपर से निकल जाए जो उसे उठाने की चेष्टा कर रहा था।

इससे मेरा काम बन गया। पुलिस दल के सारे सिपाही औंधे लेट गए और अपने सब हथियारों, राइफल, टॉमीगन और रिवॉल्वर से गोलियाँ चलाने लगे, यहाँ तक

कि उन्होंने ग्रेनेड भी चलाए। उनकी गोलियों की कर्कश ध्वनि चारों ओर फैल गई। इस शोर में न जाने क्यों हाफ़िज़ के एक पद्य की दो पंक्तियाँ बार-बार मेरे मन में उभरने लगीं। इनका हिंदी अनुवाद कुछ इस प्रकार है :

'अपने प्याले में मैं अपनी महबूबा के मुख का प्रतिबिंब देख रहा हूँ,
ओ मेरी महबूबा, तुम नहीं जानतीं इस तरह पीते रहने का आनंद क्या है !

इधर पुलिस का दस्ता, 'लक्ष्य और दूरी' के प्रति बिलकुल बेखबर, अपनी बंदूकों से गोलियों की बौछार करता रहा। कुछ गोलियाँ इधर-उधर बिखरती हुई उस पेड़ पर भी लगीं जिसके पीछे मैं छिपा हुआ था। परंतु वह सब ऊँची लग रही थीं और पेड़ की टहनियों को खदेड़ रही थीं। उनकी गोलियों का मुख्य लक्ष्य गन्ने का खेत था; धरती पर औंधे पड़े वे निरंतर गोलियाँ चला रहे थे।

उनके व्यवहार से उनकी घबराहट का परिचय मिलता था। वे बहुत डरे हुए थे। मैं इस नतीजे पर पहुँचा कि वे जल्दी उठनेवाले नहीं हैं, न वे वहाँ से हिलेंगे और न गोलियाँ चलाना बंद करेंगे। मैंने इसका लाभ उठाया, खिसककर पीछे हट गया और फिर झुके-झुके भागता हुआ वन में घुस गया। पीछे जाने से पहले मैंने बिना निशाना लिये कुछ गोलियाँ भी चलाईं थीं जिससे कि वे उठने का साहस न करें, और वहीं लेटे-लेटे गोलियाँ चलाते रहें। मैं भागते-भागते गाँव की सुरक्षा में पहुँच गया। वह गाँव लगभग पाँच मील दूर था। चलती हुई गोलियों की आवाज़ की भाँति, कहीं दूर एक गीदड़ ज़ोर-ज़ोर से बोल रहा था। झाड़ियों में से एक लकड़बग्घा बोला मानों हँस रहा हो। शिराज के कवि हाफ़िज़ की वह दो पंक्तियाँ अभी तक मेरे मन में गूँज रही थीं। ठीक वैसे ही जैसे फंदे में फँसा भ्रमर मुक्त होने का प्रयास कर रहा हो।

जिस समय मैं एक भूमिहीन किसान की झोंपड़ी में पहुँचा, काफी रात हो चुकी थी। वह 'छोटी जाति' का किसान था। एक अछूत जिसे घृणा की दृष्टि से देखा जाता था। घास-फूस और सूखे बाँसों से बनी उसकी झोंपड़ी बहुत ही घटिया थी, और गाँव से कुछ दूरी पर भी थी। मैं उसे बहुत अच्छी तरह से जानता था। वास्तव में मैं उस सारे क्षेत्र को ही अच्छी तरह से जानता था। कुछ वर्षों पहले मैंने उस क्षेत्र में एक नरभक्षी शेर का शिकार किया था। उस शेर को ढूँढ़ने में व उसका ठिकाना खोजने में मुझे कई दिन लग गए थे। पहाड़ की तराई के वन में स्थित वह क्षेत्र बहुत लंबा-चौड़ा था, लगभग चालीस मील लंबा और पाँच मील चौड़ा। उस क्षेत्र में थोड़ी-थोड़ी दूरी पर कुछ गाँव भी थे। प्रत्येक गाँव कुछ टूटी-फूटी झोंपड़ियों का एक समूह था, महागंदा और निर्धन। ऐसा लगता था कि उनमें 'गंदगी और निर्धनता' की परस्पर होड़ थी।

शंकरु की झोंपड़ी भी उनसे भिन्न नहीं थी, बल्कि अन्य झोंपड़ियों की अपेक्षा

उसमें निर्धनता और दरिद्रता कुछ अधिक थी। शंकरु घास-फूस और बेंत की टोकरियाँ और चटाइयाँ बनाकर तथा नाममात्र के भाड़े पर दूसरों का काम करके अपनी जीविका कमाता था। उसका गरीबी का जीवन उसके पूर्वजों के समय से ही चला आ रहा था। भूखे रहना और दरिद्रता सहना उसके जीवन के अंग बन गए थे। उसकी पत्नी नहीं थी। कुछ अन्य व्यक्तियों की भाँति उसकी पत्नी को भी उस नरभक्षक शेर ने मार डाला था जिसका वर्णन मैं ऊपर कर चुका हूँ। उसका न कोई बेटा था और न ही कोई अन्य ऐसा रिश्तेदार जिस पर वह निर्भर कर सकता, उसकी केवल एक ही बेटी थी, नटखट और घुमक्कड़। पेड़ों पर चढ़ना और मेड़ों को फाँदना उसके व्यवहार के मुख्य लक्षण थे। उसका नाम मंगला था। वह काली, नाटी और पतली थी, उसकी मुखाकृति भी सुंदर नहीं थी। परंतु उसके सुंदर सलौने नेत्र उसकी मुखाकृति की सारी कमी को पूरा करते थे। नरभक्षक शेर की खोज में मैं उस क्षेत्र में महीनों रहा था, उस समय मैं और मंगला अच्छे मित्र बन गए थे। उस समय उसकी आयु नौ-दस वर्ष से अधिक नहीं थी। वह स्वभाव से चंचल, व्यंग्य-युक्ति में प्रवीण और हाज़िर जवाब थी। हम एक-दूसरे का मज़ाक उड़ाते थे, एक-दूसरे को चिढ़ाते रहते थे। शेर मारने के बाद मैं उस गाँव में कभी नहीं गया था और न ही मंगला को कभी देखा था।

पुलिस से पीछा छुड़ाकर मैं शंकरु की झोंपड़ी में पहुँचा, और अपना नाम बतलाते हुए दरवाजे को खटखटाया। शंकरु तुरंत बाहर आया और उसके पीछे मंगला भी थी। बाहर अंध अँधेरा था और कड़ाके की सर्दी पड़ रही थी। वे मुझे तुरंत अंदर, धरती पर बने चूल्हे के पास ले गए। चूल्हा ठीक झोंपड़ी के बीचोबीच बना हुआ था। मंगला आग में लकड़ी के कुछ मुट्ठे डालकर उसे जल्दी से तेज करने लगी। क्या था वह दृश्य ! वह लड़की अब एक सुंदर युवती बन चुकी थी, फटे कपड़ों में उसका यौवन फूट रहा था, परंतु उसे न उसकी कोई चिंता थी और न ही आत्मसंकोच। पिछले वर्षों में उसकी रूपाकृति में जो परिवर्तन आए थे वे उनके प्रति सचेत नहीं थी। तरुणावस्था के आ जाने पर भी, उसके व्यवहार में कोई परिवर्तन नहीं आया था; वह पहले जैसी फूहड़, साहसी, अविनीत और मैत्री-प्रिय थी। उसने मुझे पकड़कर, आग के पास सूखे घास के ढेर पर बिठाया। घास का वह ढेर, वास्तव में, उनका बिस्तर था। तत्पश्चात् उसने घड़े में से सूखे-जंगली कंद-मूल निकाले—उनका आपात्कालीन राशन—और मेरे लिए भून दिए।

उसके बाद जब वह अपने लिए कंबल या कोई अन्य ओढ़नी खोज रही थी (अपनी रजाई उसने मुझे दे दी थी) मैंने शंकरु से दिन भर की घटनाएँ बतानी शुरू कीं। मंगला ने सुना और तुरंत मेरे पास आ गई।

"क्या ?...वे तुम पर गोलियाँ चला रहे थे ?" उसने पूछा।

"हाँ, ऐसा ही था।"

"क्या, वही बौछार थी जिसे हम घंटों भर सुनते रहे थे ?"

"हाँ, पर क्या तुम कुछ समय के लिए चुप नहीं रह सकतीं ? अपने बापू से बात करने दो।"

"वाह !...क्या बढ़िया तमाशा..." उसने कहा और उसका शेष वाक्य हँसी में खो गया। स्पष्ट था कि न तो उसने स्थिति की गंभीरता को समझा था और न उसके परिणामों को। उसके लिए तो वे मानों दीवाली के पटाखे थे जिन्होंने उसकी सारी शाम को रोशन कर रखा था। इस संबंध में वह अभी और बात करना चाहती थी कि उसके बापू ने उसे चुप करा दिया। वह उदास होकर चूल्हे के पास से हट गई, परंतु उसकी जिज्ञासा बनी रही।

तभी मैंने शंकरु से कहा, "शंकरु, मेरा एक काम करोगे ?...करोगे न ?"

"अवश्य करूँगा, बताओ क्या करना है ?"

"तुम मेरे पिताजी के पास जाओ, उन्हें बता दो कि मैं बिलकुल ठीक-ठाक हूँ। और, मैं जल्दी ही उनसे संबंध स्थापित करूँगा। वह मुठभेड़ को सुनकर बहुत चिंतित होंगे।"

"हाँ, हाँ, मैं अभी जाता हूँ।" शंकरु ने कहा। वह पतला, दुबला कमज़ोर व्यक्ति उसी समय जाने के लिए तैयार हो गया—पंद्रह मील की दूरी और वह भी अँधेरी ठंडी रात में।

"नहीं, नहीं, इस समय नहीं। इस समय सारी घाटी में पुलिस छाई हुई है। वे तुम्हें उधर जाते देखकर तुम्हें पकड़ सकते हैं; पकड़ ही लेंगे।"

"मुझे इसकी परवाह नहीं। मैं पकड़ाई नहीं दूँगा।" शंकरु ने कहा। तुम्हारे पिता चिंता में होंगे, उनकी चिंता मिटाने के लिए मुझे अभी जाने दो। अभी तक तो उन्हें सारे उपद्रव की सूचना मिल गई होगी। अगर अभी तक पता नहीं लगा तो प्रभात होते उन्हें अवश्य पता लग जाएगा। मुझे जाने ही दो।". उसने बहुत नम्रता से कहा।

"तुम्हारी बहुत-बहुत मेहरबानी, पर यह समय ठीक नहीं है। इससे, शायद, हमारा सारा काम ही बिगड़ जाए। तुम सुबह एक खाली बोरी लेकर निकल जाना, ऐसा लगे कि तुम कुछ खरीदारी करने जा रहे हो।" फिर कुछ रुपए-पैसे देते हुए मैंने उससे कहा, हो सकता है मुझे यहाँ कुछ दिन रहना पड़े, तुम्हें मुझे खिलाना होगा। यह पैसे तुम्हारे लिए नहीं, खाने-पीने का सामान लाने के लिए हैं। मुझे उसकी जरूरत हो सकती है। संकोच मत करो, इन्हें ले लो, नहीं तो मैं यहाँ रह नहीं पाऊँगा।"

जिज्ञासु मंगला छिपकर सारी बात सुन रही थी। वह बोल उठी, "नहीं, नहीं, मैं तुम्हें जाने नहीं दूँगी। पैसे या न पैसे, तुम वहाँ नहीं जा रहे। समझ गए न ? एक बात और—बापू तुम्हारे घर नहीं जाएँगे; मैं जाऊँगी।... तुम जानते हो, बापू सही तरह चल नहीं सकता। उसकी टाँगों में कुछ गड़बड़ है। इसके अतिरिक्त, उसे तुम्हारे घर जाने में पूरा एक दिन लगेगा और फिर एक दिन वापस आने में। क्यों, ठीक है न, बापू ?"

"मूर्ख लड़की, तुम कैसे जाओगी ? तुम तो कभी बाजार से आगे नहीं गई और

बाजार से इनके घर की दूरी दुगनी है। फिर, बाजार से आगे का रास्ता तो तुम जानती भी नहीं।"

"क्यों ?···इनका घर सीधा, पहाड़ी के पार, घाटी में है। यही सब कहते हैं। एक बार मैं घाटी में पहुँच जाऊँ तो फिर घर को ढूँढ़ना कठिन नहीं।···वह बहुत बड़ा घर है।···मैंने सुना है वह दूर से दिखाई देता है।···है न ?"

"यह सब तो ठीक है, फिर भी···"

"फिर भी क्या ?···मुझे जाने दो बापू।···मैं वहाँ का रास्ता खोज लूँगी।···मैं उस घर को हमेशा देखना चाहती थी।···सब लोग उस घर के बारे में इतनी बातें करते हैं। मैंने सुना है वहाँ शेर, बबरशेर, चीते आदि की बहुत सी खालें दीवारों पर टँगी हुई हैं।···वहाँ बहुत से घोड़े और बड़े-बड़े कुत्ते भी हैं।···मैं वह सब देखना चाहती हूँ।···मुझे जाने दो बापू।"···उसने मिन्नत करते हुए कहा "···मैं जल्दी लौट आऊँगी और तुम्हें बहुत समय लगेगा।···यह तो तुम जानते ही हो बापू।···अब इनकार मत करो, बापू।"

"अच्छा, जिद्दी लड़की। जैसा चाहो करो। केवल किसी से यह मत कहना कि यह यहाँ है।···माँ को छोड़कर और किसी से भी नहीं।···यह बहुत जरूरी है। समझ गई न ?"

"हाँ बापू। विश्वास करो। मैं इनके बारे में किसी से कोई बात नहीं करूँगी।···पहले तो मेरी ओर किसी का ध्यान ही नहीं जाएगा। दूसरा, मुझसे कोई कुछ बुलवा नहीं सकता। मौत की धमकी देकर भी नहीं।"···उसने पूरे विश्वास के साथ यह कहा।···उसके जीवन का यह एक नया रूप था जिसकी मैं कभी भूलकर भी कल्पना नहीं कर सकता था।

उसका धन्यवाद करने के लिए मेरे पास शब्द नहीं थे। आभार व्यक्त करने के लिए मैंने उसके कंधे पर हाथ रखा और उससे कहा कि वह सुबह, दिन निकलने पर जाए और अगले दिन वापस लौट आए।

आधी रात बीत चुकी थी। मैं अपने बिस्तर में घुसा और अपनी थकी-हारी, दुखती हुई टाँगों-बाँहों को पसारा। सोने से पहले मैंने शंकरु से कहा कि बाजार तक वह स्वयं लड़की के साथ जाएगा और आवश्यक खाद्य सामग्री लेता आएगा। मैंने यह भी बतला दिया कि मैं सुबह जल्दी ही वहाँ से चला जाऊँगा और रात होने पर लौटकर आऊँगा।

प्रभात होने से बहुत पहले मैं झोंपड़ी से बाहर निकला और देखा कि मंगला दरवाजे पर खड़ी थी। यह देखकर मैं चकित रह गया। मैंने उससे पूछा, "तुम यहाँ क्या कर रही हो ?"

"मैं यह बताने आई थी कि तुम जंगल में कहाँ जाओगे। तुम जब बंदूक से छेड़ाछाड़ी कर रहे थे तो वह मुझसे जा टकराई और मुझे जगा दिया। तुमने जूते पहनने में भी बहुत समय लिया। देखो, तुम्हारे इंतजार में मैंने कितनी सर्दी सही है।"

"क्षमा करो, मंगला। अगली बार सोते समय जूते नहीं उतारूँगा।" मैंने

व्यंग्यपूर्वक कहा। "...हाँ, तुम्हें यह बताने की आवश्यकता नहीं है कि मैं किधर जाऊँ और कैसे जाऊँ। इन जंगलों को मैं तुमसे अधिक जानता हूँ, एक-एक पेड़ और एक-एक झाड़ी को जानता हूँ। मैं इस सारे क्षेत्र को भली प्रकार से जानता हूँ। तुम्हें इस ठंड में, बाहर आकर मुझे यह बताने की क्या आवश्यकता थी ?"

"हाँ, यह सही है, तुम जंगलों को जानते हो। पर बापू तुम्हारा खाना लेकर तुम्हें कहाँ मिलेगा ? तुम यह आशा तो नहीं कर सकते वह तुम्हारे लिए सारा जंगल छाने।...कोई स्थान तो निश्चित करना ही होगा। इसलिए मैं बाहर आई थी। खाना तो तुम्हें चाहिए ही; तुम हवा पर तो जिंदा नहीं रह सकते। क्या कहते हो ?"

"नहीं, मैंने सोचा था कि वापस आने पर खाना खा लूँगा। फिर एक दिन खाना न मिलने पर कोई नहीं मरता। क्यों ?...ठीक है न ? फिर जंगलों में खाने के लिए बहुत कुछ है, केवल आदमी को उनकी जानकारी होनी चाहिए और मैं उन्हें अच्छी तरह से जानता हूँ। तुम्हें मेरे खाने की चिंता करने की कोई आवश्यकता नहीं।"

"छोड़ो इस बात को और वह करो जो मैं कहती हूँ। तुम सामने की पहाड़ी पर चले जाओ जो बाँसों के झाड़ से ढकी है। वहाँ कोई नहीं जाता, बच्चे भी नहीं। बच्चे उसे भूतों का डेरा कहते हैं—पहाड़ी की दूसरी ओर, पास ही एक छोटा सा साफ, मीठे और गर्म पानी का नाला है। उसका पानी इतना गर्म है कि उसमें नहाया भी जा सकता है। वह जगह तुम्हें आसानी से मिल जाएगी। बापू तुम्हें वहीं मिलेगा।"

"नहीं, उसे मत भेजना। तुम्हारा यह प्रस्ताव खतरे से खाली नहीं है। मैं घर लौटने पर खाना खा लूँगा।" तिरस्कृत, निर्धन, जातिभ्रष्ट लोगों की अनपढ़ अज्ञानी बेटी के अनुग्रह का बोझ लिये हुए, उत्तर की प्रतीक्षा किए बिना, मैं बाहर निकल गया।

दूसरे दिन दोपहर के कुछ बाद वह लौट आई। जंगल में वह खुलकर गाने लगी और उससे मुझे उसके लौट आने का पता लग गया। वह एक प्रचलित लोकप्रिय पहाड़ी गाना गा रही थी। यह गाना अब भी उस क्षेत्र में लोकप्रिय है।

उसके बोल कुछ इस प्रकार थे :

'मेरे साजन अब तू आ जा,
वर्षा ऋतु आई है।
सूखी धरती और हरियाली,
वर्षा की हैं अभिलाषी,
पेड़-पौधे और ललिताएँ,
हर्ष विभोर खड़ी मुसकाएँ,
फलने के दिन आए हैं।।
मेरे साजन तू भी आ जा,
प्यासे मन की प्यास बुझा जा,
वर्षा ऋतु आई है।'

उस दिन मैं कुछ जल्दी झोंपड़ी में पहुँच गया। वहाँ पहुँचा तो मैंने झोंपड़ी को कुछ अधिक प्रकाशमय, गरम और आरामदेह पाया। चूल्हे में एक मोटी लकड़ी जल रही थी। धरती पर सूखी घास की मोटी तह बिछी हुई थी और एक कोने में मिट्टी के तेल का दीया जल रहा था। मंगला ने कुछ आगे आकर मेरा हाथ पकड़ लिया।

''यह अच्छा है।'' मैंने दीये की ओर इशारा करते हुए कहा। ''अच्छा किया जो तुम इसे खरीद लाई। अब मैं तुम्हें अच्छी तरह देख सकूँगा।'' चिढ़ाने की मुद्रा में उसने जीभ निकालकर मुझे आग के पास कर दिया। ''मंगला तुम इतना सुंदर गाती हो, मैं नहीं जानता था। तुम्हारी आवाज़ बहुत मीठी और रसीली है।''

''खाक मीठी है।'' बात को काटते हुए उसका बापू बोला। जब शेर ने इसकी माँ को मार डाला था, तो घर में इसे तौर-तरीके सिखलानेवाला कोई न रहा। यह बस जंगली की जंगली ही रह गई, जंगली बकरी की तरह हठी और मनमानी करनेवाली। बकरी जो ठहरी, जैसे घर से बाहर कदम रखती है, उछलती-कूदती हुई ऊँची आवाज़ में मिमियाने लगती है। इसकी आवाज़ मीलों दूर सुनाई पड़ती है।''

''बापू !'' उसने बिगड़ते हुए कहा और मेरे लिए खाना लेने जाने लगी।

''नहीं, पहले तुम मुझे वह बताओ जिसके लिए तुम वहाँ गई थीं। खाना बाद में होगा।'' मैंने कहा।

''उसके लिए बहुत समय है। तुम अभी कहीं जा नहीं रहे। उन्होंने मुझे कहा है कि जब तक सब ठीक नहीं हो जाता, हम तुम्हें यहीं रखें। सही समय आने पर वे स्वयं यहाँ संदेश भिजवा देंगे।''

''तब ठीक है। आओ सब मिलकर खाना खा लें। और, खाते-खाते तुम शेष बात भी बता देना।''

''माफ करो, तुम्हें अकेले ही खाना खाना होगा। तुम कब आओगे, इसका हमें पता नहीं था। इसलिए हमने पहले ही खाना खा लिया।''

जब मैं अच्छी तरह से पकाई हुई मांड खा रहा था, उसने मेरे सामने एक छोटी-सी गठरी खोलकर रख दी और बच्चे की भाँति खुश होकर कहा, ''देखो तुम्हारी माँ ने मुझे क्या-क्या दिया है—दो जोड़े कपड़े, गर्म चादर, एक जोड़ा चाँदी की चूड़ियाँ और बहुत से रुपए। कितने हैं यह बापू ?···मुझे गिनना नहीं आता।''

''पचास रुपए।'' उसने कहा।

''तुम्हारी बहन ने मुझे बहुत प्यार किया, मुझे अपने कानों की बालियाँ, एक कंघी, एक छोटा बढ़िया शीशा और दो खुशबूदार साबुन की टिक्कियाँ दीं।''

''इसका मतलब है तुमसे बकरी-की-सी दुर्गंध आ रही होगी। बापू तुम्हें बकरी ही तो कहता है। इसलिए उसने तुम्हें साबुन दिया।'' चिढ़ाने की मुद्रा में उसने जीभ निकाली और कहा, ''वे सब मुझे देखकर बहुत खुश हुए थे। तुम्हारी पुलिस के साथ जो मुठभेड़ हुई थी, उसके बारे में उन्हें सब पता था। मुझसे मिलकर बहुत खुश हुए

और मुझे बहुत प्यार किया।''

''मंगला, तुम बहुत बातूनी हो, इसका मुझे पहले पता नहीं था। वहाँ भी तुम इसी तरह बक-बक करती रही होगी जैसे यहाँ कर रही हो। क्यों, ठीक है न ?''...

''हाँ, हाँ, मैंने तुम्हारे संबंध में उन्हें सब कुछ बता दिया; तुम यहाँ कैसे आए, उस समय तुम कैसे दिख रहे थे, तुमने क्या खाया, तुम कहाँ सोए और दिन बिताने के लिए कहाँ गए थे।''

''तुम यहाँ मेरे लिए खतरनाक हो सकती हो।''

''वह कैसे ?...वे पूछते गए और मैं जबाव देती गई। इसमें खतरे की कौन सी बात है ?...अंत में तुम्हारे बापू ने हमें वहीं जाकर रहने को कहा। उन्होंने कहा कि बापू बागीचे में काम करेगा और मैं घर में।...क्यों बापू, हम वहाँ जाएँगे न ?...''

''हाँ, हम जाएँगे, नहीं तो मेरे मरने के बाद तुम्हारा क्या होगा ? दीमक की तरह यह चिंता मुझे रात-दिन खाती रहती है, चिंता अब खत्म हुई।...धन्यवाद भगवान का। वहाँ तुम्हारी देखभाल ठीक से होगी, तुम राजकुमारी बनकर रहोगी।''

''अवश्य, एक काली राजकुमारी।'' मैं बीच में ही बोल उठा। ''मंगला, तुमने क्या वहाँ हमारी बछियाँ देखी थीं ?...हमारी एक बछिया का नाम रजनी रानी है, यानी काली राजकुमारी। वहाँ तुम्हें भी वे उसके पास बाँध देंगे।''

''बंद करो अपनी यह बक-बक। वे तुम्हारे जैसे नहीं हैं। वे लोग अच्छे हैं। मैं तुमसे अब नहीं बोलूँगी।''

''नहीं, नहीं, ऐसा मत करना। मैं अपने शब्द वापस लेता हूँ।''

''तो ठीक है। तुम्हारा छोटा भाई बहुत अच्छा है। उसने मुझे अपना चाकू दिया और कहा...''

''बेड़ा गरक।'' मैंने वाक्य को काटते हुए कहा। ''मुझे देने के लिए उनके पास कुछ भी नहीं था, किसी के पास भी नहीं।...एक संदेश भी नहीं भेजा।'' मैंने कुछ उद्विग्न होकर कहा।

''क्या मैंने आते ही तुम्हें संदेश नहीं दिया ?...तुम चाहते हो कि मैं उसे दोबारा कहूँ।...यही सही।...तुम्हें वहाँ नहीं जाना, गाँव के आस-पास भी नहीं, हमारे घरों की घाटियों के बीच जो पहाड़ी है तुम्हें उसके पार नहीं जाना—उस समय तक नहीं जब तक तुम्हारे बापू कहला नहीं भेजते। तब तक तुम्हें यहीं रहना है। अब तो सारी बात साफ हो गई न ?...इसे भूलना नहीं।''

''उन्होंने जो कहा, ठीक है, किंतु मेरा अभिप्राय इस संदेश से नहीं था। क्या उन्होंने तुम्हें मेरे उस मित्र के बारे में कुछ नहीं कहा जो मुझसे मिलने के लिए आनेवाला था ?''

''नहीं, उन्होंने तुम्हारे किसी मित्र के बारे में कुछ नहीं कहा। कौन है

वह?···मेरा मतलब है वह तुम्हारा कौन सा मित्र है ? अगर वह कहीं आसपास हो तो मैं अभी जाकर उसे बुला लाऊँ। अब राशन की कमी नहीं, जरूरत पड़ने पर और भी आ सकता है। तुम्हारा मित्र अब हमारे पास आराम से रह सकता है।''

''यह बात नहीं, हो सकता है वह आया ही न हो। इस बात को छोड़ दो और बताओ क्या जाते या लौटते समय तुम्हें रास्ते में कोई अटपटा आदमी तो नहीं मिला ?''

''मिले थे, बहुत मिले थे। सारी घाटी उनसे भरी पड़ी है; कुछ भिखारियों के भेष में और कुछ ज्योतिषी बनकर, कुछ गड़रियों के लिबास में और कुछ व्यापारियों की वेशभूषा में।···सबके सब मूर्ख हैं। दूर से पहचाने जाते हैं कि वह इस देश के नहीं हैं। उनकी बोली अलग है, व्यवहार अलग है, यहाँ तक कि उनका रूप-रंग और शारीरिक गठन भी हमसे भिन्न है। कपड़े बदल लेने पर आदमी की विशेषताएँ तो नहीं बदल जातीं।···तुम ही बताओ, बदल सकती हैं क्या ? उनका रंग अधिक गंदमी है, डीलडौल में वे अधिक लंबे और चौड़े हैं और वे हमसे अधिक पुष्ठ हैं। उनके बाल भी हमसे अच्छे कटे हुए हैं। वे उन पठानों जैसे हैं जो गाँव-गाँव घूमकर छोटी-मोटी चीज़ें बेचते हैं और लोगों को उधार देते हैं। और दिखा यह रहे हैं कि वे यहीं आसपास के रहनेवाले हैं। क्या मज़ाक है ?''···यह कहते हुए वह ज़ोर से हँस पड़ी।

''क्या किसी ने तुमसे बात करने की कोशिश की ?''

''हाँ, हाँ, एक ने। वह जानना चाहता था कि मैं कहाँ से आई हूँ और कहाँ जा रही हूँ।''

''तुमने क्या कहा ?''

''जा, जा, अपना रास्ता नाप।'' यह कहते हुए मैंने उसे कड़ी नज़र से देखा और पास के घर में घुस गई। वहाँ एक वृद्धा खड़ी हमें गुस्से से देख रही थी।···पर वह थी बहुत दयालु। उसे जब यह पता चला कि मैं कहाँ जा रही हूँ तो उसने मुझे प्यार से थपका। वह काफी चिंतित दिखाई पड़ रही थी। सच तो यह है, घाटी के सारे लोग उद्विग्न हैं—इन स्वाँगी भांड़ों के कारण। लोगों को तुम्हारी बहुत चिंता है। वे कहते हैं कि तुमने किसी अंग्रेज को मार दिया है, इसलिए पुलिस तुम्हें मार देना चाहती है।···क्या यह सच है ?''

''इन बेतुकी सुनी-सुनाई बातों पर ध्यान मत दो और बताओ फिर क्या हुआ ?''

''कुछ खास नहीं, उस बुढ़िया ने अपने छोटे बेटे को बुलाया, वह दस-बारह वर्ष का होगा। उसने उसे कुछ खास कहा और वह भेड़ों के रेवड़ को लेकर मेरे साथ हो लिया। तुम्हारे घर के पिछवाड़े में सब्जी का जो खेत है, वह वहाँ तक मेरे साथ गया।''

''अब तुम यह बताओ कि इस सारे सामान के साथ वापस आते समय तुमने

कौन सी युक्ति लगाई ?"

"कुछ खास नहीं। तुम्हारे बापू ने कुछ खच्चरवालों को बुलाया और उन्हें हमारे गाँव के बाजार से कुछ सामान खरीदने के लिए भेज दिया। उनसे कहा कि वह मुझे अपने खच्चर पर बिठाकर बाजार तक पहुँचा दें। तुम्हारा एक नौकर भी गाँव के बाजार तक मेरे साथ आया था। वहाँ बापू मेरी बाट देख रहा था। हमने वहाँ कुछ खरीदारी की, जैसे यह लैलटन ली। नौकर वहाँ से वापस चला गया और हम दोनों, मैं और बापू, सारे सामान को लेकर घर लौट आए।"

"तुमने बहुत अकलमंदी से काम लिया। बहुत बहादुर हो तुम। युगोयुग जीओ, खूब लंबी हो उम्र तुम्हारी।"

मैं रोज की भाँति, दिन फूटने से पहले जंगल के लिए निकल पड़ा। जब धूप निकलने पर ठंड कुछ कम हुई, तो मैं एक गर्म और आरामदेह स्थान खोजकर सो गया। दोपहर होने पर मेरी नींद खुली और मैं खाने की तलाश में इधर-उधर घूमने लगा। मैं दोपहर का भोजन बेर, अच्छू और कुछ अन्य कंद-मूल से कर लिया करता था। मैंने खाना खत्म ही किया था कि बाँसों के कुंज में से मुझे उसी पहाड़ी प्रेमगीत की धुन सुनाई दी। मैं जल्दी से कुंज में वापस आया और मंगला को पहाड़ी नदी के पास बैठे देखा। उसने नए कपड़े पहन रखे थे।

"बहुत सुंदर लग रही हो, मंगला ! बहुत ही सुंदर।"

"सच ! अच्छा लग रहा है यह, यानी मेरे यह कपड़े ?"

"निःस्संदेह, पर उससे भी अधिक तुम अच्छी लग रही हो, वैसे तो तुम मुझे सदा ही अच्छी लगती थीं।"

"झूठा कहीं का। मैं दावे से कह सकती हूँ कि जब से तुम शेर मारने के बाद यहाँ से गए हो, तुमने मेरे बारे में कभी सोचा ही नहीं है।"

"एक नहीं, अनेक बार।" मैंने झूठ बोलते हुए कहा। "तुम जैसी अल्हड़ और घुमक्कड़ बकरी को मैं कैसे भूल सकता था ?"

"अब मैं घुमक्कड़ बकरी नहीं हूँ।" उसने विश्वास भरी आवाज़ में कहा। "मुझे तो यह भी समझ नहीं आ रहा कि अब तक मैं इतनी अल्हड़ और घुमक्कड़ कैसे बनी रही ? क्यों मैं फटे-चिथड़े कपड़े पहनती रही ? मेरी उम्र की लड़कियों के लिए फटे-कपड़े पहनना और अल्हड़ बने रहना ठीक नहीं।"

"इसमें गलत भी क्या है ?...तुम्हें बुरा क्यों लग रहा है ?"

"अल्हड़ और अशिष्ट व्यक्तियों का सब मजाक उड़ाते हैं। कोई भी उन्हें गंभीरता से नहीं लेता।...और रही कपड़ों की बात, उनसे तो ठीक तरह से तन भी नहीं ढकता। कितनी खराब है यह बात ?"

रात-ही-रात में उसका अपने प्रति इतना सचेत हो जाना, आश्चर्यजनक था, और यह था उसके निर्मल और निष्कपट जीवन में यौवन की पहली किरण का विकास। उसने उसकी सुसुप्त उमंगों को सहसा जाग्रत कर दिया था। अपनी बड़ी-बड़ी तरल

और निष्कपट आँखों को सीधे मेरी आँखों में डालकर वह मुझसे बात कर रही थी। हवा के झंकोरों में कुमुदिनी के नाजुक तने की भाँति उसका सारा शरीर काँप रहा था। तरुणावस्था की नवजाग्रत चेतना से उसमें अपने शरीर के प्रति अनूठा गर्व उमड़ आया था। ऐसा लग रहा था मानो वह किसी सुंदर स्वप्न में हो। वह आगे को झुकी और अपनी दोनों बाँहें मेरे गले में डाल दीं। मैं चकित हो गया, तथापि मैंने उसे देखा-अनदेखा कर दिया।

अपने संगठन के नियमानुसार, मैंने उस समय ब्रह्मचर्य व्रत ले रखा था। एक संयमी संन्यासी की भाँति, मैं सब अच्छी वस्तुओं को नकारते हुए अपने दिन बिता रहा था। मेरी माँ बेचारी परेशान थी। मैं मोटे घटिया कपड़े पहनता था, दिन में एक बार मितव्ययी भोजन करता था और वह भी एक सब्जी या दाल के साथ। कड़ी सर्दी में भी एक मोटा कंबल ओढ़कर नंगी जमीन पर सोता था। हमारा क्षेत्र बर्फीली हवाओं और तुषार वर्षा के लिए प्रसिद्ध था। घर में सेवकों की भीड़ होने पर भी मैं अपने सारे काम स्वयं करता था, जैसे अपने कपड़े धोना, उनकी मरम्मत करना इत्यादि। त्योहारों के दिन मेरे लिए विशेष समस्याएँ पैदा कर देते थे। मैं त्योहारों की धूमधाम में सम्मिलित नहीं होता था। इससे मेरी माँ बेचारी दुःखी होती थी, कई बार दुःखी होकर रो पड़ती थी। उनका दुःखी होना मेरे लिए बहुत कष्टकर था। कभी-कभी वह दुःखी होकर कह उठती थी, 'भगवान जाने क्यों मैं, उसका सबसे लाड़ला बेटा, भिखारी की भाँति रहता हूँ।' उस बेचारी को यह क्या पता था कि उसका बेटा उन भयंकर दिनों की तैयारी कर रहा था जो स्वतंत्रता संग्राम में उसे भोगने पड़ेंगे।...तथापि अब मैं यह निश्चित रूप से कह सकता हूँ कि स्वपीड़न के वह सब अभ्यास व्यर्थ थे। कठिनाइयों को सहने की क्षमता या उनके आगे झुक जाने की प्रवृत्ति व्यक्ति के नैतिक मूल्यों की गंभीरता पर निर्भर करती है, अपने आपको स्वयं कष्ट देने पर नहीं।...और यह समझ मुझे जेल में अपराधियों के साथ रहने के बाद आई।

दिन जल्दी-जल्दी बीतते गए, उनके साथ-साथ मैं भी एक वन से दूसरे वन में जाता रहा। सरकार ने मुझे फरार घोषित कर दिया था और मुझे पकड़ने के लिए, मृतक या जीवित, दस हजार रुपए का इनाम भी घोषित कर रखा था। मेरी तसवीर लगभग सब मुख्य समाचार पत्रों में प्रकाशित करवा दी गई, सार्वजनिक स्थानों की दीवारों पर चिपका दी गईं; शहरों, गाँवों और कस्बों में उसे दिखाया गया। मुझे एक घोर अपराधी घोषित कर दिया गया और पुलिस को मुझे पकड़ने या देखते ही मार डालने का आदेश दे दिया गया। मुझे पकड़ने के लिए सरकार के सब पालतू कुत्ते सब स्थान छान रहे थे। पुलिस के साथ छिप-छिपाई का खेल आरंभ हुआ जो अधिकांश रोचक रहा, कभी-कभी रोमांचकारी भी और कभी-कभी वह नीरस भी था। पीछे मुड़कर जब मैं उन दिनों को देखता हूँ तो वे मुझे कुछ ऐसे ही लगते हैं।

मुझे किसी काम विशेष से पास के एक सूबे (सूबे को अब राज्य कहते हैं)

में जाना था, परंतु वहाँ जाने में एक कठिनाई थी। वहाँ जाने के लिए एक पुल को पार करना बहुत जरूरी था। और पुल पर पुलिस का कड़ा पहरा था। उस नदी को मैं तैरकर पार कर सकता था परंतु सुरक्षा की दृष्टि से ऐसा करना खतरे से खाली नहीं था। पुलिस ने मुझे पकड़ने के लिए लंबा-चौड़ा जाल बिछा रखा था जिसे दिनोदिन कसा जा रहा था। इसलिए नदी को तैरकर पार करने के स्थान पर पुल पर से ही जाना उचित दिखाई पड़ा। इस काम को मैं, किसी प्रकार भी, अकेले नहीं कर सकता था; उसके लिए मुझे विश्वसनीय मित्रों की आवश्यकता थी।

यह आवश्यकता मुझे एक दूरस्थ घाटी में ले गई। वह घाटी जंगलों से ढके पहाड़ों की शृंखला के साथ लगी हुई थी। वह घाटी एक लंबी-चौड़ी खड्ड थी। वह स्थान शिकार खेलने के लिए बहुत अच्छा था। वहाँ के लोग सरल स्वभाव, सीधे-साधे, हृष्ट-पुष्ट और कठिनाइयाँ सहने में सक्षम थे। उनका चरित्र अपने निवास स्थान की विशेषताओं को अपने में समोए हुए था। वह घाटी उस पुल के पास थी जिसे मुझे पार करना था। वहाँ मेरा एक मित्र हरनामा और उसका चचेरा भाई पुन्नु रहते थे। दोनों ही पूर्णरूप से विश्वसनीय थे। वे जाति के गड़रिये थे, गड़रिया-जाति में हिंदू और मुसलमान दोनों होते हैं। वे कानून के पाबंद नहीं थे। मवेशियों की चोरी करना उनका मुख्य धंधा था। आवश्यकता पड़ने पर उन्हें चोरी, डकैती व हत्या करने से भी कोई परहेज नहीं था। वे जो अपराध करते थे, प्रायः अपने वंशानुगत पारिवारिक झगड़ों को निपटाने के लिए करते थे या किसी अपमान का बदला लेने के लिए। उनकी दृष्टि में ऐसा करना अपनी मान-मर्यादा का ऋण चुकाना था, उसके लिए उन्हें कुछ भी कीमत क्यों न देनी पड़े। वह उनकी जीवन शैली थी जो सदियों से परिपक्व होते-होते 'नैतिकता' का स्वरूप ले चुकी थी। उस 'नैतिकता' का पालन करना उनका धर्म बन चुका था जिसके पालन में वे अपनी आहुति भी दे सकते थे और शत्रु का रक्त भी निस्संकोच बहा सकते थे।

'नैतिकता' के वह नियम उनके दिल और दिमाग में इतनी गहराई से बैठ चुके थे कि वे उनके आचार-व्यवहार के साथ-साथ उनके सामाजिक जीवन का भी अंग बन चुके थे। उदाहरणार्थ—कोई भी व्यक्ति उस समय तक विवाह के लिए उपयुक्त नहीं समझा जाता था जब तक उसने कैद न भुगत रखी हो या उसके विरुद्ध कोई मुकदमा न चल रहा हो। इस 'विशेषता के अभाव में' कोई भी युवक, धनी या निर्धन, किसी आत्मसम्मानी यौवना के प्रेम का पात्र नहीं बन सकता था। प्यार करना तो अलग रहा, वह उसकी ओर देखना भी पसंद नहीं करती थी। उसका मान-सम्मान उसके अपराधों की गंभीरता के अनुरूप होता था—जितने अधिक और गंभीर अपराध, उतना ही समाज में उसका सम्मान।

मेरा मित्र हरनामा केवल 'सम्मानित' व्यक्ति ही नहीं था, उसने दो विवाह भी कर रखे थे। तब भी नवयौवनाएँ उसे प्रेमभरी दृष्टि से देखती थीं। उसके पास न धन था और न उसे धनी कहा जा सकता था।

आर्थिक दृष्टि से हरनामा निम्नस्तर का किसान था, किंतु स्वभाव से वह विशाल हृदय और उदार प्रवृत्ति का व्यक्ति था। अपनी उदारता के कारण वह लगभग सदा ही कर्जे के बोझ में दबा रहता था; उसका घर सबके लिए खुला रहता था; उसके घर में कोई भी आए, अनामंत्रित या आमंत्रित, हरनामा खुले मन से, बिना हिचक और संकोच उनका आतिथ्य सत्कार करता था। उसके घर में जो कुछ भी होता, वह उनके साथ मिल-बैठकर खाता था। परिचित और अपरिचित, दोनों के साथ उसका व्यवहार एक-सा होता था। कानून से भागे हुए व्यक्तियों की देखभाल करना उसका प्रथम कर्तव्य था। जिस प्रकार बत्तखें पानी की ओर भागती हैं, उसी प्रकार कानून के भगोड़े उसकी शरण में चले आते थे। वह अपनी परंपरा के अनुसार उनकी सुरक्षा करने में, अपनी आजादी ही नहीं, अपने प्राणों को भी संकट में डाल सकता था।

रात के लगभग तीन बजे होंगे जब मैं उसके घर पहुँचा और अपनी समस्या को खुलकर उसके सामने रख दिया। वह पहले ही, पुलिस के घेरे से, मेरे भाग निकलने के संबंध में सुन चुका था और वह स्वयं मेरे साथ संपर्क बनाने की चेष्टा कर रहा था। मुझे अपने घर में देखकर वह बहुत खुश हुआ और भोजन आदि देकर मुझे सुख और आराम पहुँचाया। सुबह होने पर पुन्नु उसके घर आया। वह युवक देखने में पतला-दुबला था, परंतु बहुत साहसी और युक्तियों को खोजने में विशेष निपुण था। 'सम्मानित' होने के कारण उसका विवाह हो चुका था। वहाँ पहुँचते ही उसने मुझे सलाह दी कि मैं हरनामे का घर छोड़कर तुरंत उसके घर चला जाऊँ; क्योंकि उसके घर में अतिथि अपेक्षाकृत कम आते थे। उसका यह सुझाव सबको ठीक लगा और मैं पुन्नु के घर चला गया। पुन्नु ने मेरी सुरक्षा का भार अपने ऊपर ले लिया और हरनामे पर अन्य सब प्रबंध करने का कार्यभार लाद दिया।

उसी समय सारी बस्ती के लोगों को सतर्क कर दिया गया कि वे किसी परदेसी व अनजान व्यक्ति को घाटी में घुसपैठ न करने दें। सारी घाटी लगभग दस-पंद्रह मील लंबी और तीन मील चौड़ी थी और गड़रिया जाति के लोगों की बस्ती थी। वे सब मानों एक ही परिवार के सदस्य थे। उनका काम-धंधा एक-सा था, उनका व्यावसायिक रुझान एक-सा था। वे छोटी-छोटी झोंपड़ियों में रहते थे जो गिनती में आठ-दस से अधिक नहीं थीं। वे झोंपड़ियाँ सारी बस्ती में बिखरी हुई थीं। बस्तीवालों की संख्या भी सौ से अधिक नहीं थी और वे सब एक-दूसरे को अच्छी तरह से जानते-पहचानते थे। परिणामस्वरूप कोई भी अजनबी उस क्षेत्र में छिपकर नहीं रह सकता था, एक दिन के लिए भी नहीं।

अपने एक बढ़िया घोड़े पर सवार होकर हरनामा पुल और उसके आसपास के मार्ग को देखने के लिए निकल पड़ा। वहाँ से पुल तक जाने और आने का सफ़र बीस मील से कम नहीं था। पाँच दिनों के बाद, पुलिस की सतर्कता के अनेक किस्से लेकर हरनामा घर लौट आया। उसकी बातचीत से यह स्पष्ट था कि पुलिस पुल के दोनों ओर के क्षेत्रों में विशेष सतर्क थी। पुल के ऊपर दिन-रात पुलिस का पहरा था और

रात के समय विशेष सतर्कता बरती जाती थी।

"लेकिन वे लोग बहुत अकलमंद नहीं हैं।" हरनामे ने कहा।

"वह कैसे ?" मैंने पूछा।

"अभी तुम यहाँ रुको। दस-बारह दिन सही मौके का इंतजार करो। फिर तुम पुल के पार चले जाओगे।"

हरनामा दुबला-पतला व्यक्ति था, उसकी मूँछें नीचे को झुकी हुई थीं; और सामने का एक दाँत टूटा हुआ था। देखने में वह शूरवीर-सा नहीं लगता था, परंतु उस पर प्रहार कर सकना आसान नहीं था। क्रोध आने पर वह बहुत आक्रमणकारी हो जाता था। उसके साहस की भाँति उसका नाटा शरीर भी बहुत मजबूत था। अन्यायपूर्ण आदेशों के प्रति उसकी प्रतिरोध करने की प्रकृति उतनी ही कठोर थी जितना उसका न्याय-भाव निष्ठुर और निर्दयी था। उसने घर से बाहर जो पाँच दिन बिताए थे, वे उसने अपने एक ऐसे नातेदार के घर पर बिताए थे जिसकी झोंपड़ी पुल के पास थी। वहाँ रहकर उसने सारी स्थिति का अध्ययन किया और उसी के अनुसार योजना बनाई। उसने देखा कि पुल पर से आने-जानेवाली बारातों पर विशेष ध्यान नहीं दिया जाता, विशेषकर यदि बारात का आना-जाना दिन के समय हो। वह दिन सर्दियों के थे, इसलिए पुल के ऊपर से दिन में कई बारातें गुजरतीं थीं।

उसने स्वयं तीन बारातों को पुल से पार जाते हुए और दो बारातों को इधर आते हुए देखा था। ये बारातें चूँकि दिन के समय आर-पार गई थीं, इसलिए उनके निरीक्षण पर विशेष ध्यान नहीं दिया गया था। दिल ढलने पर जो बारातें पुल से आर-पार जाती थीं उनके निरीक्षण में बहुत सतर्कता बरती जाती थी। इसे जान लेने के बाद समस्या का समाधान सुगम हो गया। पुन्नु ने इधर-उधर घूमकर अपने किसी दूर के नातेदार की शादी का निमंत्रण प्राप्त कर लिया। बारात को आठ दिन बाद नदी पार कर किसी दूर गाँव में जाना था। उस दिन पुन्नु के साथ मेरा जाना भी निश्चित हो गया।

इसी बीच गाँव के मोची के घर किसी परदेसी के ठहरने की सूचना आई और यह भी पता चला कि वह बस्ती में किसी नए आए शिकारी के बारे में पूछ रहा था। हरनामा चुपचाप बाहर चला गया और दो दिन के बाद लौटा और सहज भाव से कहा, सब व्यवस्था ठीक है। पता चला है कि परदेसी नदारद है। यह कैसे हुआ और वह कहाँ गया, कोई नहीं जानता। मोची की झोंपड़ी भी मोची समेत जल गई है।

इस घटना से उन्हें नए संकट की संभावना दिखाई देने लगी। परदेसी के गायब होने और मोची की मृत्यु के संबंध में पुलिस का वहाँ आना अनिवार्य था। इसलिए उन्होंने मुझे मुसलमान गड़रियों के गाँव में भेज दिया, जहाँ निश्चित तिथि पर पुन्नु मुझे बारात में ले जाने के लिए आया। बारात काफी बड़ी थी। लगभग पचास नौजवान शराब पीते और हँसते-गाते बीस बैलगाड़ियों में जा रहे थे। बैल अपने आभूषणों से अलंकृत थे। गाड़ियाँ भी सजा रखी थीं। लगभग दोपहर को हम पुल पर पहुँचे, वहाँ

पुलिस को देशी शराब की कुछ बोतलें दीं और बिना किसी रुकावट के हँसते-खेलते हम पार चले गए।

गाड़ी के पहिए से बोतल की गरदन को टकराकर पुन्नु ने शराब की एक बोतल खोली और लगभग आधी बोतल खुद पी गया। शेष शराब उसने बैलगाड़ी के चालक को दे दी। बैलों की घंटियाँ आनंद से बज रहीं थीं और नदी के पार बैलगाड़ियाँ, हिलती-डुलती झूलती हुई दुलहन के गाँव की ओर जा रही थीं।

मैं अपने पूर्व निश्चित स्थान पर जाने के लिए संयुक्त प्रदेश (अब उत्तर प्रदेश) के एक बड़े रेलवे स्टेशन पर खड़ा था। मैं एक निर्धन गड़रिये के भेस में था—घुटनों तक की धोती, छोटी सी कुरती, सिर लगभग मुंडा हुआ, उसके ऊपर बड़ी सी पगड़ी और कंधों पर एक मोटा सस्ता कंबल। मेरे कपड़े बहुत गंदे और फटे हुए थे, उन पर अनेक चिथड़े सिले हुए थे, पैरों में देहाती जूते थे, मोटे और भद्दे; उन पर चिकनाई की मोटी तह जमी हुई थी। उस वेशभूषा में मैं पक्का गँवार, अनपढ़, उजड्ड और मूढ़ दिखाई पड़ता था।

मैंने देखा कि बहुत से लोग स्टेशन के मुख्य द्वार के पास, एक खंबे पर लगी विज्ञापन पट्टी के निकट खड़े हैं। मैं भी उस भीड़ में शामिल हो गया और देखा कि उस विज्ञापन पट्टी पर मेरी ही एक अर्धकाय तसवीर थी—छाती नंगी और सिर पर उलझे हुए बाल। मेरी यह तसवीर मेरे एक मित्र ने कुश्ती के तुरंत बाद ली थी। तसवीर के नीचे मोटे-मोटे अक्षरों में पुरस्कार की रकम और मेरा संक्षिप्त परिचय छपा हुआ था। उस पर यह भी लिखा था कि अगर मैं किसी को दिखाई पड़ जाऊँ तो उसे क्या करना था और किसे सूचना देनी थी। अंत में यह भी लिखा था कि मैं 'एक अचूक निशानेबाज हूँ'। यह क्यों लिखा गया था, मेरी समझ से बाहर था, परंतु मेरे लिए वह विशेष लाभप्रद रहा। पुलिस को जब भी मुझे घेरने और पकड़ने का अवसर मिलता था वह डरकर दूर भाग जाती थी और मुझे अपने बचाव के लिए समय मिल जाता था।

तसवीर के आस-पास खड़ी भीड़ उस फ़रार (कानून के भगोड़े) की सराहना कर रही थी; वे दबी आवाज़ में उसकी प्रशंसा कर रहे थे जो वास्तव में अंग्रेजी राज्य के प्रति उनके क्रोधभाव का लक्षण था। भीड़ के बीच उन दिनों का एक लोकप्रिय नेता भी खड़ा था। वह उसी क्षेत्र का रहनेवाला था और जोशीले भाषण देने और क्रांतिकारी रुझान के लिए प्रसिद्ध था। उसका कद सामान्य, रंग साफ़, आँखें चंचल और सिर छोटा तथा लगभग गंजा, कान लंबे, नाक मोटी और भारी, ठुड्डी दोहरी और फूली व फैली हुई, कंधे चौड़े, कमर चौड़ी और फैली हुई और कूल्हे बाहर को निकले हुए थे। सफेद खादी कपड़े बहुत तरीके और सलीके के साथ पहने हुए वह राष्ट्रीय गर्व का एक जिंदा प्रतीक था। वह जवाहर जैकट और गाँधी टोपी पहने हुए था और

पंडित मोतीलाल नेहरू की भाँति उसके बाएँ कंधे पर गर्म शाल थी। उसकी मुसकान में आत्मसंतुष्टि प्रत्यक्ष थी। वह रहस्यमय ढंग से पलकें झपक रहा था और अपने आसपास खड़े लोगों को इशारे कर रहा था।

गाड़ी स्टेशन पर आई। वह उसी दिशा में जा रहा था जिधर मुझे जाना था। जिस डिब्बे में वह चढ़ा था, मैं भी उसी में चढ़ गया। अपने आपको अधिक प्रभावशाली बनाने के लिए उसने अपनी भौंहें संकुचित कीं, इधर-उधर देखा और फिर रहस्यमय ढंग से ऊँचे-ऊँचे कहने लगा, ''वह विज्ञापनवाला फ़रार (भगोड़ा) मेरा घनिष्ट मित्र है और मैं, आपका सेवक, आजकल अपने जान-माल को संकट में डालकर उसकी रक्षा कर रहा हूँ।'' उसके प्रशंसकों ने भयत्रस्त दृष्टि से उसे देखा और कुछ ने तो अपना आदर-सम्मान व्यक्त करने के लिए उसके चरण भी स्पर्श किए और कहा, ''आपके अतिरिक्त और कौन करेगा ? ऐसे जोखिम कौन उठाता है ?'' नेता ने मुसकराकर उनकी प्रभुभक्ति स्वीकार की। गाड़ी को जितना समय उसके स्टेशन तक पहुँचने में लगा वह अपने श्रोताओं को मेरे संबंध में अनेक मनघड़ंत और मनमौजी कहानियाँ सुनाता गया। उन सब कहानियों में उसकी अपनी भूमिका विशेष महत्त्वपूर्ण और जोखिम उठानेवाली थी। उसने उन्हें बतलाया कि उसने मुझे कई बार मौत के मुँह से बचाया था, मुझे विशेष संकट के दिनों में सुरक्षित स्थानों पर पहुँचाया था, मुझे शस्त्र व गोली बारूद दिए थे और कई बार बहुत से रुपए भी दिए थे। उसने कहा, ''लड़का अच्छा है, किंतु उसमें बुद्धि की कमी है और उसका मार्गदर्शन ठीक से नहीं हुआ। फिर भी मुझसे जो भी बन पड़ता है, मैं करता हूँ।'' (उसने अपने श्रोताजनों से चंदा इकट्ठा नहीं किया, इसका श्रेय मैं उसे अवश्य देना चाहता हूँ)।

उसने अपनी बातचीत में बम, गोला-बारूद, पिस्टल, रिवॉल्वर; टॉमी गन, शस्त्र, छिपकर आक्रमण करना, सीधे आघात करना, पीछे हटना, छिपने-छिपाने के अड्डे, तितर-बितर होना, केंद्रीयकरण; मिलने के अड्डे, लक्ष्य, गतिविधियाँ आदि अर्थात् गुरिल्ला युद्ध के सारे पारिभाषिक शब्दों का खुलकर प्रयोग किया। मुझे वह सब मजाक लग रहा था। वह स्वभाव से शेखीबाज था। तथापि मुझे ऐसा लग रहा था कि उसके मन में कहीं क्रांतिकारी गतिविधियों के प्रति थोड़ी-बहुत सहानुभूति है। स्वतंत्रता संग्राम के दिनों में लोगों में यह भाव काफी व्यापक था। संभवतः वह भी स्वतंत्रता संग्राम में भाग लेना चाहता था, परंतु साहस और मनोबल की कमी के कारण अपनी उस इच्छा को पूरा नहीं कर पाया। डींगें हाँककर वह अपनी उन कमजोरियों को स्वयं अपने आपसे छिपा रहा था। यह एक सामान्य रक्षात्मक युक्ति है, जिसे मनुष्य अपने आपको अपराध भावना से बचाने के लिए, अनजाने में अपना लेता है। इसे मनोवैज्ञानिक परिभाषा में क्षतिपूर्ति-प्रक्रिया कहा जाता है। मुझे उसका शेखी मारना बुरा नहीं लगा, केवल उस पर दया आई।

हमारा ठिकाना आ पहुँचा। उस समय शाम हो चुकी थी। हम दोनों गाड़ी से उतरे और स्टेशन से बाहर निकल गए। वह अपने घर की ओर गया और मैं बस

पकड़ने के लिए सुबह होने का इंतजार करने लगा। मेरे सामने सारी रात थी। कड़ी ठंड पड़ रही थी और मैं बहुत भूखा था। मुझे उसी नेता की याद आई, उसने अपने आपको मेरा मित्र और रक्षक कहा था। मैंने उसके पास रात बिताने की सोची। उसके घर को खोजना कठिन नहीं था। वह एक जाना-पहचाना व्यक्ति था और वैसे भी खुशहाल।

अच्छा अँधेरा होने पर मैं उसके घर पहुँचा। घर काफी बड़ा था जिसको देखने से उसकी खुशहाली और सुखी जीवन का परिचय मिलता था। रात के दस बजे होंगे, मैंने दरवाजा खटखटाया, सेवक ने दरवाजा खोला। मैंने कोयले से एक पर्ची पर अपना नाम लिखकर उसे अंदर भिजवा दिया। (कागज का वह टुकड़ा मैंने स्टेशन पर से उठाया था)। दरवाजा खुला ही छोड़कर, सेवक पर्ची लेकर अंदर चला गया। दरवाजा चूँकि खुला था, इसलिए मैं उनकी बातें सुन सकता था। सेवक उत्तर लेकर तुरंत बाहर आ गया, जिसे मैं पहले ही सुन चुका था। 'साहब शहर से बाहर गए हुए हैं। दो सप्ताह के बाद लौटेंगे।'

'क्रांतिकारी गतिविधियों के स्तंभ' उस नेता ने स्वतंत्रता के बाद बहुत उन्नति की, ऊँचे-ऊँचे पद प्राप्त किए। एक बार पंडित जवाहरलाल नेहरू के आधीन केंद्रीय मंत्रिमंडल में मंत्री पद को भी सुशोभित किया। मैं बहुत कडुवे भाव लेकर उस नेता के घर से लौटा और बाहर खुले में सड़क की पटरी पर रहने वाले भिखमंगों, कुष्ठ रोगियों और अन्य अधम-वर्ग के लोगों के साथ रात बिताई। उन्होंने मुझे पत्तों और छोटी-छोटी सूखी लकड़ियों की आग के पास बिठाया। वे आग को सुलगाकर कड़ी सर्दी को झुठलाने का प्रयास कर रहे थे या वे अपने आपको झुठला रहे थे—कहना कठिन है। भोजन के नाम से उन्होंने जो इकट्ठा किया था, वे उसे मेरे साथ मिलकर खाने को भी तैयार थे। मेरा हृदय पसीज चुका था। मैं मन-ही-मन, उनके विशाल हृदय की तुलना नेता के अति संकुचित मन से कर रहा था। साथ-साथ मेरे मन में चाचा भूरा, शंकरु और उसकी बेटी की स्मृति भी ताज़ा हो उठी। वे सब अत्यंत गरीब थे, किंतु उनका दिल कितना बड़ा था, उनका आतिथ्य कितनी अपरिमित और उदारता कितनी सरल और स्वाभाविक थी।

मैं अपनी उस तसवीर को इधर-उधर विज्ञापन-पट्टियों पर देखता रहता था। जहाँ भी जाता था वह तसवीर नज़र आती थी, यहाँ तक कि उस पुलिस स्टेशन में भी जहाँ मैं लगभग एक महीना रोज़ जाता रहा, पुलिस स्टेशन में वह बहुत तरीके-सलीके से लगा रखी थी।

वह रेलवे स्टेशन जंगल के साथ लगा हुआ था। उसके एक तरफ बड़ी नदी थी और दूसरी ओर पहाड़ की शृंखला। उन दोनों के बीच रेल की पटरी थी। सारे जंगल में इधर-उधर कुछ दुग्ध-पशुओं के डेरे थे, कुछ झोंपड़ियाँ थीं और कुछ

छोटी-मोटी वस्तुओं की दुकानें। यह सब एक पुराने तीर्थस्थान के निकट थे। तीर्थस्थान में बहुत से मंदिर थे, कुछ बहुत पुराने और कुछ अपेक्षाकृत नए। जिस पुलिस स्टेशन पर मैं रोज़ जाता था, वह उस तीर्थस्थान की सबसे बड़ी पुलिस चौकी थी। उस चौकी का मुख्य कार्य तीर्थयात्रियों और डेरी मालिकों की सुरक्षा करना था, संभवतः उन्हें एक-दूसरे से सुरक्षित रखना था। परंतु वास्तविकता में यात्रियों और डेरी मालिकों, दोनों को ही पुलिस के लुटेरेपन से सुरक्षा की आवश्यकता थी।

मैं उस क्षेत्र में एक बड़े क्रांतिकारी कार्य की योजना बनाने के लिए आया था। वह कार्य गवर्नर की रेलगाड़ी को उड़ाना था जो नववर्ष के दिन वहाँ से गुजरने वाली थी। सूचना के अनुसार गवर्नर अपनी वार्षिक छुट्टी में मछली का शिकार करने के लिए वहाँ से उस स्थान पर जानेवाले थे जो ठंडे पानी की मछली, विशेषकर 'महाशेर' के लिए प्रसिद्ध था।

मैं स्थिति और स्थान की विशेषताओं का अध्ययन करने के लिए वहाँ कुछ पहले पहुँच गया था। कार्य-योजना को बनाने के अतिरिक्त मुझे उस 'कार्य' के परिचलन की योजना भी तैयार करनी थी। जैसे साथियों के छिपकर रहने की व्यवस्था करना और कार्य करने के उपरांत वहाँ से भाग निकलने का प्रबंध करना।

उस परिवेश में घुल-मिल जाने के लिए मैंने अपने लिए एक काम खोज लिया; एक छोटी सी डेरी में नौकर का काम करने लगा। उस डेरी का मालिक बहुत कंजूस और झगड़ालू था। वह अपने दो भाइयों, दो अन्य नौकरों, दस भैंसों और दो बछड़ों के साथ बाँसों, बेंत और घास-फूस से बनी एक बड़ी सी झोंपड़ी में रहता था, किसी और के आ जाने से वहाँ कोई फर्क नहीं पड़ता था (केवल मनुष्यों और पशुओं के बीच का स्थान थोड़ा कम हो जाता था)। मेरा वेतन पाँच रुपए महीना निश्चित हुआ। यह अच्छी बड़ी रकम थी, किंतु मुझे कभी मिली नहीं। मुझे दिन में दो बार, सुबह और शाम, मुफ्त भोजन भी मिलता था—दो भुट्टे, चुटकी भर नमक, एक कच्चा प्याज और पीने के लिए बहुत सी लस्सी। भोजन में मेरे साथ कोई भेदभाव नहीं बरता जाता था, मालिक स्वयं भी वही भोजन करता था जो मुझे देता था।

डेरी मालिक लंबा-पतला व्यक्ति था, चेहरा धूप से पक्का और फटा हुआ। वह शरीर का पुष्ट और जबान का गंदा था। उसके चेहरे पर चेचक के गहरे निशान थे जिनके साथ ईमानदारी, कठिन परिश्रम, बदमिजाज़ी तथा लगातार की दरिद्रता की रेखाएँ भी अंकित थीं। वह दिन भर गालियाँ देता था, केवल आदमियों को ही नहीं, हर एक वस्तु को, आदमी, औरतें, नौकर, पेड़, देवी-देवता, पक्षी, सूर्य, चाँद आदि सबको बराबर गालियाँ देता रहता था। यथार्थ में वह गालियाँ उनके लिए नहीं थीं जिन्हें दी जाती थीं। वे तो यूँ ही गालियों की लपेट में आ जाते थे। गालियाँ, वास्तव में साहूकारों और सूदखोरों के लिए थीं जिन्होंने उसे एक अच्छे खुशहाल किसान से एक छोटा सा ग्वाला, दूध बेचनेवाला बना दिया था।

दुर्भाग्यवश उसके पुरखों ने एक स्थानीय साहूकार से कभी थोड़ा सा रुपया

उधार लिया था। ऋण की वह रकम अब भी शेष थी। उसे चुकाने में यद्यपि परिवार की कृषिभूमि, पूर्वजों के मकान का एक भाग, औरतों के जेवर बिक चुके थे। इसके अतिरिक्त एक-एक करके तीन वंशों ने, भूख सहकर उसकी दासता भी की थी। किंतु यह सब निरर्थक रहा। उस सबसे वे केवल दिनोदिन बढ़ते हुए सूद को ही चुका पाए थे और वह भी आंशिक रूप से। मूलधन अब भी बाकी था जो दोहरी धार की कटार की भाँति उनके सिर पर लटक रहा था। परिणामस्वरूप, डेरी मालिक बहुत कटु हो चुका था, किंतु वह बुरा आदमी नहीं था। यद्यपि उसको जीवन में निष्ठुरता ही मिली थी, जीवन भर कठिन परिस्थितियों का सामना करना पड़ा था, तथापि उसकी छोटी-छोटी चिंताग्रस्त आँखों से उसके अंदर की सहृदयता और सज्जनता सदा झलकती रहती थी।

मुझे उसके पास बहुत कठिन परिश्रम करना पड़ता था। मेरा काम बहुत थकानेवाला था। प्रभात होते ही मेरा काम शुरू हो जाता था और रात भर चलता रहता था। मुझे सुस्ताने भर का समय नहीं मिलता था। कच्चे फर्श की सफ़ाई-लिपाई करना, पशुओं को देखना, उनके लिए चारा लाना, जंगल से चूल्हे और अँगीठी के लिए लकड़ी के गट्ठे सिर पर लादकर लाना इत्यादि मेरे दैनिक काम थे। इसके अतिरिक्त मुझे रोज चार मील चलकर पुलिस चौकी में दूध देने जाना होता था। अन्य सारे दैनिक कार्यों से यह काम मेरे लिए विशेष कठिन और संकट भरा था।

फटी बनियान और लँगोटे में, सिर पर गंदी पगड़ी के ऊपर दूध की बालटी उठाए मैं लगभग दस बजे सुबह पुलिस चौकी पहुँचता था। सबसे पहले मुझे विज्ञापन पट्टी पर लगी अपनी तसवीर देखने को मिलती थी। उसी के नीचे बेंत की कुरसी पर बैठा एक हवलदार हुक्का पीते हुए मेरा इंतजार करता था। वह मेरा स्वागत सदा गालियों की बौछार से करता था और दूध की मात्रा और शुद्धता की शिकायत करता था। दूध सदा ताजा और विशुद्ध होता था और न ही कभी पाँच लीटर से कम होता था, तथापि मेरे स्वागत में कभी भी कोई परिवर्तन नहीं आया। वास्तव में गालियों और शिकायतों का संबंध दूध से नहीं था। उस प्रकार का व्यवहार करना उसकी आदत थी, वह उसकी पद-प्रतिष्ठा का सूचक था और अधिकार का खुला प्रदर्शन था। बहुत नम्रता से उसकी हेंकड़ी सहते हुए मैं उसे प्रणाम करते ही उसकी नज़र से दूर हो जाता था। वह मूर्ख यह कभी नहीं पहचान पाया कि दूधवाले के भेस में दस हजार का चेक दिन-प्रतिदिन उसके पास आता था और उसे पकड़कर वह बहुत सम्मान के साथ वह रकम वसूल कर सकता था। फिर भी वह रोज उन थोड़े से पैसों के लिए बक-बक करता था जिन्हें उसने अपनी जेब से नहीं देने थे।

मैं उस हवलदार को उसकी गंदी जबान के लिए रोज मन-ही-मन कोसता था, यह नहीं जानता था कि एक दिन वही हवलदार मेरे काम आएगा, मेरी सुरक्षा करेगा। एक दिन जब मैं सुबह दस बजे पशुओं को चारा चुगाने के लिए ले जा रहा था, पुलिस के एक बड़े दस्ते ने अंग्रेजी अफ़सर के आदेश से मुझे घेर लिया।

वह सुबह बहुत ही ठंडी थी, हाथ-पैर सुन करनेवाली बर्फीली हवाएँ चल रही थीं। पेड़ों पर कोहरे के टुकड़े छाए हुए थे। नीचे घास पर मकड़ी के जालों के ऊपर ओस के मोती रूपी दानों से जड़ी श्वेत पच्चीकारी बनी हुई थी। न पेड़ों पर और न ही आसपास की झाड़ियों में कोई पक्षी बोल रहा था। चारो ओर घोर सन्नाटा छाया हुआ था, ठीक मेरी मानसिक स्थिति की भाँति अत्यंत विकट और अत्यंत ठंडा। मुझे लग रहा था कि आज मेरे खेल का अंत आ गया है। मैंने कंधे पर जो कंबल ओढ़ रखा था, उसकी तह में एक शक्तिमान बम (रगड़ से चलनेवाला) छिपा रखा था जिसे मैं इस प्रकार की संभावित घटनाओं के लिए, सामान्य रूप से, अपने पास रखता था। मैंने निर्णय लिया कि अगर बच निकलना संभव न रहा तो मैं अपने सहित उन सबको टुकड़ों में उड़ा दूँगा।

उस अंग्रेज अफ़सर ने मुझे रोका और पूछा कि मैं कौन हूँ। मैंने बताया कि मैं पास का एक चरवाहा हूँ। उसे संदेह था और मुझे अपने साथ ले जाना चाहता था। मैं बम विस्फोट करने के लिए अपने आपको धरती पर पटकने ही वाला था कि मेरा मित्र हवलदार, जो रास्ता दिखाने के लिए उस जत्थे के साथ आया था आगे बढ़ा। उसने अफ़सर को सलाम किया और कहा कि 'वह मुझे अच्छी तरह से जानता है, मैं एक मूढ़ चरवाहा हूँ।' संभवतः उस बेचारे ने सोचा होगा कि यदि वे मुझे ले गए तो उसे रोज का मिलनेवाला दूध नहीं मिलेगा। अफ़सर कुछ ढीला पड़ा और उसके साथ मेरा तनाव भी कुछ कम हुआ और मैंने आराम की साँस ली। उसने हवलदार से मेरे बारे में कुछ और पूछताछ की और फिर मेरी ओर मुड़ा और पूछा—

"क्या तुमने किसी अजनबी को खाकी या शहरी कपड़ों में देखा है ? वह अजनबी अभी-अभी यहाँ आया है।"

"हाँ," बिना किसी हिचकिचाहट के मैंने कहा, "वह खाकी पहने हुए था।"

उसने विशेष उत्सुकता से पूछा, "अच्छे शारीरिक गठन का नौजवान, गोरा और घुँघराले बालोंवाला, ऐनक पहने हुए ?"

"हाँ," मैंने फिर से कहा, "ऐनक की मुझे याद नहीं, न ही उसके बालों की ओर मैंने ध्यान दिया था, किंतु वह मोटी खाकी टोपी नहीं पहने हुए था।"

"हो सकता है।"

"अच्छे जूतों का जोड़ा, काला चमकता हुआ।" मैं कहता गया, ठीक एक मूर्ख की भाँति जैसा हवलदार ने मेरे लिए कहा था।

"हो सकता है। अब बताओ कि तुमने उसे कहाँ और कब देखा ?" अफ़सर ने उतावला होकर पूछा।

"एक मिनट।" मैंने कहा, "क्या वह हाथ में छतरी और कंधे पर फीतेवाला लंबा बैग लेकर नहीं घूमता ?"

"यह बिलकुल मूर्ख है।" घृणापूर्ण ढंग से हवलदार ने कहा। तब मेरी ओर मुड़कर उसने कठोरता से कहा, "मूर्ख, हमारा समय नष्ट मत करो। बताओ, तुमने

उसे कब देखा था ?"

"कल शाम को।"

"वह कहाँ था और क्या कर रहा था ?"

"वह इसी रास्ते से जा रहा था जहाँ आप खड़े हैं। वह अगले खेत को जा रहा था। हो सकता है वह अभी भी वहीं हो। पर आप उसे खोज क्यों रहे हैं ? बताइए न ?"

इस पर अफ़सर को क्रोध आ गया, "इससे तुम्हारा कोई सरोकार नहीं।" वह गुर्राया, "बकवास बंद करो और यहाँ से चले जाओ।"

"जनाब, क्या हम इसे अपने साथ ले चलें ?" हवलदार ने पूछा।

"किसलिए ?"

"रास्ता दिखाने के लिए, जनाब।"

"क्या तुम्हें रास्ता नहीं आता ?"

"आता है, जनाब।"

"तो तुम इस मूर्ख को हमारे गले क्यों बाँध रहे हो ? इससे छुटकारा पाओ, इसे दफ़ा करो।"

हवलदार ने गालियाँ देते हुए मुझे वहाँ से भगा दिया। अफ़सर ने अपने सिपाही इकट्ठे किए और उन्हें अगले फार्म पर जाने के और उसे घेरने का निर्देश दिया। उसने उन्हें बताया कि उस पर घात लगाने के लिए उन्हें कहाँ और कैसे खड़ा होना था। उसके वह सारे निर्देश मुझे सुनाई दे रहे थे।

"कोई खतरा मोल नहीं लेना। तुम्हें यदि वह कोई शस्त्र निकालता दिखाई दे या कोई और संदिग्ध गतिविधि करता दिखाई दे तो उसे सीधे गोली से उड़ा दो। पहले कि वह कुछ कर सके, हमें उस पर आक्रमण करना होगा। तुम पहले गोली चलाओ और उसे खत्म कर दो। भूलना नहीं, वह अचूक निशानेबाज़ है।"

'बेचारा वन-अधिकारी !' मैंने मन-ही-मन कहा। मैंने पिछली शाम एक जवान वन-अधिकारी को खाकी कपड़े पहने उस फार्म की ओर जाते देखा था। वे साहसहीन इतने डरे और घबराए हुए थे और गोलियाँ चलाने के लिए इतने उतावले थे कि मुझे डर लग रहा था कि कहीं वे बिना उसका परिचय जाने उस पर गोली न चला दें।

मुझे वह स्थान अब अपने लिए पहले-सा सुरक्षित नहीं लग रहा था यद्यपि मुझे स्वयं पुलिस-अधिकारी ने मूर्ख घोषित कर दिया था। इसके अतिरिक्त मलेरिया ने भी मुझे बहुत बुरी तरह जकड़ लिया था। यह रोग उस क्षेत्र में बहुत फैला हुआ था। परंतु इसके उपचार के लिए वहाँ कोई भी प्रबंध नहीं था, यहाँ तक कि कोई कुवैद्य (मिथ्या डॉक्टर) भी वहाँ नहीं था। एक खैराती अस्पताल में दाखिला लेने के लिए मुझे लगभग दस मील चलकर जाना पड़ा। वह अस्पताल धर्म-समर्पित धन से चलाया जा रहा था,

और उसके संचालन की व्यवस्था एक धार्मिक संस्था कर रही थी जो साथ-साथ एक संन्यास-आश्रम (वैरागियों का निवास-स्थान), विधवा-आश्रम, एक पाठशाला और एक अनाथालय भी चला रही थी। इन सब संस्थानों का मुख्य प्रबंधक एक महंत था। वह स्वयं अकेला एक बहुत बड़े भवन में रहता था। महंत बड़े डील-डौल का आदमी था। छोटा, खूँटे जैसा, बैल जैसी गरदन और कछुए जैसा छोटा और सपाट सिर। उसका माथा इतना छोटा था कि वह लगभग न होने के बराबर था। उसकी दो क्रूर और चमकती हुईं आँखें मोटी जमी हुई चर्बी में धँसी हुई थीं। उसके मोटे फूले गालों के बीच उसकी नाक ऐसी दिखाई पड़ती थी जैसे कि वह मांस की एक सिलवट हो। वह बहुत ही विचित्र जीव था। चौड़ा, मोटा, बड़े-बड़े हाथ, बहुत बड़े पाँव और भारी-भारी बाँहें व टाँगें। उसके हाथ इतने मोटे थे कि हाथों की अस्थियाँ दिखाई ही नहीं पड़ती थीं; उँगलियों के जोड़ मांस में पड़े गड्ढे-से दिखाई पड़ते थे। उसकी जाँघें और बाँहें बहुत भारी थीं, तोंद बाहर को निकली हुई थी, वक्षस्थल फूला हुआ था और ठुड्डी तेहरी। वह जब ऐसे भारी शरीर को अपनी धनुषाकार टाँगों पर उठाकर चलता था तो ऐसा लगता था मानों कोई लुढ़कता हुआ ढोल हो। बातचीत करने में वह पक्का पाखंडी और बकवादी था। वह इतना पढ़ा-लिखा था कि टूटी-फूटी अंग्रेजी के कुछ शब्द बड़बड़ा सकता था और 'विद्वान् का चोला' पहनकर अनपढ़ों को छलता था।

मलेरिया से मुक्ति मिलने पर मैंने महंत की सेवा करने का काम पाने की चेष्टा की और उसे प्राप्त कर लिया। वहाँ मुझे अच्छा भोजन मिलता था। मेरा अनुमान था कि वहाँ मुझे अपनी पार्टी का काम करने के लिए पर्याप्त समय भी मिलता रहेगा, परंतु महंत का काम बहुत था जैसे कपड़े धोना, कमरे साफ करना, टाँगे दबाना इत्यादि। मालिश करवाने की उसे सनक थी और यह काम मुझे रोज़ सुबह लगभग दो घंटे करना पड़ता था। टाँगों को दबवाना उसकी दूसरी सनक थी। शाम के भोजन के बाद वह मुझसे टाँगें दबवाना शुरू करता था और रात के ग्यारह-बारह बजे तक दबवाता रहता था। उसको सोया हुआ समझकर या उसके खर्राटे सुनकर यदि मैं उसके पाँव दबाना बंद कर देता तो वह दबी जबान से बड़बड़ाता था जिससे पाँव दबाने का काम चलता रहे।

अफ़ीम और हशीश उसके दो व्यसन थे। अफ़ीम का सेवन वह दिन में दो बार, सुबह और शाम करता था और हशीश का सेवन दोपहर में। हशीश का तैयार करना अपने आपमें एक कला थी। मुझे पहले उसके संघटकों को अलग-अलग बीनना होता था, जैसे हशीश के पत्ते, बादाम, पिस्ता, काली मिर्च, पोस्त-दाना और इलायची। इनकी मात्रा निश्चित थी। इन सबको साफ़ करने के बाद उन्हें मिलाकर पीसना होता था; तत्पश्चात् उन्हें बारीक मलमल के कपड़े से बार-बार छाना जाता था और फिर उसमें एक बड़ा गिलास दूध, शहद और कुछ बूँदे गुलाब-जल मिलाया जाता था। हशीश को उस 'पूजनीय महंत' के पीने योग्य बनाने में दो घंटे लग जाते थे।

महंत के अपने आदेशानुसार उसके कमरे में किसी स्त्री को जाने की आज्ञा

नहीं थी। परंतु सप्ताह में दो बार काफ़ी शाम होने पर धार्मिक विषयों पर व्याख्यान देने के लिए वह विधवा-आश्रम में जाता था। अनाथालय के बालकों के लिए ऐसी कोई पाबंदी नहीं थी। वे महंत की निजी देख-रेख में, धार्मिक किताबों के अध्ययन के लिए उसके कक्ष में प्रायः बुलाए जाते थे, परंतु सदा अकेले-अकेले।

मेरे कठिन परिश्रम तथा भक्तिपूर्ण व्यवहार के कारण महंत मुझसे काफी संतुष्ट था। पुरस्कारस्वरूप वह मुझे पढ़ना-लिखना सिखाना चाहता था, किंतु दो-एक पखवाड़ों में ही उसने निराश होकर इस महान् कार्य का प्रयास करना छोड़ दिया; मैं इतना मूर्ख सिद्ध हुआ कि मैं हिंदी वर्णमाला के पहले पाँच अक्षर भी सीख नहीं सका जबकि वह मुझे हिंदी, संस्कृत और अंग्रेजी सब सिखाना चाहता था। परंतु वह अपने इस प्रयास में सफल नहीं हो पाया। इसका उसे बहुत दुःख था।

उस आश्रम में तीस-चालीस वर्ष की आयु के कुछ शिष्य भी रहते थे। वे सब पुरुष थे और संसार से वैराग्य लिये हुए थे। उनमें कुछ थोड़ा-बहुत पढ़े-लिखे भी थे और बहुत भक्तिभाव से महंत के चारों ओर बैठ जाते थे। उस समय महंत 'यदि किसी अन्य कार्य में' व्यस्त न होता तो उनके सम्मुख अपने ज्ञान का भंडार खोल देता था। मैं उसके पाँव दबाता रहता था और वह अपने पलँग पर विश्राम करते हुए पुरातन तथा आधुनिक काल के ज्ञान की चर्चा करता रहता था, भाषण के बीच कहीं-कहीं वह अंग्रेजी शब्दों का प्रयोग भी करता था। यथार्थ में वह बिना रुके घंटों ही बोल सकता था, और रुकता था तो बस बीच-बीच में डकारने या पाद मारने के लिए। भारत के स्वतंत्रता आंदोलन के प्रति उसे विशेष घृणा थी। वह देश के नेताओं, महात्मा गाँधी, मौलाना आज़ाद, पंडित नेहरू आदि के विषय में विशेष तिरस्कारपूर्ण ढंग से बोलता था। उसका कहना था कि अंग्रेजी सरकार ने उन्हें नौकरियाँ नहीं दी थीं, इसलिए वे सरकार के लिए कठिनाइयाँ पैदा कर रहे थे। मैं अंदर-ही-अंदर क्रोध की अग्नि में जलता था, परंतु उस परिस्थिति में मुझे चुप रहना पड़ता था। केवल एक बार मैंने अपना मुँह खोला और मेरी 'वह नौकरी' खत्म हो गई।

एक दिन, रोज की भाँति वह निस्संकोच उस विषय पर बोल रहा था जिसके बारे में वह कुछ नहीं जानता था। श्रोतागण, विस्मयमुग्ध उसके भाषण को सुन रहे थे; विषय था—'आइंसटाइन और उसका सापेक्षता सिद्धांत'। उस समय यह चर्चा का एक सामान्य विषय बना हुआ था। उसने कहा, "सापेक्षतावाद, वास्तव में, मनुष्य और उसके विधाता के बीच के पारस्परिक संबंध का सिद्धांत है। यह संबंध निरपेक्ष नहीं है, सापेक्षिक है और सापेक्षता का अनुपात प्रभु के साथ एकीकरण की इच्छा के अनुरूप होता है। इसलिए आइंसटाइन ने इसे सापेक्षतावाद कहा है। महाभारत में इस सिद्धांत की इससे भी अच्छी व्याख्या है। आइंसटाइन ने इसे महाभारत से ही तो चुराया है, महाभारत में दिए सिद्धांत की कटनी-छँटनी करके उसे अपना सिद्धांत बना लिया है। हमारे ऋषियों के विचारों के कटे-छटे वर्णन से पश्चिमी देश इतने प्रभावित हुए कि उन्होंने आइंसटाइन को नोबल प्राइज़ से पुरस्कृत कर दिया।"

मैं रोज की भाँति महंत के पास बैठा उसके पाँव दबा रहा था। जिस निर्लज्जता ने उसने अपने अज्ञान का बखान किया, उसने मुझे भौंचक्का कर दिया। दुर्भाग्यवश कुछ ही समय पहले मैंने इस विषय पर बरट्रेंड रसल की लिखी हुई एक प्रचलित पुस्तक पढ़ी थी। जहाँ तक मुझे याद है उस पुस्तक का नाम 'ए.बी.सी. सापेक्षतावाद' था। वह मेरे मस्तिष्क में ताज़ा थी। उसके निरर्थक भाषण से मैं इतना स्तब्ध हो गया कि कुछ क्षणों के लिए अपनी परिस्थिति भूल गया—यह बिलकुल भूल गया कि मन और मस्तिष्क, दोनों प्रकार से मैं अपने आपको स्थूल बुद्धि अर्थात् मूर्ख सिद्ध कर चुका था। मैं बोल उठा और वह भी अंग्रेजी में कि उसकी बात बिलकुल निराधार और निरर्थक है। जैसे ही मैं बोला वह महंत एक झटके के साथ सीधा बैठ गया मानों उसे बिजली का झटका लगा हो। श्रोतागणों के चेहरे लटक गए और उनकी आँखें बाहर को निकल आईं जैसे उन्होंने कोई भूत देखा हो।

मैं तुरंत अपनी भूल समझ गया; मैं जल्दी से उठा, महंत को झुककर प्रणाम किया और रात के अँधेरे में ही बाहर निकल गया। जल्दी में मैं अपने जूते भी वहीं छोड़ आया।

एक-दूसरे से अपरिचित व्यक्तियों की भीड़ में खो जाना, छिपने का सबसे सुगम तरीका है। इसलिए मैं एक ऐसे तीर्थस्थान पर चला गया जहाँ प्रतिदिन सैकड़ों गेरुए वस्त्र धारण किए हुए संन्यासी तथा दूर-दूर से आने-जानेवाले यात्रियों और भक्तजनों की अस्थायी भीड़ लगी रहती थी। महंत के पास रहकर मैंने 'संन्यासी बनना' सीख लिया था; इसलिए मैं सिर मुँड़ाकर, नंगे-पाँव, गेरुए वस्त्र पहन और भिक्षा-पात्र लेकर संन्यासी बन गया। फूलों और भगवत्गीता को मैंने अपनी पिस्टल छिपाने का साधन बनाया। इस सारे साज-सामान के साथ मैं देखने में एक अच्छा भक्तिपूर्ण संन्यासी लगता था, परंतु वास्तव में ऐसा कुछ नहीं था।

संन्यासी का जीवन बहुत ही सुखमय था, ऐसा सुखमय जैसा मैंने पहले कभी नहीं देखा था, न कोई काम था, न कोई उत्तरदायित्व और न ही कोई बंधन। सब आनंद-ही-आनंद था। खाने को मुझे उत्तम भोजन मिलता था—ताज़ा सब्जियाँ और स्वादिष्ट फल; पहनने को बहुमूल्य कपड़े मिलते थे—रेशमी और गरम। इन्हें अंगीकार करने के लिए भक्तजन हठपूर्ण आग्रह करते थे। क्या वह उनकी प्रेममय भेंट होती थी या अपने कुंठित जीवन में कीर्ति उपलब्ध करने का प्रयास और मृत्यु उपरांत मोक्ष प्राप्त करने की चेष्टा ? ऐसे व्यक्ति प्रायः अपने लालची स्वभाव के कारण अपराध भाव से पीड़ित होते हैं। बहुत निर्लज्जता के साथ वे सूदखोरी, छल-कपट, धोखाधड़ी और बेईमानी करके दूसरों का खून चूसते हैं। अपने इन कुकर्मों के कारण वे अपराध भाव से पीड़ित होते हैं। यही लोग छल-कपट से अर्जित धन से मंदिर और धर्मशालाएँ बनवाते हैं। ये सब धर्मार्थ काम वे इस आशा से करते हैं कि उनकी धर्मनिष्ठा और

पुण्यता उन्हें पिछले पापों से मुक्ति दिला देगी और उनके अपराधी हाथ एक बार फिर साफ हो जाएँगे—संभवतः आगे चलकर नए कुकर्मों को करने के लिए।

ऐसा ही एक चरित्र, एक सेठ अपनी जवान विधवा बेटी के साथ वहाँ आया हुआ था। वह मेरे संपर्क में आया। महंत के आश्रम से भागने के बाद, मैं उस तीर्थस्थान के एक छोटे से कमरे में अकेला रहता था। वह कमरा मंदिर के आँगन के एक किनारे पर था और उसकी देख-रेख नहीं की जाती थी। उस मंदिर में दूसरा व्यक्ति मंदिर का पुजारी था—मोटा, नाटा, ताजा और शरीर पर बड़े-बड़े रोएँ। देखने में वह पूरा वनमानुस लगता था। उसे तीन चीजें बहुत पसंद थीं गाँजा, बादाम और रामायण का पाठ करना। वह इन तीनों को इसी क्रम से कई बार दोहराता था। वह दिन में तीन बार भोजन करता था, परंतु बीच-बीच में दूध, फल और मिठाई का सेवन भी चलता रहता था। प्रारंभ में उसे मेरा वहाँ रहना आपत्तिजनक लगा, परंतु जब उसने देखा कि मैं लगभग मौन रहता था और किसी भी बात में हस्तक्षेप नहीं करता था तो उसका रोष जाता रहा।

एक दिन सेठजी और उसकी बेटी मंदिर में आए, मंदिर के आँगन का चक्कर लगाया और फिर रामायण का पाठ सुनने बैठ गए। दूसरे दिन वह फिर वहाँ आए और फिर बहुत से फल और मिठाइयाँ लेकर रोज आने लगे। मुझसे मिलने के लिए भी वे मेरी कोठरी में आते थे जो मंदिर के एक दूसरे किनारे पर थी। मैं वहाँ विरक्तभाव से रह रहा था। भगवत्‌गीता का अध्ययन करता था अथवा योगाभ्यास। खाने-पीने के लिए वे जो सामग्री लाते थे, मैं उसे पुजारीजी को भेंट कर देता था। इससे मैं पुजारीजी की कृपादृष्टि का पात्र बन गया था।

मैं उनसे मिलना नहीं चाहता था, इसलिए उन्हें घंटों बाहर बिठाए रखता था। मुझे आशा थी कि वे मेरे इस व्यवहार से निरुत्साहित होकर वहाँ आना बंद कर देंगे और मुझे उनसे छुटकारा मिल जाएगा, किंतु वह सब व्यर्थ रहा। वे वहाँ प्रतिदिन आते ही रहे; यद्यपि कभी-कभी उन्हें बहुत संध्या तक प्रतीक्षा में रहना पड़ता था।

निराश होकर एक दिन मैंने धृष्टता के साथ उनसे पूछ ही डाला कि वे मेरी प्रतीक्षा क्यों करते हैं ? वह विधवा युवती मेरे पैरों पर गिर पड़ी और कहा कि 'दैविक कोप से उनकी रक्षा करने के लिए मुझे उनके घर जाना होगा। उनके घर पर भगवान का कोप है और उसी कारण वह छोटी आयु में ही विधवा हो गई है।' उसका स्वर्गीय पति साहूकारों व सोने-चाँदी के ठोस व्यापारियों के बहुत बड़े परिवार का इकलौता बेटा था। एक बहुत पीड़ाजनक रोग हो जाने के कारण उसकी मृत्यु विवाह के एक वर्ष के भीतर ही हो गई थी। पति के देहांत के बाद परिवार की सम्पत्ति में से पचास लाख की धन-संपत्ति उसके हिस्से आई थी। उसके सदुपयोग के लिए वह एक ट्रस्ट बनाना चाहती थी जो एक विधवा-आश्रम, संन्यास-आश्रम, भंडारा, धर्मार्थ दवाखाना, निःशुल्क पाठशाला, अनाथालय और मंदिर का निर्माण करेगा और संचालन भी। उसे इसकी प्रेरणा दिव्यवाणी से मिली थी जो उसने एक स्वप्न में सुनी थी। उसने यह

भी कहा कि स्वप्न में उसने एक महात्मा भी देखा था जो उसके जीवन की रक्षा और मार्गदर्शन करने के साथ-साथ जनहित कार्यों का भी निर्वाह करेगा। उस महात्मा के दर्शन उन्हें स्वप्न में एक बार नहीं, अनेक बार हुए थे। उस महात्मा की खोज में उन्होंने पिछले दो वर्षों में, उत्तर में बद्रीनाथ से लेकर दक्षिण में रामेश्वरम् तक के सारे तीर्थस्थानों का भ्रमण किया था। उनका कहना था कि अब कहीं जाकर उन्हें वह 'महात्मा'—उनके स्वप्नों का महात्मा—मिला है और वह महात्मा मैं था।

उनकी इस निरर्थक कहानी पर मुझे बहुत क्रोध आया और मैंने अपना रोष प्रकट करते हुए उनसे कहा कि 'वे निर्मूल भ्रमों से ग्रस्त हैं। अपना समय और धन नष्ट करने के स्थान पर वह किसी मनोचिकित्सक के पास जाएँ और अपना उपचार कराएँ। साथ में, मैंने उसे यह परामर्श भी दिया कि उसके लिए पुनर्विवाह करना सबसे अच्छा रहेगा।' मेरी डाँट काम न आई। वे अपने नम्रतापूर्वक आग्रह से मुझे तंग करते ही रहे। अंत में मैंने हताश होकर पुजारीजी से सब कुछ कह डाला और उनसे सहायता की प्रार्थना की। वह वनमानुष रूपी पुजारी व्यंग्यमय हँसी हँसते हुए बोला, "संन्यासी होने के कुछ ऐसे ही लाभ हैं और वह भी इस छोटी आयु में।" (संभवतः संन्यास का मुख्य लाभ सुअर की तरह खाते रहना था)। फिर बहुत नम्रता के साथ पुजारीजी ने मुझे सेठजी का प्रस्ताव स्वीकार करने की सलाह दी। मुझे कहा कि मैं उस विधवा के साथ चला जाऊँ और वह दिव्यकृपा को स्वयं संयोजित कर लेगी। उनके प्रस्ताव में न कोई उत्तरदायित्व है और न बंधन। यह कहते हुए वह ऊँचे स्वर में बहुत भद्दी हँसी हँस दिया।

उस थोड़े से समय में मुझे संन्यासियों और संन्यासियों समान व्यक्तियों के साथ रहने का जो अवसर मिला था उसमें मैंने उनके जीवन को बहुत निकट से देखा था। उसे देख लेने के बाद मुझे पुजारी के सुझाव पर अचंभा नहीं हुआ, यद्यपि क्रोध अवश्य आया। कुछ ही दिनों में मैं 'पुजारी और विधवा' दोनों को उनके आध्यात्मिक बंधनों पर छोड़कर, चुपचाप वहाँ से सदा के लिए चला गया। संभवतः वह पुजारी ही उस विधवा युवती के पवित्र स्वप्नों का सही महात्मा था; यह विचार अवश्य मन में आता रहा।

पुलिस ने बहुत गंभीरता के साथ मेरी खोज करनी आरंभ कर दी। जिस मेंढक-रूपी मोटे फूले महंत ने आइंसटाइन के सिद्धांत को सुधारा था, उसने टरटर करना शुरू कर दिया। उसने पुलिस को सूचना दे दी कि एक नवयुवक, संभवतः क्रांतिकारी, चरवाहे के रूप में वहीं कहीं छिपा हुआ है। निकटवर्ती क्षेत्रों की बहुत-सी पुलिस, कुछ विशिष्ट अधिकारियों के अंतर्गत, मेरी खोज में लग गई। पुलिस तीर्थस्थान के चारों ओर फैल गए, पुलिस पहले एक अच्छे वस्त्रधारी को खोजने में व्यस्त थे और अब वे एक चरवाहे को खोजने में लग गए। आसपास के वन, दुग्ध-संस्थानों, निकटवर्ती

गाँवों व झोंपड़ियों की ध्यानपूर्वक छानबीन होनी शुरू हो गई। रोज बीसियों नवयुवक–अहीर, गड़रिये, ग्वाले, दूध बेचनेवाले पकड़े जाते थे। उनसे सख्ती से पूछताछ की जाती थी, पूछताछ में उनकी पिटाई भी होती थी और फिर निराश होकर उन्हें छोड़ दिया जाता था। डेरीफार्म के निकट, डेरीफार्म के नौकर के रूप में, मेरा पुलिस के साथ जो पहला संपर्क हुआ था वह केवल संयोग की बात थी। पुलिस उस समय विशेष सतर्क नहीं थी। गवर्नर की सुरक्षा हेतु सामान्य रूप से रेलगाड़ी के पथ के निरीक्षण पर विशेष बल दिया जा रहा था। किंतु अब स्थिति और थी। पुलिस को जब से रेल के पुल के निकट, मायावी ढंग से रखे विस्फोटक पदार्थ मिले थे, वह बहुत सतर्क हो चुकी थी।

मंदिर और मंदिर में आनेवाली धनी विधवा से बचकर मैंने एक बहुत प्रसिद्ध योगाश्रम में आश्रय प्राप्त कर लिया। वह आश्रम बहुत पुराना था और कैथोलिक विचारों के एकांतप्रिय वैरागियों के लिए प्रसिद्ध था। मेरे रहने के लिए वह उत्तम स्थान था। उसमें जंगल की निर्जनता में बनी बहुत सी झोंपड़ियाँ थीं। यह स्थान मोक्ष-लोभी व्यक्तियों के ध्यान से बाहर था। वही व्यक्ति जो ध्यान और योगाभ्यास में विशेष रुचि रखते थे, वहाँ रहते थे। वहाँ रहनेवालों को निःशुल्क सादा-साधारण भोजन मिलता था और आवश्यकता होने पर ओढ़ने के लिए एक कंबल और पहनने के लिए एक जोड़ी कपड़े भी दिए जाते थे। कपड़ों का गेरुआ होना आवश्यक नहीं था।

वह स्थान, चूँकि साधारण मंदिरों और महंतों के डेरों से भिन्न था इसलिए वहाँ बहुत से लोग, विशेषकर धनी लोग नहीं आते थे। तथापि कभी-कभी कुछ असाध्य जन, गपशप करनेवाले या अति जिज्ञासा से पीड़ित, उत्सुकतावश वहाँ आ जाते थे। मेरे लिए वह बहुत ही अच्छा और सुरक्षित स्थान था और मैं आराम से एक छोटी सी कोठरी में रहने लगा था। मैं दिन में एक बार भोजन करता था और वह भी अँधेरा हो जाने के बाद।

मैं भोजनालय में जाता और चुपचाप खाना खा आता। दिन भर दरवाजा और खिड़कियाँ बंद रखता था और 'गहन ध्यान' का स्वाँग रचकर अपनी कुटिया में पड़ा रहता था। मैं यह सब पुलिस और गुप्तचरों की नजर से बचने के लिए करता था परंतु मेरे इस व्यवहार ने एक हास्यप्रद स्थिति पैदा कर दी। मुझे एक महान् योगी समझ लिया गया। गपशप के माध्यम से वह बात बहुत फैल गई कि मैं विशेष चमत्कारी हूँ, मुझे किसी ने पद्मासन की स्थिति में देखा है। (खाली दिमाग की कोरी कल्पना)। पद्मासन वह यौगिक क्रिया है जिसमें व्यक्ति हवा में लटका रहता है।

गपशप करनेवालों ने मेरे 'महान् योगी' होने की अफवाह इतनी फैला दी कि मेरे लिए वह स्थान भी सुरक्षित नहीं रहा। किंतु तब मुझे इधर-उधर भागने और छिपने की और आवश्यकता भी नहीं थी। मैं जिस क्रांतिकारी कार्य की व्यवस्था करने के लिए वहाँ रह रहा था, वह पार्टी ने स्थगित कर दिया था। रेल के पुल के निकट विस्फोटक पदार्थों के मिलने के कारण गवर्नर की यात्रा रद्द कर दी गई थी। उससे

हमारी तैयारियाँ बेकार हो गई थीं।

इसी बीच हमारी क्रांतिकारी संस्था ने निर्णय लिया कि हममें से किसी एक को, जिसे मृत्युदंड मिलने की संभावना अधिक हो, पुलिस के सामने आत्मसमर्पण करना होगा। इससे लोगों में नई चेतना फैलेगी और स्वतंत्रता आंदोलन में नया जोश आएगा। इस काम के लिए मैंने अपने आपको समर्पित किया और पकड़ाई दे दी। पकड़ाई देने का काम स्वयं संयोजित था। इसकी व्यवस्था पार्टी के एक सहायक कार्यकर्ता अर्थात् मित्र के द्वारा करवाई गई थी। उसने पुलिस को मेरे उस ठिकाने की सूचना दे दी जो आत्मसमर्पण करने के लिए पहले से निर्धारित किया जा चुका था। ऐसा करने से उसे जो पुरस्कार मिला, वह पार्टी को समर्पित कर दिया गया।

पकड़े जाने के बाद

(1930-1938)

फिरोजपुर जेल, लुधियाना जेल, लाहौर सेंट्रल जेल, मुलतान पुरानी सेंट्रल जेल, मुलतान नई सेंट्रल जेल।

मुझे 1929 (या 1930) में जब मृत्युदंड के स्थान पर आजीवन कैद की सज़ा सुनाई गई तो मैं कायर होने और रोने का साहस न जुटा पाया। मुकदमे के बाद मुझे राजद्रोही होने की सजा दी गई (राजा के विरुद्ध बगावत करना : इंडियन पीनल कोड)। उस समय मेरी आयु बाईस-तेईस वर्ष की थी। मैं रूस के शून्यवादियों, आयरलैंड के सिनफिंस (Sinnfein's) और बंगाल के शहीदों की धारणाओं से विशेष प्रभावित था या यूँ समझिए कि वे मेरे आदर्श थे। वे ऐसे महान् व्यक्ति थे जिनके कार्यों की प्रशंसा पुश्किन और तुर्गनेव और भारत के नसरुल इस्लाम जैसे महान् लेखक और कवि करते थे। उस समय मेरी पीढ़ी अर्थात् मेरी आयु के लगभग सब भावपूर्ण युवकों की यही तमन्ना थी कि उन्हें देश पर अपने प्राण न्यौछावर करने का सुअवसर मिले। मैं भी एक ऐसा ही युवक था। देश पर आत्मसमर्पित होनेवाले युवक-युवतियों के समूह में प्रवेश पाकर मैं विशेष गर्व अनुभव कर रहा था, अपने आपको अत्यंत भाग्यशाली समझता था। मेरी मानसिक स्थिति ठीक उन फकीरों की-सी थी जो विशिष्ट गुणों के अभाव में अपने आपको कष्ट देकर या मिटाकर मान-प्राप्ति की आशा रखते हैं।

किंतु मुझे मर मिटने के सुअवसर से वंचित रखा गया। कहा नहीं जा सकता कि इसका कारण मेरी छोटी आयु थी या पारिवारिक संबंध, परंतु मुझे फाँसी के तख्ते से बचाकर उम्रकैद दे दी गई। मुझे ऐसा लगा कि मेरे साथ धोखा हुआ है, मेरी उपेक्षा की गई है। मैं डर गया और यह मुझे सबसे बुरा लगा।

जब मुझ पर मुकदमा चल रहा था, उस समय मैं पहले फिरोजपुर जेल में और फिर लुधियाना जेल में बंद था। उन जेलों में मैंने अपने आसपास अन्य कैदियों के साथ जो व्यवहार होते देखा था, मैं उससे अनुमान लगा सकता था कि आगे चलकर मेरे साथ क्या होनेवाला था। जीवन की निष्ठुर वास्तविकता ने मुझे ललकारा था और मैंने अपने में साहस की कमी पाई, मेरे में न तो जिंदा शहीद हो जाने की क्षमता

थी और न जुल्म सहने की शक्ति। जेल का छोटे-से-छोटा कर्मचारी भी, वर्दी पहनकर अकड़ दिखलाते हुए पापकर्म करता था। मैं ऐसा भद्रपुरुष या सभ्य तो था नहीं जो उनके चोट मारने पर प्रतिक्रिया के आनंद को हाथ से जाने देता। सच्चाई तो यह है कि मैं न तो टॉल्सटॉय का नायक था और न ही गाँधीजी का वैष्णवजन। मैं एक साधारण मनुष्य था, कमज़ोर और आवेगी। मुझमें न अपने आवेगों को छिपाने की क्षमता थी और न ही अपनी कमजोरियों का खुला प्रदर्शन करने का साहस।

इसके अतिरिक्त, मुझमें चिंतन और विवेक की अपेक्षा अपने पूर्वजों, राजपूतों की परंपराएँ अधिक सबल थीं। मेरे पूर्वज अपने व दूसरों के प्राणों की परवाह किए बिना मारते और मरते थे। उन्हें इसी दुनिया से प्यार था, इसके बाद क्या होगा, उसकी उन्हें चिंता नहीं थी। उन्हें अपने प्राणों से विशेष मोह नहीं था, और आवेगों की दुनिया उनके लिए सब कुछ थी। उन्होंने जिससे प्यार किया; उसकी पूजा की और जिससे घृणा की उसे मार मिटाया। मेरे पूर्वज अभिमानी, बेपरवाह, हठी थे, आप चाहें तो उन्हें असभ्य और निर्दयी भी कह सकते हैं। किंतु मैं उन्हें प्यार करता था, उनकी छत्रच्छाया में पला था, बड़ा हुआ था। मेरे में ऐसी कोई असाधारण बुद्धि या कल्पनाशक्ति नहीं थी जिसके बल पर मैं उनके उस पथ से हटकर चलता जो उन्होंने मेरे लिए सँजोया था।

'अब मुझे क्रूर पाशिवक शक्ति के आगे झुकना होगा, जीवन के बहुत से दिन—नीरस और उदास दिन, घड़ियाँ गिन-गिनकर, पशुओं की भाँति जेल नामक पिंजरे में बिताने होंगे'—यह सोचते ही मैं डर गया। 'फाँसी के एक झटके से सब कुछ निपट गया होता, परंतु अब मुझे वर्षों तक, दिन और पल गिनते हुए, किसी अँधेरी काल कोठरी में भयानक मौत मरना होगा। नहीं, नहीं, यह मुझसे नहीं होगा। मनुष्य इसलिए पैदा नहीं होते कि वे जेल नामक कूड़ा-करकट में लुढ़क-लुढ़ककर मरे।'

उन्होंने मुझ पर दया करके मुझे मौत के मुँह से बचा लिया। कितनी उपहास जनक और क्रूर है यह धारणा ! वे नहीं जानते कि उन्होंने मुझे फाँसी के तख्ते की ऊँचाई से घसीटकर नीचे रक्त और मूत्र की सड़ान से भरी कालकोठरी में ला फेंका है। उन्होंने मुझे जिंदा लाश बना दिया है। वर्षों तक अनगिनत सुखों का अभाव, अनादर, अपमान और तरह-तरह की यातनाएँ किस प्रकार रस्सी के एक झटके से अधिक दयामय हो सकती हैं ? यह बदला है, केवल बदला। उनके विकृत स्वभाव और परपीड़न की प्रवृत्ति ने इसे एक कुलीन नाम देकर मौत को भी दूषित किया है।...बेईमान, पाखंडी। छल-कपट और झूठ का घृणित आडंबर ! सावधान रहो ऐसी करुणा और करुणा के व्यापारियों से !...

'नहीं, मैं स्वेच्छा से अपने आपको इनकी करुणा का शिकार नहीं बनने दूँगा। मैं इन्हें अपने अहं को पल-पल टूटते, शरीर को धीरे-धीरे नष्ट होते और अपने व्यक्तित्व को बिखरते हुए देखने का संतोष नहीं दूँगा।' मैंने उसी समय निश्चय कर लिया कि मैं स्वयं अपनी इच्छा से अपने जीवन का अंत कर दूँगा; और इन गिद्धों

को उस सुख से वंचित कर दूँगा जो इन्हें मृतजीवों को नोचने, घसीटने और खाने से मिलता है।

इसलिए मैंने अपने जीवन को पाँच वर्ष का समय दिया। मुझे विश्वास था कि मैं मानसिक और शारीरिक रूप से विघटित हुए बिना, इतना समय इनकी सख्तियाँ सहन कर लूँगा। उधार की इस जिंदगी के पाँच वर्षों में मैं यहाँ से निकलने का प्रयास करूँगा। उसमें अगर मैं सफल रहा तो बहुत अच्छा—मैं पुनः उसी क्रांतिकारी और आक्रमणकारी पथ पर लौट जाऊँगा जहाँ मैंने उसे छोड़ा था। इस निश्चित काल में यदि मैं ऐसा न कर पाया तो आत्महत्या कर मैं अपनी असफलता को स्वयं पराजित कर दूँगा।

इस निश्चय से मेरा मानसिक तनाव कुछ कम हुआ, उस निश्चय ने मेरे जीवन को एक दिशा दी। मैंने अनुभव किया कि जीवन और मृत्यु केवल संयोग की बात नहीं, वे जीवन की सार्थकता और दिशा पर भी निर्भर हैं। वह निश्चय किसी प्रकार भी मुझे कारावास की सख्तियों और यातनाओं से बचा नहीं सकता था। वे किसी भी समय मुझे मृत्यु के मुँह में धकेल सकते थे। जेल से बचकर भागने पर व्यक्ति कई प्रकार के उन गंभीर संकटों से बच सकता था जो जेल-जीवन के सामान्य अंग हैं; उसके अतिरिक्त वह जेल-जीवन की अनिवार्य मानसिक वेदना और द्वंद्व से भी बच सकता था।

अपने घर में मैंने कवि और कलाकार बनने के सपने देखे थे। जेल जाने से पूर्व मैंने कुछ कविताएँ भी लिखी थीं जिनमें से कुछ प्रकाशित भी हुई थीं। चित्रपट पर मैंने कई चित्र भी बनाए थे। परंतु जीवन का अर्थ व पिछली रुचियाँ अब निरर्थक हो चुकी थीं यहाँ तक कि माँ के प्रभाव से संयोजित भगवान में भी अब मेरा विश्वास मिट चुका था। भगवान के अत्यंत दयालु और शक्तिमान होने का मेरा विश्वास—जिसमें जेल अधिकारी भी विश्वास रखते थे—अब मेरे लिए एक कोरा भय बन गया था।...इसके अतिरिक्त और हो भी क्या सकता था ? सैकड़ों बदकिस्मत कैदियों को मैं दिन-रात की यातनाओं से बुद्धिहीन और अशक्त होते देखता था; उन्हें अवमानव की स्थिति में जीने के लिए विवश होते देखता था। भगवान ने उन्हें 'अपने जेल कर्मचारी-भक्तों' के निष्ठुर और नीच व्यवहार से बचाने की कोशिश नहीं की थी। उन वर्दीधारी जेल कर्मचारियों के जूतों के नीचे, मानव हाड़-मांस के साथ-साथ मेरी 'दयालु भगवान' की धारणा भी चूर-चूर होकर धूल-मिट्टी में मिल चुकी थी। कारावास के थोड़े ही दिनों में मैंने भगवान का साथ उस गंदे और दुर्गंधमय परिवेश में सदा-सदा के लिए छोड़ दिया था।

मुझे जीबित रहने के लिए एक नई सार्थकता की आवश्यकता थी—अस्थायी ही क्यों न हो। वह मुझे जेल से भागने के निश्चय से मिल गई। उस निश्चय ने मेरे जीवन को एक नई दिशा और उद्देश्य दिया; उस उद्देश्य ने मेरे पहले स्वप्नों और भावी आशाओं में इंद्रधनुषी सेतु का काम किया। मेरे लिए वह सेतु विशेष महत्त्वपूर्ण

था क्योंकि जीवन में, वास्तविक जीवन में भविष्य का होना बहुत जरूरी है। उसने मेरी भावी आशाओं को पुनः जाग्रत कर दिया और वे मेरे लिए अत्यंत कठिन परिस्थितियों के विरुद्ध प्रतिरक्षक का काम करने लगीं।

आत्महत्या के निश्चय ने मुझे जीवित रहने के लिए उत्साहित किया; उसने मेरे जीवन को सार्थकता दी। तिल-तिल मरने का खयाल, सोचने में भी अति भयानक था। किंतु बिना किसी अर्थ के जीवित रहने की इच्छा और अपमानजनक स्थिति में मृत्यु का प्रतिरोध करना और भी दुर्भाग्यपूर्ण है। इससे बुद्धि का ह्रास और आत्मा का विनाश होता है। जेल में मैंने ऐसे बहुत व्यक्ति देखे थे जिनके याद आने पर अब भी मन डरता है।

ऐसे व्यक्तियों का न भूतकाल होता है और न भविष्य ही। जो व्यक्ति भूतकाल और भविष्य से अलग हो जाते हैं वे केवल वर्तमान में ही, और वर्तमान के लिए ही जीवित रहते हैं। चूँकि वे न परंपराओं से प्रभावित रहते हैं और न ही भविष्य की आकांक्षाओं से, इसलिए वे केवल वर्तमान से ही चिपके रहते हैं और उपग्रह की भाँति उसी के दायरे में घूमते रहते हैं। ऐसा कैदी या तो मर जाता है (जो उसके लिए भी अच्छा है और औरों के लिए भी) अन्यथा वह जेल कर्मचारियों का सहारा बनकर उनके कुकर्मों का साधन बन जाता है।

तब वह बिना किसी संकोच व अपराध भाव के अपने साथी कैदियों के साथ दुर्व्यवहार करता है, उन्हें मारता है, तरह-तरह की यातनाएँ पहुँचाता है, उनका बलात्कार करता है, उनकी चोरी करता है इत्यादि। उसे जेल के अफ़सर रूपी भेड़ियों की अनुमति प्राप्त होती है। जेल कर्मचारी उनके कुकर्मों का समर्थन करते हैं और वह उन्हें अत्याचार करने के लिए प्रोत्साहित करता है। मैं आपको ऐसे ही एक व्यक्ति का उदाहरण देता हूँ जो अपने भूतकाल और भविष्य को भूल चुका था, अपने जीवन की छवि और दिशा खो चुका था और जेल के रेगिस्तान में बरबस हाथ-पैर मार रहा था।

सरफराज़ ख़ाँ

सरफराज़ खाँ पठान था। उत्तरी-पश्चिमी क्षेत्र का रहने वाला था। अपनी जनजाति का एक छोटा सरदार भी था। उसे लगभग बाईस-चौबीस वर्ष की आयु में आजीवन कैद की सजा मिली थी। उससे जब मेरी भेंट हुई तो वह लगभग दस वर्ष की कैद काट चुका था और उसे लंबदार (कैदी वार्डर) के पद पर नियुक्त कर दिया गया था। उस पद के लिए लंबे समय के कैदी बहुत लालायित रहते थे। मैं उस समय जेल के उस पक्ष में था जहाँ कैदियों के लिए छोटी-छोटी कोठरियाँ बनी हुई थीं। जेल का यह भाग उन कैदियों के लिए था जिन पर कड़ी नज़र रखना आवश्यक समझा जाता था, जैसे मृत्युदंड के कैदी, अभ्यस्त अभियोगी। सरफराज़ खाँ जेल कर्मचारियों का एक विश्वसनीय आदमी था और उस पक्ष में एक कैदी-पहरेदार का काम कर रहा था। मेरे ऊपर नज़र रखने के लिए उसके साथ एक और स्थायी वार्डर (पहरेदार) भी था। धीरे-धीरे समय के साथ सरफराज़ खाँ और मुझमें मैत्री हो गई क्योंकि हम दोनों ही अंग्रेजी हुकूमत से घृणा करते थे, यद्यपि हमारी घृणा का कारण अलग-अलग था।

उस समय सरफराज़ खाँ की आयु तीस वर्ष से अधिक थी। उसका शरीर मोटा और ठोस था। दाढ़ी के बाल घने और मोटे थे। उसका सिर गंजा और अंडाकार था। उसकी मोटी फूली हुई ढोलाकार छाती और मुड़े हुए कानों के बीच गरदन लगभग न के बराबर थी। उसका मुख बहुत ही छोटा था और ठुड्डी मानों थी ही नहीं। उसका छोटा सा मुँह उसकी बड़ी तीखी नाक से बहुत दूर दिखाई पड़ता था। छोटी-छोटी अनेक झुर्रियों से घिरी हुई उसकी छोटी काली आँखों के ऊपर घनी नुकीली भौंहें थीं जो उसकी आँखों को लगभग ढके हुए थीं। उनके बीच उसकी काली पुतलियाँ चमकती थीं—नहीं, चमकती नहीं, जलती थीं। उसकी आँखों में साँप की आँखों की भाँति भयानक आकर्षण था जिसे एक बार देख लेने के बाद व्यक्ति कभी भूल नहीं सकता। उसकी वे दो आँखें ऐसी थीं जैसे पत्थर में गोलची से घड़े हुए दो गड्ढे हों। वे आँखें भूखे भेड़िये की गुहा-सी दिखाई पड़ती थीं, ऐसा लगता था मानों प्रत्येक नेत्र अपनी और दूसरों की आशाओं और अभिलाषाओं को नष्ट करने का कोई गोपनीय स्थान हो।

सरफराज़ खाँ हठी था, बहुत कम बोलता था, उसे दूसरों से मिलना-जुलना पसंद नहीं था। वह एक बिगड़ा हुआ अभिमानी भी था। वह उन आदमियों में से था जो

बिना एक शब्द कहे, वर्षों तक अपने क्रोध व प्रेम को अपने अंदर दबाए रखते हैं। जब उनकी वे अवदमित भावनाएँ बेकाबू होकर ब़ाहर निकलतीं, तो वे उन्माद का रूप ले लेतीं। सरफराज़ खाँ सरल स्वभाव का व्यक्ति नहीं था, वह न अच्छा था और न बुरा। उसमें कोई भी उपयोगी विशेषता नहीं थी। उसकी उपस्थिति से न किसी को सुख मिलता था और न शांति, बल्कि उससे निर्दयता और क्रूरता का आभास होता था। इसका कारण उसकी स्वाभाविक दुष्टता नहीं थी, क्योंकि वह स्वाभाविक रूप से दुष्ट था ही नहीं। उसकी दुष्टता, वास्तव में, जीवन के रीतेपन को ढकने का एक प्रयास थी और उस प्रयास में वह 'दूसरों की कृपा से पाए अधिकारों' का दुरुपयोग करता था। पुरानी परंपराओं और भविष्य की आशाओं से रिक्त वह केवल वर्तमान का एक जीव बन गया था। एकाकीपन के बोझ ने उसकी आत्मा को चूर-चूर कर दिया था और उसे अवमानव बना दिया था। अंदर की घुटन से पीड़ित ऐसे व्यक्ति अपने और दूसरों के लिए अत्यंत कष्टकारी हो जाते हैं। अपने तनावों से मुक्त होने तथा अपनी कमजोरियों को अपने आप से छिपाने के लिए वे अपने आपको कष्ट पहुँचाते हैं और साथ में उन्हें भी कष्ट देते हैं जिन्हें वे प्यार करते हैं।

सरफराज़ खाँ के आजीवन कैद का कारण बहुत ही विचित्र था जिस मूर्खता को उसने लंबी सजा भुगत लेने पर भी नहीं पहचाना था। एक दिन रुँधे कंठ से उसने मुझे बताया कि उसे कुत्तों से बेहद प्यार था, विशेषकर बुलटैरियर और मस्टिफ नस्ल के कुत्तों से। वह उन्हें अन्य सरदारों के कुत्तों से लड़ाने के लिए पालता था। उसके पास अच्छी नस्ल के बहुत से लड़ाकू कुत्ते थे, उनमें से सबसे अच्छा कुत्ता सुलतान था। वह मस्टिफ नस्ल का था। उसने पेशावर से लेकर रावलपिंडी तक जब भी किसी प्रतियोगिता में भाग लिया था, सदा सफल रहा था। वह कभी भी पराजित नहीं हुआ था। वह अपनी शूरता और सुंदरता के लिए काबुल तथा उससे भी दूर तक प्रसिद्ध था। प्रतियोगिताओं में उस पर हजार-हजार रुपए के दाँव लगाए जाते थे, कभी भी किसी ने उस पर दाँव लगाकर अपनी रकम नहीं खोई थी।

वह कहता गया—"मैंने उसे बेटे की तरह पाला था, बाप का प्यार और लाड़ दिया था। मैं उससे इतना प्यार करता था कि मैंने उसका छिन्नपूँछन और छिन्नकर्णन भी नहीं कराया था जो लड़ाकू कुत्तों के लिए आवश्यक था। पूँछ और कान छाँटने के ऑपरेशन बहुत आसान और साधारण थे, तथापि मैंने वह नहीं करवाए थे। और यही आगे चलकर मेरे विनाश का कारण बना।"

"कैसे ?" मैंने आश्चर्यचकित होकर पूछा। "कुत्ते की पूँछ और कानों से मनुष्य के प्रारब्ध का क्या संबंध ? किस प्रकार उसकी दुम और कान तुम्हें यहाँ ले आए ?"

"नहीं, दुम नहीं, केवल कान। शायद यह कानों ने भी नहीं किया। मेरे संकट का वास्तविक कारण अंग्रेजों की स्वाभाविक क्रूरता है।...यह गोरे अधर्मी !...मैं इनसे कितनी घृणा करता हूँ।"

"अब देखो खाँ, तुमने ऐसे अजीबोगरीब ढंग से कुत्ते की दुम और कानों, गोरे

अधर्मियों की दुष्टता और अपने प्रारब्ध में जटिल गाँठ लगाई है कि मैं उसे सुलझाने में असमर्थ हूँ। भगवान के लिए तुम ही बतलाओ कि इन असंबंधित पदार्थों में क्या संबंध है। तुम स्वयं ही मुझे साफ़-साफ़ बतलाओ। बतलाओगे न ?''

''भाई, तुम राजनीतिक कैदी हो। क्यों, हो न ? यह तो तुम जानते हो कि अंग्रेजी हुकूमत हमारे लिए शाप है। तुम इससे सहमत हो न ?''

''हाँ, हाँ, यह बात तो स्वतः स्पष्ट है। इससे इनकार कौन करता है ?...पर कुत्ते की दुम और कानों से अंग्रेजी हुकूमत के बुरे होने का क्या संबंध ?...मेरी समझ में यह नहीं आ रहा।''

''अच्छा, तो अब सुनो। तुम इसे स्वयं समझ जाओगे। तुम्हें मेरा कुत्ता सुलतान याद है न ?...मैंने कुछ समय पहले तुमसे उसकी बात की थी।...एक बार प्रतियोगिता में लड़ते-लड़ते उसे चोट लग गई। चोट गंभीर नहीं थी। केवल उसके कान की लचीली अस्थि कट गई थी। किसी भी पशुओं के स्थानीय डॉक्टर से उसका इलाज करवाया जा सकता था, परंतु मुझे स्थानीय डॉक्टरों पर विश्वास नहीं था। मैं अपने प्यारे कुत्ते का इलाज स्थानीय डॉक्टर से नहीं करवाना चाहता था।''

''पर क्यों ?''

''हमारे क्षेत्र में पठानों के बीच जो झगड़े और स्पर्धाएँ हैं, तुम उन्हें नहीं जानते। मेरे प्रतिद्वंद्वी स्थानीय डॉक्टर को रिश्वत देकर मेरे कुत्ते को विष दिलवा सकते थे। ऐसा करना कठिन नहीं है। मैंने भी यह बहुत बार किया है। इसलिए मैंने स्थानीय डॉक्टरों पर विश्वास नहीं किया।''

''तो तुमने क्या किया ?''

''मैंने उसी समय अपने कुत्ते को मोटरगाड़ी में डाला और पेशावर भेज दिया—पूरे तीस मील दूर। ड्राइवर को मैंने आदेश दिया कि वह उसे सीधे जिला मेडिकल अफ़सर के पास ले जाए, वह सिविल सर्जन भी था। कुत्ते का इलाज उसी से करवाए, पशुओं के डॉक्टर से नहीं।''

''अजीब बात कर रहे हो,'' मैंने कहा। ''सिविल सर्जन आदमियों के इलाज के लिए होते हैं। उन्हें आदमियों के उपचार के लिए प्रशिक्षित किया जाता है, कुत्तों के लिए नहीं।''

''हाँ, ठीक है। वे आदमियों के इलाज के लिए होते हैं। वे सीधे-उलटे ढंग से बहुत सा रुपया भी लेते हैं, सलाह देने के लिए भी। तथापि मुझे पैसे की कोई परवाह नहीं थी। मैं अपने कुत्ते का इलाज सबसे उत्तम डॉक्टर से करवाना चाहता था। मैंने सोचा कि सिविल सर्जन से अधिक अच्छा और कौन होगा ! इसके अतिरिक्त वह अंग्रेज था, उन दिनों मुझे अंग्रेजों पर विशेष विश्वास था, मैं नहीं जानता था कि वे इतने धोखेबाज़ भी हो सकते हैं।

इसके बाद उसने बहकना शुरू कर दिया। गोरे मुँह के बंदरों के विरुद्ध अनाप-शनाप कहने लगा। बहुत कठिनाई के साथ मैं उसे बहकने से रोक पाया और

फिर उसे पुनः कुत्ते की बात पर ले आया।

"मैं मूर्ख था," उसने कहा, "जो उस सुअरखोर सर्जन के पास अपने कुत्ते को स्वयं नहीं ले गया। अगर मैं वहाँ होता तो वह कभी भी उसके साथ वह नहीं कर पाता जो उसने किया।"

"क्या हुआ ?...उसने क्या किया ?" मैंने पूछा।

"उसने वह घिनौना, घृणाप्रद और उकसानेवाला काम किया जो कोई भी भद्रपुरुष नहीं कर सकता था। मैं धीरता के साथ दिन भर अपने कुत्ते के वापस आने की प्रतीक्षा करता रहा। शाम के समय जब वह वापस आया तो उसका जख्मी कान ही गायब था। उसे देखकर मुझे बहुत धक्का लगा। वह सुअर डॉक्टर ! उसने जख्म को सीने के स्थान पर कुत्ते का सारा कान ही काट डाला था।...मेरे क्रोध की कोई सीमा नहीं रही। मैंने तुरंत सर्जन को बुलाने के लिए गाड़ी भेज दी। वह रात को ग्यारह बजे आया, पहले कि वह कुछ कहता मैंने उसके दोनों कान जड़ से काट दिए।"

"ए मेरे खुदा ! यह तुमने क्या किया ?"

"क्यों न करता ? क्या उस प्रकोपनकारी काम को मैंने शुरू किया था ?...नहीं, मैंने नहीं, उसने शुरू किया था। मैंने तो उसके साथ वही किया जो उसने मेरे साथ किया था।"

"फिर ?"

"फिर क्या ? उन्होंने इसके लिए मुझे पकड़ लिया, यद्यपि पहल मैंने नहीं की थी। उसके बाद मैंने मजिस्ट्रेट से शिकायत की। वह भी उसी जाति का दूसरा अधर्मी था। बदले की दलील लेकर उसने मेरी शिकायत रद्द कर दी। उसने अपने देश के आदमी का साथ दिया और मुझ पर बहुत सा जुर्माना लगाकर मुझे अवैध ढंग से यहाँ भेज दिया। उस जुर्माने को वसूल करने के लिए मेरी सारी संपत्ति बेच दी गई।"

"हुआ तो यह बुरा; पर तुम इसे अवैध नहीं कह सकते।"

"अवैध नहीं तो और क्या है ? पहला गलत कदम किसने उठाया था, उस अंग्रेज ने या मैंने ?...कान किसने पहले काटे थे, उस अंग्रेज ने या मैंने ?...उसने उपद्रव शुरू किया था, मैंने नहीं। मैंने अपनी इच्छा से तो कुछ नहीं किया। मैंने तो केवल उसके किए का बदला चुकाया था। हमारी विधि, जातीय रीति-रिवाज और परंपराओं के अनुसार यह बिलकुल वैध है। 'प्रतिक्रिया करना' मेरा जन्मसिद्ध अधिकार है और इसे उन गोरे मुँहवाले बंदरों ने अपराध घोषित कर दिया !! उनका यह निर्णय अनोखा है; तुम इसे क्या कहोगे, वैध या अवैध ?...न्याय या अन्याय ?"

मैंने उसे समझाने का बहुत प्रयत्न किया, परंतु वह अपनी मूर्खता और दुष्कर्म की गंभीरता को समझ नहीं पाया। मैंने उसे जितना समझाना चाहा, उसे उतना ही अपने निर्दोष होने पर विश्वास होता गया। अंत में उसे इतना क्रोध आ गया कि वह

मुझे गालियाँ देने लगा।

उसके बाद वह मेरे साथ फिर कभी नहीं बोला। तीन वर्षों तक मेरी उससे भेंट नहीं हुई। इस घटना के तीन वर्ष बाद मुझे मुलतान सेंट्रल जेल भेजा गया जहाँ सरफराज़ खाँ दो वर्ष पहले पहुँच चुका था। मेरे वहाँ पहुँचने तक उसने वहाँ के जेल अधिकारी के पास 'छोटी-मोटी चाकरी' का स्थान प्राप्त कर लिया था। वहाँ मैंने उसे उसके असली रूप, पैशाचिक रूप में देखा। उसका वह राक्षसी रूप अत्यंत भयंकर था–'उद्देश्य रहित जीवन का एक दयनीय शिकार'।

बटुकेश्वर दत्त

मुझे मई के महीने में सजा मिली थी। मुझे कचहरी से सीधे, बहुत पहरे के साथ, सेंट्रल जेल, लाहौर भेज दिया गया था। उस दिन बहुत गरमी थी। मैं प्यासा भी था और खिन्न भी। आनेवाले दिनों के विचार से मेरे मन की खिन्नता और भी तीव्रोत्तर हो गई थी।

मैं लाहौर जेल में दोपहर के दो बजे पहुँचा। जब लौह-द्वार की कर्कश ध्वनि के साथ मुझे जेल की कोठरी में बंद किया गया तो कोठरी के फर्श से प्रकाश लोप हो गया था और केवल धुँधयाली रोशनी शेष रह गई थी। गंदी दीवारों पर फैले हुए श्वेत जाले में एक काली मकड़ी तेजी से इधर-उधर भाग रही थी। कोठरी के एक कोने में नरकट की चटाई थी और दूसरे में टीन का एक तसला-सा। उस कोठरी का यही सारा साज-सामान था। उन पर रोशनदान से आती हुई सूर्य की किरण अपना प्रकाश छिटका रही थी।

उस आवास स्थान का विषादमय रूप मेरे सामने मुँह खोले खड़ा था। आश्चर्य इस बात का है कि उससे मुझे कुछ शांति ही मिली थी जो शायद मौत की शांति जैसी नहीं थी। मेरे हाथों में अब हथकड़ियाँ नहीं थीं और न ही बाँहों को पीछे खींचनेवाली चमड़े की रस्सी। सबसे अच्छा तो यह था कि वहाँ मुझे देखनेवाले जिज्ञासु भी नहीं थे; वे मुझे ऐसे देखते थे जैसे मैं चिड़ियाघर का कोई जंतु हूँ या पागलखाने से भागा हुआ हतबुद्धि बावला।

अकेले होने में कितनी शांति थी ! मैंने अपनी कोठरी में इधर-से-उधर और फिर उधर-से-इधर चक्कर लगाने शुरू किए। एक, दो, तीन, चार;—लोहे की सलाखें— एक, दो, तीन, चार;— पत्थर की दीवारें।...मेरे पैरों की बेड़ियाँ मेरे कदमों के साथ तालमेल रखते हुए छन-छन कर रही थीं।...मेरे मन में विचार भी मेरे कदमों के साथ दौड़ लगा रहे थे—फूलों, जंगलों, पर्वतों और सांध्यकाल के विचार; गाँव में मेरे घर में खेलते-कूदते, कुश्ती करते हुए कुत्तों और हिनहिनाते हुए घोड़ों के विचार, अश्रुधारा में भीगे प्रियजनों के चेहरों की मुसकान के विचार; देश के हेतु उठी जनता के विचार और अपने साथियों के विचार जो पुलिस से छिपते-छिपाते स्वतंत्रता संग्राम में दत्तचित्त लगे हुए थे।

वे दिन राष्ट्रीय आंदोलन के सुनहरे दिन थे ! पराधीनता की जंजीरों को तोड़ने

के लिए सारे देश में अंग्रेजी राज्य के विरुद्ध आवेश फैला हुआ था। जनता का क्रोध सब बंधन तोड़ चुका था। देश के नवयुवकों में उस समय विशेष उत्साह था। वे देश के लिए मर-मिटने के लिए तैयार थे। कोलाहल करती लहरों पर अर्पित फूलों के समान वे देश की स्वतंत्रता के लिए अपने आपको न्योछावर करने के लिए दृढ़निश्चय थे।

मुझे ध्यान नहीं कि मैं पत्थर की दीवार और लोहे के दरवाजे के बीच के आठ कदमों के अनंत फासले पर कब तक चलता रहा। सूरज की अकेली किरण भी कब से विलुप्त हो चुकी थी। सांध्य का धुँधला प्रकाश भी गहरा हो चुका था—ज़ख्मों की पपड़ी की तरह कठोर और भद्दा। अधमवर्ग के लोगों की युग-युगांतर की दुर्गति मेरी खाली कोठरी में भर आई थी। एकाकीपन की पीड़ा और पत्थरों की दीवारों का बोझ मेरी चेतना को छूने लगा था। मेरा मन खिन्न हो उठा और मैं थकान अनुभव करने लगा। उस अपरिचित स्थान की गंदगी और निर्जनता मेरी अस्थियों में कीड़ों की भाँति रेंगने लगी थी। सारा स्थान दुर्गंध से भरा पड़ा था। मैं अपने हाथ-पाँवों में बहुत दुखदायी थकान अनुभव कर रहा था, दिल मिचला रहा था। अपनी मानसिक स्थिति पर काबू पाने के लिए मैंने चटाई बिछाई—गंदी और बदबूदार चटाई। उस पर मैं बैठ गया; घृणित आलस्य ने मुझे घेर लिया। मुझे ऐसा लग रहा था कि मैं अब जीवित नहीं हूँ, मैं मरणोपरांत एक स्वप्न में अपने आपको उकसाने की कोशिश कर रहा हूँ। एक प्रकार से वह जीवन की पूर्ति थी, जिसका न कोई महत्त्व था और न कोई अर्थ।

अभी मैं आलस्य में ही बैठा हुआ था कि करकराहट के साथ मेरी कोठरी का लौह-द्वार खुला, सामने एक छोटा सा आँगन था। दरवाजे के खुलने के साथ संध्या के कोमल प्रकाश ने मेरी कोठरी में प्रवेश किया और उसमें सांध्य प्रकाश की कोमलता के समान मुसकराता हुआ एक चेहरा दिखाई दिया। घने बिखरे बालों के नीचे बड़ी-बड़ी दयालु और आश्वासन दिलानेवाली आँखें थीं, मानों जंगल में प्यासे जीवों के लिए कोई गहरा कुंड हो।

''मैं बटुक हूँ'', उसने कहा। ''जेल की दबी-छिपी आवाज़ों ने मुझे तुम्हारे आने की सूचना दे दी थी। मैंने इस दयालु पहरेदार की सहायता से तुम्हारे पास जल्दी-से-जल्दी आने का प्रयास किया है। यह पहरेदार तुम्हारा शाम का भोजन लाने के लिए आया है।''

यह मेरी बटुकेश्वर से पहली भेंट थी। मृत्युघर की डयोढ़ी में मेरे पहुँचने के पहले दिन ही उसने वहाँ आकर मुझे जो सुख और शांति दी, उसे मैं कभी नहीं भूल सकता।

बटुकेश्वर की आयु बाईस-तेईस वर्ष की थी। उसका कद सामान्य था, शरीर गठीला और बलवान, रंग गंदमी, माथा विशाल और चेहरा लंबा था। उसके भरे-भरे होंठ, सुंदर सजीली नाक और मुखवृत्त खंडी था। उसकी सारी मुखाकृति आकर्षक थी। वह शांत, तीव्रबुद्धि और अंतर्मुखी दिखाई पड़ता था। उसकी चिंतनशील और उदास आँखें ठीक वैसी थीं जैसी यूरोप के अठारहवीं शताब्दी के कलाकारों ने जॉन हस व

सावोनारोला जैसे चिंतनशील शहीदों की आँखों को उस समय की कलाकृतियों में दर्शाया था जब उन्हें शहीदी के लिए ले जाया जा रहा था। उसकी आवाज़ गंभीर थी। वह रुक-रुककर बोलता था और कभी-कभी भावों के आवेश में उसकी आवाज़ कंपनशील भी हो जाती थी। जिन विषयों में उसे रुचि थी, उनके बारे में वह खुलकर बोलता था और कभी-कभी उनके स्पष्टीकरण में वह अत्यधिक प्रमाण भी देने लगता था। किंतु सामान्य रूप से वह कम बोलनेवाला और आत्मसंयमी था।

"क्या तुम्हारे पास पढ़ने के लिए कुछ पुस्तकें हैं ?" उसने यों ही पूछा।

"नहीं, मेरी सब पुस्तकें और अन्य चीजें लुधियाना जेल में ही रह गई हैं। यह लोग मुझे पुलिस की गाड़ी में कचहरी से सीधे ही यहाँ ले आए हैं। मुझे जेल से अपनी चीज़ों को लाने का अवसर ही नहीं दिया।"

"कितनी गलत बात है ! परंतु इस बुद्धिहीन सरकार के यही तरीके हैं। इससे यही पता चलता है कि ये अधिकारी कितने डरे और घबराए हुए हैं।"

"मैं भी यही सोचता हूँ। ये मुझे हथकड़ियों और बेड़ियों में जकड़कर यहाँ लाए हैं जैसे कि मैं कोई जंगली जानवर हूँ। रास्ते में मुझ पर पहरा रखने के लिए सिपाहियों से खचाखच भरी हुई तीन और पुलिस गाड़ियाँ भी साथ थीं। रास्ते भर सिपाही तैनात थे। जहाँ से मेरी गाड़ी गुजरती थी, वहाँ भी लोगों का आना-जाना भी बंद कर दिया जाता था।"

"चिंता मत करो। ये सब तरह के झल्ले पगले काम करते हैं। हाँ, अब यह भी कह दूँ कि भगतसिंह ने तुम्हें प्यार भेजा है। जब उसे अवसर मिलेगा, वह तुमसे मिलने आएगा। मैं सुबह तुम्हें पढ़ने के लिए कुछ भेज दूँगा।"

यह कहते हुए वह अपनी कोठरी में लौट गया। दूसरे दिन मुझे दो पुस्तकें मिलीं—शेक्सपीयर के नाटक और थॉम्स ए. कैंपिस का ईसा मसीह का अनुकरण।

जिस पंक्ति में मेरी कोठरी थी, उसी पंक्ति में पाँच-छः कोठरियाँ छोड़कर बटुकेश्वर की कोठरी थी और उससे दो-एक कोठरियाँ छोड़कर महान् क्रांतिकारी भगतसिंह की कोठरी थी। भगतसिंह को मैं अपने कारावास से पूर्व की गतिविधियों के समय से जानता था। हम तीनों, बटुकेश्वर, भगतसिंह और मैं लगभग एक महीने तक एक ही वार्ड की तीन एकाकी कोठरियों में अलग-अलग बंद थे। फिर बटुकेश्वर को अपनी आजीवन कैद का शेष समय बिताने के लिए किसी अन्य जेल में भेज दिया गया। जब तक वह लाहौर जेल में रहा, किसी-न-किसी तरह मुझे रोज़ मिलता रहा। वह कभी किताब लेकर आया, कभी समाचार पत्र और कभी संदेश, परंतु सदा ही मन प्रसन्न करनेवाले मीठे शब्दों को लेकर आया।

हमारी इस भेंट की अवधि बहुत छोटी थी, बस इतनी छोटी जितनी सागर में, कोहरे से व्याकुल दो जहाजों को, रात के समय एक-दूसरे को पार करने में लगती है। तथापि उसकी स्मृति मेरे मन में अभी तक बनी हुई है और सदा बनी रहेगी—ध्रुव तारे की तरह चमकती, मुसकराती शांति की शोभा।

फिर मुझे भी एक दिन हथकड़ियाँ और बेड़ियाँ पहनाकर, बहुत से पहरे के साथ, लाहौर जेल से मुलतान जेल भेज दिया गया।

मुलतान जेल के दरवाजे पर मैं बहुत सुबह-सुबह पहुँचा। वहाँ जेल-अध्यक्ष की प्रतीक्षा करनी पड़ी। वह विदेशी सरकार से सम्मानित, विदेशी सरमायेदारों का खुशामदी टट्टू, राय साहब था। मैं थका हुआ और भूखा था। रात भर की हथकड़ियों और बेड़ियों तथा निद्रारहित सफ़र ने मुझे चिड़चिड़ा कर दिया था। बहुत प्रतीक्षा के बाद जेल-अध्यक्ष आया। मेरी हथकड़ियाँ खोल दी गईं और मुझे उसके सामने उपस्थित किया गया। वह भद्दा भालू जैसा था। उसने अपने शंकु रूपी सिर पर बड़ी सी पगड़ी बाँध रखी थी। वह बहुत मोटा था और उसके कारण आलसी भी। तथापि उसकी मांसपेशियाँ सशक्त थीं और उसके शारीरिक भार को आसानी से सँभाले हुए थीं। उसमें मूर्खता, क्रूरता और नीचता के लक्षण प्रत्यक्ष दिखाई पड़ रहे थे। उसके बाहर को निकले हुए जबड़े के ऊपर चोंच-सी लंबी नाक थी और उन दोनों के बीच बड़ी नुकीली मूँछें, टेढ़ी-मेढ़ी और काली रँगी हुई।

पंजाब सूबे की जेलों में उसका भय छाया हुआ था। उसकी क्रूरता और दुःख देने की प्रवृत्ति की कहानियाँ पंजाब की सब जेलों में फैली हुई थीं। वह विकृति, दुष्टता और दुराचार का एक उदाहरण था।

मैंने भी उसकी दुष्टता के किस्से सुन रखे थे। परंतु मैं उन घटनाओं के लिए तैयार नहीं था जो वहाँ पर हो गईं। वह मुझसे बहुत धृष्टता से बोला और मुझे अपने जूते उतारने, हाथ जोड़ने और आँखें नीची करने को कहा। मैंने सीधे उसकी आँखों में देखते हुए कहा, "यह जरूरी नहीं, और जो भी हो, अपने व्यवहार पर काबू रखो।" इस प्रकार के उत्तर की उसे आदत नहीं थी। वह निष्ठुर क्रोधित हो उठा। गुस्से के साथ वह अपनी कुरसी से उठा और मेरे मुँह पर कसकर एक थप्पड़ लगा दिया। मेरे अंदर कुछ चटका और उससे पहले कि मैं कुछ समझ पाता, मैंने अपनी और बेड़ियों की पूरी शक्ति के साथ उसकी नाक पर एक जोर का मुक्का दे मारा। शराबी की तरह वह लड़खड़ाया, उसकी नाक में से खून निकल आया और उसका छः फीटी शरीर धड़ाम से नीचे गिर पड़ा। उसके जमीन पर गिरे शरीर पर मैं कूद पड़ा और अपने मुक्कों और घुटनों से उसे पीट-पीटकर उसकी पीठ, गरदन और चेहरे पर अच्छे खासे निशान बना दिए।

पिटाई खाते हुए वह एक ओर मुड़ा और उसका कंठ मेरे सामने खुलकर आ गया। उसके कंठ की नस काटने के लिए मैंने अपने दाँत उसके गले में गाड़ दिए। इतने में बहुत से गार्डों ने मुझे घेर लिया और मुझ पर अपने डंडे बरसाने लगे। मेरे सिर पर एक चोट लगी, मुझे तारे दिखाई पड़े और फिर अँधेरा छा गया। मैं बेहोश हो गया।...

उसके पश्चात् मैंने अपने आपको एक अँधेरी कोठरी में पड़ा पाया। मेरा शरीर दुख रहा था, जहाँ-तहाँ से खून बह रहा था और मैं अत्यधिक क्रोधित था। बिलकुल

अँधेरा था, रात हो चुकी थी; नहीं, नहीं, आधी रात बीत चुकी थी। स्पष्टतया मैं पिछले सारे दिन बेहोशी में था। चारों ओर सन्नाटा छाया हुआ था, बीच-बीच में कभी-कभी चौकीदार की आवाज़ सुनाई देती थी। ऐसा लगता था मानों रात ने जेल की दुखी आत्मा को सुला दिया था।

परंतु मेरे लिए कोई शांति नहीं थी। मैं बेचैन था। गुस्से से जल रहा था। रात का शांत प्रभाव न मेरे चोट खाए शरीर पर पड़ा और न ही यातनाग्रस्त आत्मा पर। होश आने पर शरीर का दर्द प्रखर हो उठा और मन की पीड़ा और भी अधिक तेज हो गई। मुझे पश्चात्ताप था तो केवल इस बात का कि मैं पंजाब की ज़ेलों के उस पिशाच से हिसाब चुकाने में असफल क्यों रहा। 'लेकिन मैं हिसाब चुकाऊँगा।' मैंने पीड़ा में करहाते हुए अपने आपसे कहा और बाकी की सारी रात जागता रहा। मैंने उसकी हत्या के मनसूबे बनाने में अपने आपको बहुत कष्ट दिया। मेरे बढ़ते हुए बुखार ने मेरे मनसूबों को और भी भयानक बना दिया। मेरे वे प्लॉट 'अरेबियन नाईट' के प्लॉट सदृश नहीं थे।

पिछले दिन दफ्तर में जो हुआ था उसकी खबर गुप्तचर्चा द्वारा सारी जेल में फैल गई थी। उसने मुझे तुरंत सारे जेलवासियों का प्रेमपात्र बना दिया। उस घटना ने मुझे 'बड़े बदमाश' की पदवी दिला दी। पंजाब की जेलों में वह 'उपनाम' अर्थात् 'बदमाश' शब्द बहुत आदर का शब्द था जो असाधारण मनुष्य के लिए प्रयोग किया जाता था। मुझे यह सत्कारसूचक नाम इसलिए मिला क्योंकि मैंने उस निष्ठुर जेल-अध्यक्ष की मार का बदला उसे मारकर चुकाया था।

सुबह होने तक मैं तेज बुखार में पागलों की तरह बड़बड़ाता रहा और एक बार फिर बेहोश हो गया ! गुप्तचर्चा फिर होने लगी। अफ़वाह फैल गई कि जेल-अध्यक्ष ने सुबह-सुबह मेरी हत्या कर दी है और मेरी लाश को यहाँ से रात के अँधेरे में निकालकर किसी अज्ञात स्थान पर ठिकाने लगा दिया जाएगा।

मेरी मौत की सूचना ने तनावपूर्ण स्थिति पैदा कर दी। कैदियों के मन का भरा अवदमित क्रोध अब फूट पड़ा, क्रोध की लहर जेल भर में फैल गई। लंबी सजा के अधिकांश कैदियों ने खाना खाने से इनकार कर दिया और काम की हड़ताल कर दी। परिवेश बहुत तनावपूर्ण हो गया और बगावत का खतरा दिखाई देने लगा। उस मूर्ख जेलर ने अपने दुर्नाम के अनुसार पुलिस को सतर्क किया और उनकी सहायता से कैदियों को डरा-धमकाकर स्थिति पर काबू पाना चाहा। परंतु जब इससे स्थिति काबू में नहीं आई तो उसने कुछ कैदियों को बाहर खुले में बेंतें लगवाईं। इसने ईंधन का काम किया, गुस्से की अग्नि और तेज़ हुई और शेष कैदी भी उनके साथ मिल गए। चारों ओर से जेल-अध्यक्ष पर गालियाँ बरसने लगीं; ''गोली चलाओ, जो चाहो करो'' आदि नारों से जेल गूँज उठी।

जब स्थिति बिलकुल बेकाबू होती दिखाई दी तो उसने जिला मजिस्ट्रेट से हस्तक्षेप करने की प्रार्थना की। उस अनुभवी नागरिक ने समझदारी से काम लिया और

बहुत रात गए एक हल खोज निकाला। उसने अपनी उपस्थिति में ऐसे दो कैदियों को मुझसे, मेरी कोठरी में मिलने की आज्ञा दी जिनका अन्य कैदी आदर करते थे और उन पर विश्वास रखते थे जिससे वे स्वयं देख लें कि मेरी मृत्यु की खबर निराधार थी।

मेरी कोठरी का भारी ताला खटका और कुंडे की रगड़ की कर्कश ध्वनि सुनाई दी। पंजाब की जेलों में, आज्ञा भंग करने के लिए कैदियों के साथ रात को जो व्यवहार किया जाता था मैंने अपने आपको उसके लिए तैयार कर रखा था। हथियार के रूप में मैंने अपना पानी का घड़ा उठाया और उन भीरु छलियों का इंतजार करने लगा। वे जंग खाए कुंडे को खोलने का प्रयास कर रहे थे। तभी उस भयंकर कर्कश ध्वनि के बीच एक आवाज़ ने मुझे मेरे नाम से पुकारा। वह कोमल सद्भावनापूर्ण आवाज़ जानी-पहचानी लगी, प्यार और सहृदयता से भरी उस आवाज़ ने मेरे मन को स्पर्श किया।

''किसकी आवाज़ हो सकती है यह ?'' मैं पहचान न सका। ''कोई भी हो, यह व्यक्ति उन भीरु ठगों में से नहीं हो सकता जो रात्रि के अँधेरे में निस्सहाय कैदियों को यातनाएँ पहुँचाते हैं, पागलों को पीटते हैं और अपराधी बालकों का बलात्कार करते हैं और रक्षाहीन तथा बँधे हुए कैदियों की चीख-पुकार सुनकर प्रसन्न होते हैं।''

मैंने पानी का घड़ा नीचे जमीन पर रख दिया और लड़खड़ाता हुआ दरवाज़े पर आ गया। दरवाज़ा खुला और लालटेन का थरथराता पीला प्रकाश कोठरी में आया। उस मंद प्रकाश में मैंने बटुकेश्वर को दहलीज पर खड़े देखा; गंभीर, उदासीन और मेरे लिए दुखी और चिंतित। मुझे अपनी आँखों पर विश्वास नहीं हुआ, मैं वहीं जमीन पर खड़ा-का-खड़ा रह गया—मौन, अव्यक्त शब्दों की बाढ़ में बिलकुल मौन। मैंने अपनी बाँहें खोलीं और वह उनमें आ गिरा, उस सारे प्यार को लेकर जो अपने किसी चिरकाल से खोए हुए संबंधी के लिए मनुष्य में होता है। अव्यक्त भावों से उसका शरीर काँप रहा था। जब उसने मेरा माथा चूमा तो उसके बहते हुए आँसू मेरे चेहरे पर आ गिरे।

बहुत समय तक हम दोनों मौन रहे, उसने अपनी उँगलियाँ मेरे बालों में डालीं और उन्हें खून से चिपका हुआ पाया। वह तब बोला, ''दर्द हो रहा है न ?''

''नहीं।''

''झूठे कहीं के ! असहनीय हठी हो तुम।'' फिर उसने अपने गुस्से को जेल-अधिकारियों, अंग्रेजी नागरिकों और अंग्रेजी हुकूमत पर निकालना शुरू किया।

उसके ज़ोर देने पर मुझे उसी क्षण जेल के अस्पताल में भेजा गया; वहाँ उसी समय मेरा इलाज शुरू हो गया। जेल-अध्यक्ष के आदेशों के विपरीत, जेल-अस्पताल के एक युवा डॉक्टर ने मेरे साथ सहानुभूतिपूर्ण मानव व्यवहार किया। उस डॉक्टर का नाम एच. राय था। वह कुलीन और देशभक्त था। जेल में ऐसे व्यक्ति प्रायः

नहीं मिलते। उसी युवा डॉक्टर ने आगे चलकर, पंजाब सूबे की सब जेलों में, राजनीतिक कैदियों की भूख हड़ताल व्यवस्थित करने में महत्त्वपूर्ण भूमिका निभाई थी। हमने वह भूख हड़ताल 'राजनीतिक कैदियों की स्थिति' पाने तथा हमारे साथ जो व्यवहार हो रहा था उसके विरुद्ध आवाज़ उठाने के लिए की थी। वह सचमुच ही एक पक्का, दृढ़निश्चयी देशभक्त था, किंतु अज्ञात ! देशप्रेम में, उसने राजनीतिक कैदियों के लिए अपनी नौकरी, आज़ादी और सर्वस्व दाँव पर लगा रखा था। उस समय के हम राजनीतिक कैदी केवल उसके सहयोग के लिए ही आभारी नहीं हैं, हमारे में से कुछ के प्राणों की रक्षा करने वाला भी वही डॉक्टर था।

उसी डॉक्टर से मुझे पता चला कि निष्ठुर जेल-अध्यक्ष के जुल्मों के विरुद्ध कैदियों के मन में जो क्रोध था, उसे दिशा देने का काम बटुकेश्वर दत्त ने ही किया था। मेरी 'मौत' का बदला लेने के लिए उसने अपनी सुरक्षा की परवाह न करते हुए अपने प्राणों को जोखिम में डाला था; मानव मूल्यों की रक्षा करने के लिए बटुकेश्वर ने ही उन लुटेरों और ठगों की अवज्ञा की थी जिन्हें अंग्रेजी साम्राज्यवाद ने, जेल अधिकारियों के रूप में, पागल कुत्तों की भाँति जेलों में खुला छोड़ रखा था।

यह था हमारा दुर्निवार्य्य बटुकेश्वर दत्त—कोमल, स्वप्नवत्, मीठा बोलनेवाला किंतु उत्तेजित हो जाने पर असाधारण और निडर और न्याय तथा मानव प्रतिष्ठा के लिए प्राण न्योछावर करनेवाला निर्भीक योद्धा।

बटुकेश्वर अब इस संसार में हमारे बीच नहीं है, किंतु वह महान् क्रांतिकारियों भगतसिंह, राजगुरु, सुखदेव के साथ जनता के मन मंदिर में स्थापित है और जनता अमर है।

बाबा ज्वाला सिंह

दुखों की अनंत रात में एक और सुबह आई और जेल में एक और भयंकर दिन ने प्रवेश किया। अनाज पीसने की चक्कियों की आवाज़ जेल की कोठरियों में गूँज रही थी और अनाज के साथ-साथ दुखी कैदियों की आशाएँ भी चकनाचूर हो रही थीं। कार्यघरों में हथौड़ों के साथ मूँज कूटी जा रही थी और उसके साथ-साथ कैदियों के उत्साह और आत्माएँ भी पिट रही थीं। गालियों, लातों व मुक्कों से पीटने की आवाज़ें, जेल की दीवारों से टकराकर चारों ओर फैल रही थीं। और सब ओर व्यापक था—अवदमित क्रोध, आहें और मन-ही-मन कोसने की प्रतिक्रियाएँ।

जेल का जीवन, वास्तव में मंदगति से मरना था। जेल-जीवन एक मरुस्थल के समान था—दिनों, महीनों और वर्षों का काला, उजड़ा, प्रलय पीड़ित मरुस्थल। उसमें केवल निराशाओं की मूक आहों और दुखों के मौन रुदन का निवास था। उस मरुस्थल में आशाएँ सूखे पत्तों की फड़फड़ाहट और उनके टूटते हुए कंकाल तंतुओं के समान थीं। कम-से-कम यह उन कैदियों के लिए तो बिलकुल सही था जो अपनी मातृभूमि की स्वतंत्रता के स्वप्न देखते-देखते बूढ़े हो चुके थे और इसी अपराध के लिए वर्षों से जेलों में सड़ रहे थे। यद्यपि उन्हें अपने स्वप्न सत्य होते दिखाई नहीं पड़ते थे तथापि उन्होंने इसके लिए न लड़ना छोड़ा था और न हार मानी थी।

ऐसे ही स्वप्न देखनेवाला एक वृद्ध, गद्दर पार्टी का महान् क्रांतिकारी मेरी बगल की कोठरी में लेटा हुआ था। हम दोनों भूख हड़ताल पर थे। वह सचमुच में एक महान् आत्मा थी, दयालु, मीठा बोलनेवाला, देवतास्वरूप व्यक्ति। उसकी आयु साठ वर्ष से कुछ ही अधिक थी। वह अपनी भरी जवानी में जेल में आया था और अब तक सलाखों के पीछे पंद्रह वर्ष काट चुका था—भयंकर कठिनाइयों से भरे क्षणों और मौत को पीछे धकेलते हुए घंटों की धूल के नीचे दबे पंद्रह वर्ष।

आयु की दृष्टि से बाबा ज्वाला सिंह बूढ़े थे और उनका शरीर भी थका हुआ था, किंतु उनकी भावनाएँ अब तक जवान थीं और मन कोमल। उन्होंने औपचारिक रूप से शिक्षा ग्रहण नहीं की थी। परंतु उनका ज्ञान, विशेषकर इतिहास का ज्ञान विशाल और आश्चर्यजनक था। और उससे भी अधिक आश्चर्यजनक थी उनकी स्मृति। उन्होंने जो पुस्तकें वर्षों पहले पढ़ी थीं, उनकी स्मृति अब भी उनके मन में ताज़ा थी। वह जब भी चाहते थे, पुरानी पढ़ी पुस्तकों के पन्ने मन-ही-मन पलटकर

उनमें से तारीखें और घटनाएँ खोज लेते थे। उनके लिए यह करना उतना ही आसान था जितना समुद्रतट पर खड़े व्यक्ति के लिए कंकर उठा लेना। वे धार्मिक पुस्तकों के विद्वान् भी थे। वे बहुत पढ़े-लिखे थे, किंतु उन्हें इसका घमंड नहीं था। उनकी नम्रता मुझे सदा घबरा देती थी। उनकी विशाल सहृदयता और गंभीर मानवता की चमक उनकी घनी भौहों के नीचे, गहरी भूरी आँखों में स्पष्ट दिखाई देती थी। उनकी आँखों से प्रभावित उनका देवतास्वरूप चेहरा सजल करुणा का प्रतीक दिखाई पड़ता था। उनका कद लंबा था, माथा ऊँचा, होंठ भरे-भरे, बड़ी सी दाढ़ी और हाथ-पाँव छोटे थे। वे ऐसे दिखाई पड़ते थे जैसे किसी देवता की मूर्ति हो। परंतु अन्याय होता देखते ही वह विद्रोह की जिंदा मशाल बन जाते थे।

बाबा ज्वाला सिंह अपनी यौवनावस्था के प्रारंभिक काल में ही अमरीका चले गए थे। अपनी कड़ी मेहनत और हठनिश्चय से उन्होंने अपने आपको धनी बना लिया था। उनका व्यापार का काम अच्छा चल रहा था। उसके साथ उन्होंने एक बहुत बड़ी पशुशाला भी खरीद ली थी और एक कुलीन नागरिक का स्थान प्राप्त कर लिया था। उनके पास सब सुख सामग्री थी और सब प्रकार के भौतिक आराम, किंतु उनका मन खुश नहीं था। अंग्रेजी साम्राज्यवाद, अपने खरीदे हुए पिट्ठुओं द्वारा, उनकी मातृभूमि भारत पर तरह-तरह के जुल्म ढाह रहे थे। सब प्रकार के सुख और समृद्धि होने पर भी उनका मन खिन्न रहता था। वे अब्राहम लिंकन और टॉम पेन के आजाद देश अमरीका में रहते थे। इसने उनकी मानसिक वेदना को और भी तीव्र कर दिया था। गुलामी का दर्दभरा आभास दिनोदिन गहरा होता गया जो उनके संवेदनशील मन के लिए शूल बन गया।

धीरे-धीरे वह दिन भी आ गया जब वह उस मानसिक पीड़ा को और सहन न कर सके। सब कुछ त्यागकर वे गद्दर पार्टी के संगठन के काम में लग गए। इस पार्टी का उद्देश्य भारत से विदेशी राज्य को उखाड़ फेंकना था। अपने कठिन परिश्रम से कमाई हुई सारी संपत्ति उन्होंने पार्टी को दे दी और सन् 1914 में अपने जैसे विचार रखनेवाले कुछ देशभक्तों के साथ भारत लौट आए और विदेशी सरकार के विरुद्ध सशस्त्र विद्रोह करने का प्रयास किया।

देश की मानसिक स्थिति चूँकि सशस्त्र विद्रोह के लिए तैयार नहीं थी, इसलिए उनका प्रयास असफल रहा। ब्रिटिश सरकार ने उनके साथ वही किया जो कमज़ोर और कायर हारे हुए व्यक्तियों के साथ करते हैं। उन्होंने बहुत निर्दयता के साथ भयानक दमन करना शुरू किया। गोलियों और बारूद का प्रयोग खुलेआम होने लगा। देश-भर में विधि और न्याय का कोई स्थान नहीं रहा।

अंग्रेजी सरकार और उसके प्रतिनिधि वायसराय के हिंसक कारिंदों को इससे संतोष नहीं हुआ। उनकी खून की प्यास दिनोदिन बढ़ती गई और बदले की भावना ने उग्ररूप ले लिया। हर जिले में दर्जनों फाँसियाँ तैयार की गईं, रोज़ बीसियों स्वतंत्रता सेनानी बूढ़े और जवान फाँसी पर लटकाए जाने लगे। बहुत से देशद्रोहियों

विश्वासघातियों और उकसाने भड़कानेवाले कारिंदों को जनता में खुला छोड़ दिया गया। कुछ विशेष न्यायालय भी बनाए गए जिनमें न्याय के नाम पर एस्कोप की कहानियों में वर्णित 'भेड़िये और मेमने' का किस्सा दोहराया जाता था। देशभक्तों को जेलों में झोंक दिया गया। बहुत से देशभक्तों को जिंदा दफ़नाने के लिए अंडमान की पोर्ट ब्लेयर की कोठरीदार जेल में भेज दिया गया। उसे उस समय कालापानी कहा जाता था। वह जेल मध्यकाल के पूछताछ कोष्ठ 'इंक्यूजिशन चैंबर' की याद दिलाती थी और आनेवाले नाज़ी कैंप की अगुआई कर रही थी।

फाँसी से बच जानेवालों में एक बाबा ज्वाला सिंह थे। उन्हें आजीवन कैद की सज़ा देकर कालापानी भेज दिया गया। बहुत समय तक पोर्ट ब्लेयर की कोठरीदार जेल के कारावास के बाद उन्हें भारत के कई सूबों की जेलों में भेजा गया और अंत में जीवन के शेष दिन बिताने के लिए पंजाब सूबे की मुलतान जेल में भेजा गया। इस जेल को धरती पर नरक कहना गलत न होगा।

बाबा ज्वाला सिंह जब अंडमान से भारत में लाए गए थे, उस समय को भारत के राजनीतिक्र जीवन का अतिशीतकाल कहा जा सकता है—अंधकारमय, मलिन और बंजर। यह तीसरे दशक का मध्यकाल था। राष्ट्रीय नेतृत्व ने अपनी विरोधाभासी विचारधारा के कारण अपना आत्मसमर्पण कर रखा था। जनता को सुनहरे स्वप्न दिखाकर उन्हें अँधेरे में भटकने के लिए छोड़ रखा था। चौराचौरी की घटना को जनता की आशाओं और अभिलाषाओं का मृत्यु-संकेत बना दिया था। क्रांति की प्रेरणा को आगे बढ़ाने के स्थान पर सामाजिक-राजनीतिक शब्दावली में एक अस्पष्ट फिलॉसफ़ी का प्रतिपादन किया जा रहा था, जबकि निर्दयी राज्य अपनी पूरी शक्ति के साथ देश भर में जनता पर जुल्म ढाह रहा था। जनता कटु थी। दिशाविहीन देश मौन हो गया था। जनता का गर्व और सम्मान नौकरशाही के जालिम कारिंदों के जुल्मों के नीचे कुचला जा रहा था। शर्म के मरुस्थल में राष्ट्र की आत्मा और आवाज़ दम तोड़ रही थी। उन दिनों विश्वास प्रभात के ओस कणों से भी अधिक क्षण-भंगुर था और आशाएँ सांध्य प्रकाश से भी कम प्रकाशमान। बाबा ज्वाला सिंह के कारावास के वे दिन बहुत ही विषादमय थे, बिलकुल अँधेरे और मलिन।

किंतु इसके साथ यह भी सत्य है कि राष्ट्र की आत्मा टूटे सितारों की तरह नहीं होती जो एक बार चमककर सदा के लिए मिट जाते हैं। यह फीनिक्स की भाँति अपनी ही भस्म से पुनः जीवित होकर ऊँची उड़ने लगती है। तीसरा दशक अभी खत्म भी नहीं हुआ था कि नवयुवक फिर से उत्तेजित और उत्साहित हो उठे। एक निधड़क प्रेरणा और मृत्यु से टक्कर लेनेवाली मानसिक उमंग देश भर में जाग्रत हो उठी। सन् 1929 में केंद्रीय संसद भवन में जो बम विस्फोट हुआ वह उसी मानसिक स्थिति का प्रतीक था। बम विस्फोट के होने से देश भर में जो गोलियाँ चलीं उन्होंने पिछले वर्षों के विषादमय वातावरण को एकदम बदल डाला। नई आशाएँ और नई अभिलाषाएँ जाग्रत हो उठीं। 'इंकलाब-जिंदाबाद' का युग आया। इंकलाब की लहर धड़ाके के साथ

आगे बढ़ी, उसकी प्रतिध्वनि ऊँचे पहाड़ों से लेकर समुद्र तक इतने ज़ोर से गूँजने लगी कि उसे बहरे भी स्पष्ट सुन सकते थे।

सोया हुआ भारत फिर से जागा। इंकलाब की पुकार देश का नारा बन गया। न मौत का डर, न गोलियों का भय और न ही राष्ट्रीय नेताओं की गूढ़ विद्या का प्रचार इस नारे को मंद कर सका। क्रांति की ज्वाला ऐसी फैली कि सारा भारत उसकी लपेट में आ गया। नवयुवक और नवयुवतियाँ देश की आज़ादी के लिए अपने प्राण न्योछावर करने के लिए बाहर निकल आए और उनकी संख्या दिनोदिन बढ़ती गई। कुछ देशभक्तों को फाँसी पर भी लटकाया गया; जिन्हें यह सौभाग्य प्राप्त नहीं हुआ उन्हें कड़ा दंड भुगतने के लिए जेलों की कालकोठरियों में जिंदा दफ़ना दिया गया। परंतु कारावास न तो उनके लिए उनकी यात्रा का अंत था और न ही यात्रा के मध्यमार्ग का विश्रामगृह। वह उनके संघर्ष की एक अवस्था थी और उनका संघर्ष लगातार चलता रहा। वे जिस भी जेल में भेजे गए राज्य विरोधी संघर्ष को अपने साथ लेते गए तथा जीवन और मौत की लड़ाई में लगातार लगे रहे।

यह वह समय था जब देश की जेलों में एक अनोखा, किंतु अत्यंत संकटमय संघर्ष हुआ था। वह संघर्ष इसलिए अनोखा नहीं था क्योंकि वह अत्यंत संकटमय था, परंतु इसलिए कि उसने संकटमय होने के साथ-साथ पार्टी की परंपराओं को ऊँचा उठाया था। उसके अनोखा होने का एक और भी कारण था, उस संघर्ष की पूर्व व्यवस्था की गई थी, उसे उस समय के राष्ट्रीय आंदोलन का अभिन्न अंग बनाया गया था। इसके अतिरिक्त वह संघर्ष किसी एक व्यक्ति-विशेष के आक्रोश पर आधारित नहीं था, अपितु जनता की विद्रोही भावनाओं पर आश्रित था। क्रांतिकारी कैदियों ने इस संघर्ष के लिए भूख हड़ताल को अपना शस्त्र बनाया जिसका प्रयोग संसार भर के राजनीतिक कैदी करते थे।

इस विद्रोह का तात्कालिक कारण जेल नियमावली के विधिविहीन कानून थे जो तमोयुग की विचारधारा की याद दिलाते थे। जेल में भी रंग-भेद की नीति को बनाए रखने का निर्लज्ज प्रयास किया गया था। उसे अपारथाईड का अग्रगामी कहा जा सकता है। जेल नियमावली के अनुसार गोरी चमड़ी के अभियुक्तों के साथ--चाहे वे कितने भी भयानक दुराचार और गंभीर अपराधों के दोषी क्यों न हों--भारतीयों की अपेक्षा अच्छा व्यवहार किया जाता था। उन्हें खाने के लिए अच्छा भोजन और पहनने के लिए अच्छे कपड़े मिलते थे। उनके रहने की व्यवस्था भी अपेक्षाकृत अच्छी थी। उन्हें वह सब सुविधाएँ दी जाती थीं जो मानवता के नाते उन्हें मिलनी चाहिए थीं। इसके विपरीत, भारतीय अभियुक्तों के साथ—चाहे वे कितने ही महान् और प्रसिद्ध क्यों न हों--दुराचारी अपराधियों का व्यवहार किया जाता था। उदाहरणार्थ गोरी चमड़ी के अपराधियों को दिन में बारह आने का भोजन दिया जाता था और भारतीय अभियुक्तों व राजनीतिक कैदियों को दिन में केवल डेढ़ आने का भोजन मिलता था।

मैं भी उन राजनीतिक कैदियों में से एक हूँ जिन्होंने देश की भिन्न-भिन्न जेलों

में पूर्वनिश्चित तिथि पर भूख हड़ताल की थी। बाबा ज्वाला सिंह भी उन भूख हड़तालियों में से एक थे। वृद्ध होने और मेरे बहुत रोकने पर भी, वे संघर्ष में कूद पड़े। भूख हड़ताल के शुरू होते ही हमें एकाकी कारावास के लिए पृथक्करण वार्ड (आइसोलेशन वार्ड) की अलग-अलग कोठरियों में बंद कर दिया गया। वह वार्ड बहुत ही भयानक स्थान था। उसमें दो पंक्तियों में पाँच-पाँच कोठरियाँ थीं; और पंक्तियों के बीच में एक आँगन। इस आँगन के कारण दोनों पंक्तियों की कोठरियाँ एक-दूसरे से दूर हो जाती थीं। इस वार्ड की सीमा पर दो ऊँची दीवारें थीं और प्रत्येक दीवार के बीच एक लोहे का दरवाज़ा। वह सारा क्षेत्र नीची छत से ढका हुआ था जो उसे एक बक्सा-सा बना देता था। वह चौकोर क्षेत्र दिन की रोशनी और रात के सितारों से बिलकुल वंचित था। दूसरे शब्दों में, वह क्षेत्र जेल के भीतर एक जेल थी और उस पर उसकी सब कोठरियाँ अपनी अलग-अलग जेल बनाए हुए थीं जिससे कि वह अलगाव बहुगुणा और अधिक पेचीदा हो जाए।

मुझे जो कोठरी मिली थी वह उस स्थान का सही नमूना था। उस कोठरी की छत के छोटे-से रोशनदान और लोहे के दरवाजे को यदि छोड़ दिया जाए तो वह बनी बनाई कब्र थी। ईंटों की बनी इस कब्र की बनावट बहुत ही भद्दी और भयानक थी। समय के साथ उसका रंग काला पड़ चुका था और उसमें से जुल्म रिसते दिखाई पड़ते थे। मोटी-मोटी सलाखोंवाले लोहे के दरवाजे पर एक मोटी सी सिटकिनी थी जिसका दस्ता घूमकर एक चौकोण आले में बैठ जाता था। बंद करने के लिए उसका ताला भी उतना ही मोटा था। कोठरी में घुप अँधेरा था। उसके एक कोने में दो कंबल पड़े थे, दूसरे में मिट्टी का बरतन और तीसरे में टीन का तसला। इनसे कोठरी का खालीपन और भी उग्र हो जाता था। कोठरी के चौथे कोने में मकड़ी के मोटे और सिकुड़े हुए जाले थे जो कुटे हुए चमड़े की तरह दिखाई पड़ते थे। उन जालों के ऊपर सूदखोरों की तरह अनेक मकड़ियाँ बैठी हुई थीं, कुछ बड़ी और कुछ छोटी, किंतु सबकी सब काली और मोटी। उनकी आँखें गोल-गोल दानों जैसी थी और टाँगें लंबी-लंबी। कोठरी में भयानक असहनीय दुर्गंध थी; मेरा दिल मिचलाने लगा था, वह कोठरी थी या सड़ायँध का एक ठोस ढेर।

सलाखों के बाहर एक छोटा सा आँगन था जिसके चारों ओर दीवारें थीं, परंतु ऊपर से वह खुला था। वह ड्योढ़ी थी जो मुख्य कोठरी के नाप और संरचना के अनुरूप थी, अंतर केवल इतना था कि उसके सामने की दीवार के बीच लोहे की चादर का एक दरवाज़ा था। इस दरवाज़े पर लोहे की सलाखें नहीं थी, परंतु झाँकने के लिए एक छिद्र अवश्य था जो उसके ऊपर लगे ढक्कन से सदा ढका रहता था—पाताल के एक नेत्रीय दैत्य की आँख की भाँति।

उस वार्ड के साथ एक तिकोना बाड़ा था, उसकी छत ढलवाँ थी, जो लोहे की पिनालीदार चादरों से बनी हुई थी। बाड़ा अँधेरा और गंदा था जो इस क्षेत्र की मुख्य विशेषताएँ थीं। इस बाड़े का एक खूँटीदार द्वार था जो हमारे वार्ड में खुलता था।

वह बाड़ा एक उद्योगशाला थी जिसमें तेल निकालने के यंत्र लगा रखे थे।

दंड-वार्ड में आने के दूसरे दिन मुझे उस उद्योगशाला में ले जाया गया। खाना खाने से इनकार करने के लिए मुझे कोल्हू चलाने का कड़ा दंड दिया गया। वह यंत्र लकड़ी का था, लगभग वैसा ही जैसे गाँवों में होते हैं। परंतु यह उनकी अपेक्षा बड़ा और भारी था और बैलों के स्थान पर उसे कैदियों से चलवाया जाता था।

वह यंत्र अत्यंत भयानक था, उसकी संरचना मनुष्य को पीड़ा पहुँचाने के लिए ही की गई थी। वह ऐसा भयानक यंत्र था कि मनुष्य के लिए उसे बनाने का विचार केवल बहुत विकट और विकृत अर्थात् राक्षसी दिमाग ही कर सकता था। मैंने जेल-अध्यक्ष से, बहुत स्पष्ट शब्दों में, भारवाही पशु बनने से इनकार कर दिया। उसके कारिंदों ने मुझे बलपूर्वक कोल्हू की धुरी से बाँध दिया, किंतु वे बस इतना ही कर पाए, मुझसे कोल्हू खिंचवा नहीं पाए। मुझसे कोल्हू खिंचवाने के लिए उन्हें भी मेरे साथ कोल्हू खींचना पड़ता। मैं अपनी जगह से एक इंच भी नहीं हिला यद्यपि सारा दिन मुझे कोल्हू से बँधा रखा गया। शाम होने पर वे मुझे मेरी घुप अँधेरी दुर्गंध भरी कोठरी में वापस ले आए, और मैं कह नहीं सकता उस समय वह मुझे कितनी अच्छी लगी ! संसार के सबसे विलासी कमरे से भी कहीं अच्छी !···

"आज सारा दिन कहाँ रहे ?" बाबा ज्वाला सिंह ने अपनी कोठरी से; जो आँगन के पार थी, चिल्लाते हुए पूछा।

"कोल्हू की सुखमयी यात्रा पर गया था।" मैंने भी ज़ोर से चिल्लाते हुए उत्तर दिया।

"तो आज उसकी मौज उड़ाई।"

उनके उपहास पर मैं मन-ही-मन चिढ़ गया और उनसे पूछा कि क्या कभी उन्होंने कोल्हू देखा है।

"हाँ बेटे, अंडमान में बहुत कोल्हू थे। क्या तुम जानते हो वहाँ उन्हें कैसे चलाते हैं ?"

"कैसे ?"

"ओह, वह कोल्हू बहुत भयंकर थे, बेटे; याद आने पर भी मन डरने लगता है। जब भी कोई नया कैदी अंडमान जाता था, सबसे पहले उससे कोल्हू चलवाया जाता था ! यह वहाँ का नियम था—अपवाद रहित नियम। इस काम को करवाने की अवधि कैदी की शारीरिक स्थिति पर निर्भर करती थी, व्यक्ति जितना स्वस्थ और बलवान होता, उतने अधिक समय तक उससे कोल्हू चलवाया जाता। संभवतः उनके लिए वह अनुशासन और अच्छा व्यवहार सिखाने का एक तरीका था। परंतु कोई भी इस काम को तीन महीने से अधिक नहीं कर पाता था। इस काम को करने की अधिक-से-अधिक अवधि तीन महीने ही थी, उससे अधिक नहीं। तीन महीने में कैदी शारीरिक और मानसिक, दोनों प्रकार से टूट जाता था।···सुनो, मैं तुम्हें अपना निजी अनुभव बताता हूँ। उन दिनों मैं जवान और पुष्ट था। मेरी आज की हालत से मेरे

उस समय के स्वास्थ्य और ताकत का अनुमान मत लगाओ। मैं उस समय वास्तव में बहुत बलवान था...पूरा बैल; अमरीका में मुझे यही कहा जाता था। मैंने कठिन परिश्रम और मेहनत से अपने शरीर को लोहा बना रखा था। मैं अपनी पशुशाला में पूरे कर्मचारी समूह से अधिक काम कर सकता था, चाहे वह ज़मीन खोदने का काम हो या कुछ और। तथापि पहले दिन जब मैंने कोल्हू चलाया तो सुबह खत्म होने से पहले ही मैं थकान और गरमी से चार बार बेहोश हो चुका था।...परंतु क्या उन्होंने मुझे छोड़ दिया ?...नहीं। मैं जब-जब बेहोश होता था, पहरेदार मुझ पर बालटियों पानी उँडेल देते थे और होश आने पर मुझे पुनः कोल्हू में जोत देते थे। तीन महीने तक ऐसे ही चलता रहा।

"वे हमें सुबह चार बजे कोठरियों से बाहर निकाल देते थे और एक घंटे के बाद काम पर भेज देते थे। प्रत्येक कैदी के लिए उसका काम निश्चित था और उसे वह काम शाम के चार बजे तक करना होता था। शेष समय, अर्थात् शाम के चार बजे से अगले दिन की सुबह के चार बजे तक कैदियों को उनकी कोठरियों में बंद रखा जाता था। जेल-अधिकारी काम के संबंध में बहुत सावधान थे; कुछ भी हो, कैदी होश में रहे या बीच में बेहोश हो जाए, उसे रोज निश्चित मात्रा में तेल निकालना ही होता था। किसी कारण से तेल की मात्रा यदि पूरी न हो, आधा प्याला ही कम क्यों न हो, तो दंड की मात्रा बढ़ा दी जाती थी। दूसरे दिन पूरा तेल निकालने के अतिरिक्त पहले दिन की कमी को भी पूरा करना होता था। विश्वास करो यह यातना बहुत ही भयानक थी। सबसे तगड़ा व्यक्ति भी कोल्हू को देखकर काँप उठता था।"

"पर आपने इस निष्ठुर व्यवहार का विरोध क्यों नहीं किया ? आपने उस भयंकर क्रूरता को कैसे बने रहने दिया, विशेषकर जब यह मनुष्य की मानहानि से संबंधित थी ?"

कुछ समय के लिए मैं क्रोध, अत्यंत शर्मनाक क्रोध के आवेश में चुप हो गया। मुझे क्रोध इस बात पर आया था कि ऐसे जुल्मों की अवस्था में संसार खत्म क्यों नहीं हो गया। और शर्मनाक क्रोध था उस समाज पर जिसने ऐसी पिशाची व्यवस्थाओं को रचकर मानव जाति की मानहानि की थी। वह मौन मुझे इतिहास के उस काले युग में ले गया जिसमें मनुष्य जाति ने असहनीय पीड़ा सही थी। उतने में बाबा ज्वाला सिंह को कोमल और शांत आवाज़ सुनाई दी। भावनाओं से भरी वह आवाज़ ईसा मसीह की उस आवाज़ जैसी थी जिसमें उन्होंने दिल्लगी करते हुए पिलेट से बात की थी।

"हाँ, हमने उसके विरोध में आवाज़ उठाई थी, परंतु उस पर ध्यान देनेवाला कौन था ? देश हमें भूल चुका था। देश ने हमें मरे बराबर समझ लिया था। हमने बार-बार भूख हड़ताल की थी, पर क्या उससे हमारे देशवासियों के शांत दिलों में कोई हलचल हुई थी ? वे हमारे अस्तित्व को भूल चुके थे; उनके लिए हम इस संसार से और उनके जीवन की सीमा से बाहर निकल चुके थे। एक बार भूख हड़ताल के दसवें

दिन मुझे मेरी कोठरी से घसीटकर, सही शब्दों में घसीटकर बाहर ले जाया गया और एक खंबे से बाँधकर मेरे नंगे बदन पर बेंतों से पिटाई की गई; पिटाई उस समय तक होती रही जब तक मेरा लहू चारों ओर बिखर नहीं गया। मैं बेहोश हो गया था। परंतु उसकी किसे परवाह थी। इस विशाल देश में न किसी ने इसके विरुद्ध कोई आवाज़ उठाई और न उँगली ही।''

यह सुनकर मैं सन्न रह गया। मेरा मन सिहर उठा और रो दिया। शर्म से मेरा मन घुटने लगा। मेरे प्रश्न की धृष्टता खुलकर मेरे सामने आ गई। मुझे अपनी अज्ञानता और घमंड का आभास हुआ। मुझे ऐसे लगा कि मैं अपनी निर्लज्जता की मौत मर रहा हूँ, अपनी ही नहीं, अपने जैसे औरों की भी।

''मरना आसान है।'' बाबा ज्वाला सिंह ने कहा। ''मरना संसार में सबसे आसान है। परंतु जब किसी के सामने जीवन का कोई लक्ष्य होता है और उसे प्राप्त करना उसके आत्मसम्मान का विषय बन जाता है, तब मरने का विचार करना भी अपने कर्तव्य से मुँह मोड़ने से कम नहीं।—नहीं, नहीं, उससे भी अधिक, वह विश्वासघात है। ऐसा कौन सा व्यक्ति है जो क्षण-प्रतिक्षण मरने के स्थान पर एक ही झटके में मरना पसंद नहीं करेगा ? वर्षों तक धीरे-धीरे प्रतिदिन, प्रतिमास मरना कोई सुखदायी अनुभव तो नहीं है। परंतु हमें यातनाएँ सहनी हैं, कल के संघर्ष के लिए आज को बचाकर रखना है।''

''आप ठीक कहते हैं, बाबा जी।'' लज्जा के आँसुओं से मेरा गला घुटा जा रहा था। मैंने रुँधे हुए कंठ से कहा, ''पर हमारा यह देश इतना उदासीन क्यों था ? जो शर्मनाक घटनाएँ अंडमान में हो रही थीं उनके बारे में हमारे नेतागण व कुछ मुख्य नागरिक अवश्य जानते होंगे। उन्होंने उसके विरुद्ध अपनी आवाज़ क्यों नहीं उठाई ? संसार की अंतरात्मा इसके बारे में इतनी बेपरवाह क्यों थी ?''

''शायद लोगों को इसकी जानकारी ही नहीं थी।'' उनकी आवाज़ में ज़रा-सी कटुता भी नहीं थी। अगर उन्हें जानकारी होती भी तो वे उस क्रूरता का अनुमान नहीं लगा सकते थे जो अंडमान में कैदियों के साथ घट रही थी। अनुमान लगा भी कैसे सकते थे ? किस प्रकार कोई व्यक्ति, सभ्य या असभ्य उस तरह के अवमानव व्यवहार की कल्पना कर सकता है ?'' वे कहते गए, ''उस समय की राजनीतिक चेतना ऐसी नहीं थी जैसी तुम इस समय देख रहे हो। हर चीज़ का अपना समय होता है। उस समय का राजनीतिक वातावरण ऐसा परिपक्व नहीं था कि राजनीतिक कैदियों के लिए कोई संघर्ष या आंदोलन चलाया जा सके। फिर इसके लिए इतना निराश या कटु क्यों होना ? हमने इस समय की बहुत लंबी प्रतीक्षा की है—क्रूर दमन की दो लंबी शताब्दियाँ। अब वह समय आ गया है, हमें इसका स्वागत करना चाहिए। इसमें कोई ढील नहीं होनी चाहिए। इस समय मृत्यु के भी अर्थ होंगे, वह बेकार नहीं जाएगी। उससे क्रांति के बीज पनपेंगे। वह रंग लाएगी...''

इससे पहले की वह अपना वाक्य पूरा कर पाते, बाहर अँधेरे में से पहरेदार

की कर्कश आवाज़ ने उसे बीच में ही काट दिया। वह चिल्लाया, "तुम साले बम वाले काफ़ी बक-बक कर चुके हो। अगर तुमने तुरंत अपना मुँह बंद नहीं किया तो मैं बड़े साहब से शिकायत कर दूँगा। और, तब तुम जानते हो क्या होगा ? तुम्हारा पिछाड़े का चमड़ा सदा के लिए उसे याद करता रहेगा। और, तुम सदा के लिए मुँह से बोलना भूल जाओगे।"

"तुम अपने पिछाड़े की चिंता करो, गंदगी के ढेर ! हमें भूल जाओ।" मैंने चिल्लाते हुए कहा। "आज के बाद हमारे लिए कभी साले शब्द का प्रयोग न करना। समझ गए न ? अब यहाँ से दफ़ा हो जाओ, तुम और तुम्हारा बड़ा साहब। मुझे तुम जैसे बकवादी कुत्तों की परवाह नहीं है···बेनस्ली कहीं के।"

"नहीं, नहीं, मेरे बेटे, उस बेचारे पर मत चिल्लाओ।" बाबा ज्वाला सिंह ने दर्द भरी आवाज़ में मेरी बात को काटते हुए कहा। "आखिर, वह स्वयं भी तो शोषण का शिकार है—कठिन परिस्थितियों का शिकार। उसे न तो शिक्षा मिल पाई है और न ही सभ्य समाज। वह अज्ञानी है। उसे तो यह भी समझ नहीं कि वह क्या कहता है और क्या करता है। उस पर क्यों गुस्सा करना ? वह दया का पात्र है, गुस्से का नहीं। क्या उसने थोड़े से के लिए—केवल रोटी के टुकड़े के लिए—अपनी अंतरात्मा बेच नहीं रखी ? यदि उसके लिए इस परिस्थिति से बच सकना संभव होता तो वह ऐसा क्यों करता ? उसके साथ तुम उदारता से काम क्यों नहीं लेते ? और बेटे, तुमने कैसी भाषा बोली है ? क्या तुम्हारी भाषा उसकी भाषा से अलग थी ? क्या तुम्हारा व्यवहार किसी प्रकार भी उसके व्यवहार से अच्छा था ? तुममें और उसमें फिर अंतर क्या रहा ? उसका व्यवहार उसकी अज्ञानता और असभ्य पालन-पोषण का परिणाम है, परंतु तुम्हारे व्यवहार के लिए तो यह नहीं कहा जा सकता। जो हुआ बहुत बुरा हुआ। क्रांतिकारी विचारधारा के व्यक्ति के लिए यह शोभा नहीं देता। उम्मीद है तुम इसे खुद महसूस करोगे।"

"मुझे खेद है बाबाजी, बहुत खेद है। मुझे क्षमा कीजिए।" इसके आगे मैं बोल नहीं सका। लज्जा के आँसुओं ने मेरा गला घोट लिया।

मेरी भूख हड़ताल का दसवाँ दिन था। मेरी हालत ठीक नहीं थी। मेरे शरीर का कोई भी अंग दर्द नहीं कर रहा था, न ही मुझे भूख सता रही थी; मेरा सिर भी अब दर्द नहीं कर रहा था जिसने पिछले सप्ताह भर मुझे परेशान कर रखा था, फिर भी मैं बेचैन था। पीड़ाजनक बेचैनी ने मुझे घेर रखा था। ऐसे लग रहा था जैसे मेरा दिल बैठ रहा हो।

भूख हड़ताल के पहले चार दिन बहुत कष्टकारी थे, मेरी अंतड़ियों में जलन हो रही थी। ऐसा प्रतीत होता था जैसे प्रत्येक साँस से पेट की धधकती आग को हवा मिल रही थी जो अन्य अंगों की ओर फैल रही थी। मैं पानी पीए जा रहा था—गिलास के बाद गिलास। मैं उस समय तक पानी पीता गया जब और पानी पी सकना संभव नहीं रहा। रह-रहकर दिल मिचलाता था, अंतड़ियों में ऐंठन हो रही थी।

मैं कै करता जा रहा था, मेरी वह दशा तब तक बनी रही जब तक पानी की अंतिम बूँद मेरे पेट से बाहर नहीं निकल गई। उसके बाद सूखी ओकाइयाँ आने लगीं, वे बहुत कष्टकारी थीं। उन्होंने मेरी सारी अंतड़ियों को मरोड़ दिया। मैं पीड़ा से अचेत हो गया।

थकान इतनी अधिक थी कि मैं बीच-बीच में सो जाता था। नींद आने पर मुझे अत्युत्तम भोजन के स्वप्न आने लगते थे--ऐसे बढ़िया भोजन के स्वप्न कि उससे अरेबियन नाइट के पेटू अमीर हमज़ा को भी ईर्ष्या हो सकती थी। मुझे अपने सामने बहुत सा और बहुमूल्य भोजन तथा अंगूरों के खेतों की अच्छी-से-अच्छी मदिरा दिखाई देती थी। मैं खाने के सब सभ्य तौर-तरीके भूलकर उसे खाता था। आश्चर्य की बात यह थी कि न भोजन की मात्रा ही कम होती थी और न मेरी भूख ही मिटती थी। मदिरा के प्रभाव से मीठी सी नींद आ जाती थी, परंतु मैं उसमें भी खाता जाता था और उस समय तक खाता जाता था जब तक वमन की ऐंठन से नींद टूट नहीं जाती थी।

चार दिन और चार रातें इसी तरह बीतीं और मेरा शरीर कमजोरी से शिथिल पड़ गया। तब प्रकृति की दया से भूख अपने आप मिट गई और उसके साथ अंतड़ियों में जो संकुचन भी हो रहा था वह भी अपने आप खत्म हो गया। संभवतः भूख की आग ने मेरे शरीर के सभी अनावश्यक पदार्थों को जला दिया था। मैं बहुत हलका-हलका अनुभव कर रहा था। भूख हड़ताल के छठवें दिन मैं काफ़ी ठीक और अच्छा अनुभव कर रहा था, मेरा मन शांत था और शरीर भी आराम से था।

मेरे मस्तिष्क में बहुत सुंदर और मनोहर विचार गूँज रहे थे जैसे पक्षियों के गान और चीड़ के जंगलों में बहती धारा के किनारे पर तितलियों के नाच। मेरे मस्तिष्क में विचारों का प्रवाह बहुत तेज़ था, ठीक मलेरिया के प्रथम चरण की भाँति, जब ज्वर कम होता है और नाड़ी की गति तेज़। मन में चित्र बनाने और लिखने की तीव्र उत्कंठा हो रही थी, किंतु उसे संतुष्ट करना कठिन था। मेरे पास न चित्र बनाने की कोई सामग्री थी और न लिखने की ही। मुझे इनकी सुविधा प्राप्त नहीं थी। हमारे 'सभ्य शासकों' ने मेरे लिए इन पर प्रतिबंध लगा रखा था। उनकी 'सभ्यता' का विस्तार इतना बड़ा था कि मुझे पढ़ने के लिए पुस्तकें भी नहीं दी जाती थीं, यहाँ तक कि शैली और शेक्सपीयर की पुस्तकों की भी मनाई थी। कारण उनका अपना तर्क था–उनका कहना था कि पुस्तकों के पन्नों के हाशिए पर संदेश लिखे जा सकते थे और चुपके से बाहर भेजे जा सकते थे।

इन प्रतिबंधों के होने पर भी लिखने की इच्छा इतनी प्रबल हो उठी कि मैं बेचैन हो गया–उतना बेचैन जितना शहद के छत्ते पर धुआँ लगने से मधुमक्खियाँ बेचैन हो जाती हैं। मैंने अपने मिट्टी के बरतन से एक टुकड़ा तोड़ा, उसे घिसकर उसकी नोक बनाई। उसकी सहायता से मैं उन गंदी दीवारों को खुरच-खुरचकर एक के बाद दूसरी कविता लिखता गया। उस कोठरी में पहले रहनेवालों ने भी दीवारों पर अनेक

कामुक और अश्लील चित्र बना रखे थे जैसे सार्वजनिक शौचालय में प्रायः देखने को मिलते हैं। मैंने उन्हें कुरेदकर अपनी कविताओं से दीवारें भरनी शुरू कर दीं।

दो दिन तक मैं लिखता गया, दीवारों की वह सारी जगह जहाँ तक हाथ जा सकता था कविताओं से भर दी। परंतु परिणाम बहुत कुंठाजनक था। मेरे मन में, पक्षियों के झुंड की तरह जो सुंदर विचार उमड़ रहे थे, न जाने वे कहाँ चले गए; केवल घिसे-पिटे, उत्साह विहीन, निर्जीव विचार मन में शेष रह गए। मैं बहुत निराश हो गया और उसी मानसिक स्थिति में अपने कंबल से दीवारों को रगड़-रगड़कर साफ़ कर दिया।

मैं जब दीवारों को रगड़-रगड़कर साफ़ कर रहा था तो मैंने सहसा दीवार पर एक नाम पढ़ा जिसे दीवार के निचले भाग पर खुरचकर लिखा गया था। दीवार के उस भाग पर केवल लेटकर ही लिखा जा सकता था। इसलिए उसे किसी ने फर्श पर लेटकर ही लिखा होगा। पर क्यों ? क्या लिखनेवाला खड़ा नहीं हो सकता था ? क्या वह बैठ भी नहीं सकता था ? क्या वह बुरी तरह से पिटा हुआ था या अपने जीवन के अंतिम चरण में था ? वह नाम बहुत कच्ची लिखाई में, घसीटे मारकर गुरमुखी में लिखा हुआ था। अक्षरों की बनावट अच्छी नहीं थी। पलस्तर को गहरा कुरेदकर उसे लिखा गया था। वह नाम था—सरला। ध्यान से देखने पर मुझे वहाँ उसी हाथ के लिखे हुए और शब्द भी मिले जो पढ़े जा सकते थे। वे शब्द एक वाक्य में संगठित थे। वह वाक्य इस प्रकार था—'सरला, मैंने तुम्हें मारा, परंतु अब मैं तुम्हारे बिना अपनी हर साँस के साथ मर रहा हूँ—मेरी सुंदर सरला।'

पंजाब के देहात तथा उसके आसपास के क्षेत्रों में यह नाम बहुत प्रचलित है।…परंतु वह सरला कौन थी ? उसकी हत्या क्योंकर हुई ? वह नारी अवश्य ही बहुत सुंदर होगी जिसने अपने प्रेमी एवं हत्यारे के मन में प्रेम की इतनी प्रचंड और विनाशकारी ज्वाला पैदा कर रखी थी।…और वह पुरुष कौन था जिसने ठंडी और बेदर्द जमीन पर लेटकर, टूटे-फूटे अक्षरों में, अपने दिल का दर्द और प्रेयसी का नाम दीवार पर कुरेद रखा था ?…वह आदमी कौन था जो दिल में दर्द लेकर आशा की पीड़ा में जीता रहा। वही आशा जो सदा से धोखेबाज है और युग-युगांतर से मानव को छलती आई है।…देहात की सीधी-सादी सरला के प्रति उसका प्यार उसके जीवन की गहनतम प्रेरणा रही होगी जिसने उसे पागल बना रखा था।…पर वह कौन आदमी था जिसने ऑस्कर वाइल्ड की कविता को स्थूल वास्तविकता में बदल डाला था। उस कविता का भावार्थ है :

> सुनो, सब सुनो;
> आदमी उसे मारता है,
> जिसे वह प्यार करता है।
> कोई कटु दृष्टि से मारता है,

कोई चापलूसी के शब्दों से,
कायर प्यार से मारता है,
वीर तलवार की धार से।।
कुछ कामुकता से मारते हैं,
कुछ उपहारों के ज़ोर से।
दयालु छुरा भोंकते हैं, क्योंकि
मरनेवाला मरता है त्वरा से।।

भूख हड़ताल के बारहवें दिन दिल घटने का संवेदन तेज हो गया। मुलतान की तेज गरमी (120^0 फारनहाइट) ने उसे और भी कष्टकर बना दिया। मैं रोज़, सुबह और शाम अपनी कोठरी में टहला करता था—(पचास बार, आठ कदम इधर से आठ कदम उधर तक) परंतु अब वह असंभव हो गया। थोड़ी सी हरकत करने पर सिर में जुगनू नाचने लगते थे और खाली पेट में ऐसा लगता था मानो फंदे में फँसे बहुत से पतंगे छटपटा रहे हों। मेरी अवस्था अब ऐसी हो गई थी कि मैं अपनी 'शय्या' पर बैठ भी नहीं सकता था, जैसे ही उठने की कोशिश करता सिर चकराने लगता और मेरी कोठरी का अँधेरा मेरे खाली उदर की गहराइयों में लहराने लगता।

इस अवस्था में मुझे जेल अस्पताल में भेज दिया गया। मुझे उस वार्ड में रखा गया जहाँ संक्रामक रोगों यानी छूत की बीमारियों के रोगी थे। भूख हड़ताल और छूत की बीमारियों में क्या संबंध ?…यह मेरी समझ से बाहर था। संभवतः जेल-अधिकारियों की दृष्टि में सामूहिक भूख हड़ताल भी एक प्रकार का संक्रामक रोग था जिसका वह वर्गीकरण नहीं कर पा रहे थे। और यह भी संभव है कि उन्होंने अपने सर्वव्यापी ज्ञान में राजनीति, तपेदिक, कुष्ठरोग और सिफ्लिस में कोई समानता खोज ली हो।…जो भी हो, स्थिति बहुत भद्दी थी।

मेरे लिए यह परिवर्तन बुरा नहीं था। यहाँ पर मेरा कक्ष अपेक्षाकृत बड़ा और साफ़ था। आँगन की दीवारें कुछ दूर हटकर थीं जिससे सलाखों के पार भी देखा जा सकता था। हमारी नज़र लगभग बीस गज की दूरी तक जा सकती थी। सबसे अच्छी यह बात थी कि वह आँगन ऊपर से खुला था। उस पर आसमान को ढापनेवाली छत नहीं थी। सबसे अधिक आश्चर्य की बात यह थी कि उस आँगन में नीम का एक पेड़ भी था। पक्षी आते थे, उसमें बैठते थे और जब चाहते थे दीवारों से बाहर आजाद जगत् में उड़ जाते थे—यह किसी भी पिंजरे में बंद पशु या मनुष्य की स्पर्द्धा का कारण हो सकता है।

मेरे यहाँ आने के तीसरे दिन बाबा ज्वाला सिंह को भी इसी वार्ड में लाया गया। उन्हें मेरे कक्ष के साथ वाले कक्ष में रखा गया। वे जैसे ही मेरे कक्ष के पास से निकले, मैं उनका चेहरा देखकर स्तब्ध रह गया। चेहरे पर प्रमुखतः दाढ़ी के उलझे बाल ही दिखाई पड़ रहे थे जिनमें से उनके दाँत, नाक और आँखें नजर आती थीं, उनके गाल

अब फूले हुए नहीं थे, होंठों का पुष्ट मोटा फैलाव भी अब दिखाई नहीं पड़ रहा था, उनके जबड़े संकुचित हो गए थे, माथे की त्वचा ढीली पड़कर लटक-सी रही थी और आँखें अंदर को धँस गई थीं। उनके ढीले कच्छे में उनकी टाँगें दो मुड़े हुए डंडों सदृश दिखाई पड़ रही थीं। परंतु वे अपनी सामान्य शांत चाल से चल रहे थे—बूढ़ा घोड़ा। उनके कदमों की दृढ़ता में अनश्वर प्रतिरोध और अपरिमित मनोबल की गूँज थी।

वे मेरी ओर देखकर मुसकराए—दैवी आशीर्वाद की सुंदर मुसकान। उन्होंने मेरे स्वास्थ्य के बारे में पूछा। "मैं ठीक हूँ।" मैंने कहा, "पर आप ?...आपको क्या हो गया है ?...आप तो बस गिरने ही वाले दिखाई पड़ते हैं।"

"नहीं, अभी नहीं।...मेरी ऐसी किस्मत कहाँ, मेरे बेटे ?...अभी हमें बहुत दूर जाना है।...हमारे सामने अभी बहुत सा सफ़र बाकी है—बहुत कठिन और कष्टदायक सफ़र।...मुझे अभी मरना नहीं,...हमारे लिए कोई विश्राम नहीं...इतनी जल्दी नहीं।"

"आप तो बहुत कमज़ोर हो गए हैं...अपने पहले आकार की छाया दिखाई पड़ते हैं...सचमुच छाया ही, बाबाजी,...बिना मांस का ढाँचा...या यूँ कहूँ—बिना शरीर के लिबास।"

"तुम यह क्यों नहीं कहते, 'बिना शरीर की आत्मा'।" उन्होंने मुसकराकर कहा, "और यह आत्मा सदा रहेगी।...याद रखो, आध्यात्मिक आत्मा नहीं, संघर्ष का मनोबल, विजय पाने की उत्कंठा।...इसे कोई तोड़ नहीं सकता, कोई झुका नहीं सकता।"

"नहीं, नहीं, मेरा यह मतलब नहीं था", मैंने प्रतिरोध करते हुए कहा। मैं केवल आपके शरीर के बारे में कह रहा था जो अति क्षीण हो गया है।"

"और तुम अपने बारे में कहो।...अपना चेहरा तुम स्वयं नहीं देख सकते, सोचते हो तुम्हें कुछ हुआ ही नहीं।...मैं ठीक कह रहा हूँ, न ? बताओ, अस्पताल में पहले कौन आया ? तुम या मैं ?...मैं तुमसे तीन दिन, पूरे तीन दिन अधिक ठीक रहा...इसे मत भूलो...बूढ़ी हड्डियाँ अधिक मजबूत हैं, उन्हें तोड़ना आसान नहीं।...अच्छा अब मजाक छोड़ो, अपना ध्यान रखो, मेरे बेटे। तुम्हारी अवस्था बहुत अच्छी नजर नहीं आती...पानी जितना अधिक पी सको पीओ और हरकत जितनी कम हो सके करो; यही अच्छा है।...हमारे संघर्ष के संदर्भ में यह बहुत जरूरी है।"

जब-जब अवसर मिलता, हम दोनों, अपनी अपनी कोठरियों से एक-दूसरे से बात करते—उतनी ही, जितनी उस क्षीण अवस्था में हो सकती थी। पहले की अपेक्षा अब यहाँ अधिक शांति थी। जिस पहरेदार पर मैं दंडकक्ष में चिल्लाया था, वही यहाँ पर हमारे ऊपर पहरा दे रहा था। वह अब हमें केवल एक-दूसरे से बात ही नहीं करने देता था, हमारे संदेश भी छिप-छिपाकर बाहर ले जाता था। उसके द्वारा हमारा उन साथियों से भी संपर्क बना हुआ था जो जेल के अन्य क्षेत्रों में थे। इसके लिए उसने अपनी रोटी-रोज़ी ही नहीं, अपनी आज़ादी और भविष्य को भी दाँव पर लगा रखा था क्योंकि पकड़े जाने पर उसे नौकरी से तुरंत निकाल ही नहीं दिया जाता, उससे

लंबी कैद भी हो सकती थी। परंतु उसे इसकी बिलकुल परवाह नहीं थी। वह बाबा ज्वाला सिंह के लिए कुछ भी करने को तैयार था। यह था उस बूढ़े साधुस्वरूप महान् क्रांतिकारी का आकर्षण !

दो-एक दिन बाद हमारे साथ एक घटना हुई जिसने हमारे परिश्रम को लगभग अंत कर दिया। जेल में हमारे पास एक उच्च कोटि का अधिकारी, इंसपैक्टर जरनल आया। उसके नाम के आगे सैनिक पद भी जुड़े हुए थे। वह नाटा और पतला था, उसके होंठ सिकुड़े हुए थे, नाक चुटकी भर थी, आँखें पीली सी छोटी और चंचल और उनके ऊपर घबराहट से काँपती हुई पलकें थीं। उसके मुँह के अंगों को यदि अलग-अलग से लिया जाए तो वह मुख उस छात्र के रेखाचित्र सदृश था जिसे उसने गणित की कक्षा में थके मन और आँसू भरी आँखों से बनाया हो। उसकी मुखाकृति कुरूप थी जो पीछे को झुके चौड़े और चिकने माथे तथा सड़े अंडे के छिलके जैसे मैले रंग से और भी भद्दी दिखाई पड़ती थी।

बहुत समय से दिन निकला हुआ था, गरमी ज़ोर पकड़ रही थी। नीम के पेड़ और दीवार की परछाइयाँ अभी आपस में मिली नहीं थीं, वे दोनों परछाइयाँ—नीम के पेड़ और दीवार की परछाइयाँ आँगन में चौकड़ी मारे ऐसे बैठी थीं जैसे दो दर्जी बैठे कफ़न सी रहे हों।

उसी समय पंजाब की जेलों का 'छनछनानेवाला खोखला भगवान' अपने पूरे ठाठ-बाट के साथ वहाँ आया। उसके इर्द-गिर्द लगभग पचास करिंदे घूम रहे थे। उनकी वर्दियाँ ताज़ा धुली हुई थीं और उन पर इस्तिरी भी अच्छी तरह से की हुई थी। उनके पीतल के बटन और चमड़े की पेटियाँ सूर्य की किरणों से भी अधिक चमक रहीं थीं। अकड़ से तनी हुई उनकी चाल उन कैदियों की खिसकती चाल का मानों उपहास कर रही थी जो उस हास्यप्रद जुलूस के पथ को साफ़ करने और छिड़काव करने में लगे हुए थे। काली वर्दी पहने एक कैदी लंबदार उस ऊँचे कारिंदे के सिर पर एक बड़ा सा छाता किए हुए उसके पीछे-पीछे चल रहा था, दूसरा कैदी पीली वर्दी पहने उस पर चवँर झुला रहा था और एक पीली वर्दीवाला कैदी उस पर ज़ोर-ज़ोर से हाथ का पंखा कर रहा था। मुझे बींसवीं सदी के 'ज्ञान प्राप्त व प्रगतिशील' अंग्रेजों के प्रतिनिधि को देखकर विस्मय हो रहा था। वे वही लोग थे जो भारत के अवनत नवाबों के साज-सामान और ठाट-बाट का सदा उपहास करते थे।

वह जुलूस मेरी कोठरी के सामने रुका और 'साहब' ताले से बंद मेरे दरवाजे के निकट आया। मैं जमीन पर लेटा हुआ था, और दबी हँसी से उस अकड़कर चलते मोर को देख रहा था। उसे यह बहुत अखरा। कैसे कोई अंग्रेजी साम्राज्य के खड़े होते हुए लेटा रह सकता है ? उसने मुझसे टूटी-फूटी हिंदी में बात की। अंग्रेजी तो केवल 'विशिष्ट लोगों' की भाषा थी, उसे किसी अभियुक्त के साथ बात करने में कैसे प्रयोग किया जा सकता था ? कुछ समय तक वह मुझे घूरकर देखता रहा और फिर मुझे खड़े होने का आदेश दिया।

"आप स्वयं बैठ क्यों नहीं जाते ?" मैंने कक्ष के बाहर की जमीन की ओर संकेत करते हुए कहा। "जमीन आज काफ़ी साफ़ है।" मैं कहता गया। "आपके कपड़े मैले नहीं होंगे। आपके स्वागत में जेल की आधी जनता ने अपनी सारी सुबह इस पर झाड़ू देने और इसे रगड़-रगड़कर साफ़ करने में बिताई है।...है न यह आश्चर्य की बात ?...थोड़ी देर यहाँ बैठकर उनके परिश्रम का मान तो रखिए।"

उसे मेरा यह व्यंग्य बिलकुल अच्छा नहीं लगा। कैसे कोई अधमरा व्यक्ति बिना किसी डर-भय के, उसके साथ इस तरह बोलने की धृष्टता कर सकता था ! उसका चेहरा गुस्से से लाल हो गया—बंदर के पिछाड़े जैसा रक्त-पीत लाल।

जेल-अध्यक्ष की ओर मुड़कर उसने मेरे घड़े की ओर इशारा करते हुए पूछा :

"वह क्या है ?"

"घड़ा, जनाब।"

"किसलिए ?"

"पानी के लिए, जनाब। इसने अपने अंतिम प्रस्ताव में—मेरा म-म-मतलब है अर्जी में लिखा था कि मैं केवल पानी पीऊँगा, भोजन नहीं खाऊँगा, जनाब। जेल नियमावली के अनुसार मैंने इसकी इजाज़त दी है, जनाब।"

"ले जाओ उसे यहाँ से...उस घड़े को। समझ गए। वह मरना चाहता है उसे मरने दो। जितनी जल्दी मरे, उतना ही अच्छा। गंदा कीड़ा कहीं का।"

"ज-ज-जी जनाब।"

"मरने पर इसे कूड़े-करकट के साथ भट्टी में जला देना। इस बारे में कोई गड़बड़ नहीं होनी चाहिए। न इसका जनाज़ा होगा, न जनाज़े की रस्में। इसकी लाश किसी बाहरवाले को नहीं देनी।...अखबारवालों को खबर भी नहीं होनी चाहिए। समझ गए सब ?"...

"ज-ज-जी-जनाब।"

एक जेल कर्मचारी, वार्डर मेरे कक्ष में आया और घड़ा उठाकर ले गया। बड़ा साहब बिना आगे बढ़े, अपने पूरे दस्ते के साथ, वहाँ से बाहर निकल गया—वह वहाँ से ऐसे गया जैसे लड़ाई में जीते हुए मैदान से जा रहा हो। नीम के पेड़ से एक कौवा बोला और जाते हुए दस्ते के पैरों से धूल उड़ी। कौवे और धूल दोनों ने अपने-अपने ढंग से उस निर्दयी की तौहीन की—कौवे ने अपनी कर्कश काँय-काँय से और धूल ने उसके सिर पर गिरकर।

मैं गुस्से से जल रहा था। क्रोध की ज्वाला ने मेरे होंठों को बंद कर रखा था, मेरे उन शब्दों को जला डाला था जिनसे मैं धमकियाँ देनेवाले उस शेखीखोर पर आघात करना चाहता था। मेरे भीतर ज्वालामुखी का लावा प्रज्वलित था। मेरी सुबह की दशा मेरे जैसी थी—कुस्वप्न की भाँति सताई हुई और मौन।

इतने में खामोशी के लबादे को चीरते हुए बाबा ज्वाला सिंह के कक्ष से उपहासपूर्ण हँसी की पतली सी आवाज़ आई। वह आवाज़ पतली अवश्य थी; पर रौएँ

खड़े करनेवाली और गुस्सा भड़कानेवाली थी। उन्होंने उन सब शब्दों को सुना था जो उस शेखीखोर निर्दयी ने कहे थे, स्पष्ट था कि उस वार्त्ता को सुनने में उन्हें मज़ा आया था। उन्होंने कहा, ''क्या धृष्टता थी ? उसने हमें अपने जैसा समझने की भूल की थी।...बेचारे कायर, भीरु, वर्दीधारी चपरासी। मैंने मुद्दतों से ऐसा मज़ाक नहीं सुना था। विश्वास करो, वह एक बड़ा मज़ाक था...'' शेष वाक्य उनकी हँसी में दब गया।

''परंतु इसमें मज़ाक की कौन सी बात थी ?'' मैंने चिड़चिड़ेपन से कहा।

''सारी ही बात, मेरे बेटे, सब कुछ ही तो। बधिया किए हुए मुर्गे ने कितनी बकवास की। उसकी थोथली धमकियों ने उसकी कायरता को स्वयं नंगा कर दिया।...क्या वह सब कुछ करना या कहना जरूरी था ?...निस्सहाय, अधमरे कैदियों को डराने-धमकाने के लिए वह कैसे अपने साथ डंडाधारी सिपाहियों का पूरा दस्ता लेकर आया था ! इससे क्या यह पता नहीं चलता कि वह कितना 'बहादुर' है ! और फिर, तुम्हारे कक्ष से वह एक कदम भी तो आगे नहीं बढ़ा। क्या तुम इससे बड़े मज़ाक की कल्पना कर सकते हो ?...तुम्हारे सामने पेश करने से पहले न जाने उन्होंने इस नाटकीय मज़ाक को कितनी बार दोहराया होगा !''

''ओह, बाबाजी, आप इसे मज़ाक कहते हैं। मुझे कहना पड़ रहा है कि आपकी मज़ाक की धारणा बहुत ही अजब है।''

''हाँ, मैं मानता हूँ कि यह मज़ाक अच्छा नहीं था, परंतु था तो मज़ाक ही। नहीं तो, क्या तुम यह कहना चाहते हो कि उसकी धमकियों का तुम पर कोई प्रभाव पड़ा ? प्यास क्या तुम्हें कभी झुका सकती है ? घड़े को हटवाने का उद्देश्य यही तो था। मुझे यह मत कहना कि प्यास तुम्हें झुका सकती है।''

''नहीं, नहीं, इसे तो मैं सपने में भी नहीं सोच सकता।''

''तो फिर उसे मज़ाक समझकर तुम इसका आनंद क्यों नहीं लेते। वह केवल एक हास्यप्रद नाटक था, नाटक का वह भाग जिसमें नव साहित्यिक परंपरा के अनुसार श्रोतागण भी नायकों की भूमिका अदा करने लगते हैं।...तुमने उस झल्ले जेल-अध्यक्ष को देखा ? कैदियों को दुख देनेवाला वह फूला तथा अकड़ा हुआ कबूतर उसके सामने कैसे काँप रहा था ? आई.जी. (इंसपेक्टर जरनल) ने उसे जब कहा, 'तुम बेवकूफ़ हो' तो उसने कैसे हकलाते हुए कहा, 'हाँ जनाब'।''

झगड़े की उत्तेजना जब शांत हुई तो वह सुबह अन्य दिनों की सुबह से अधिक शोकयुक्त सिद्ध हुई। दिन की गरमी मेरे आसपास की हवा को झुलसाने लगी थी। मेरे घड़े को ले गए अभी एक घंटा (एक घंटा या एक सप्ताह !) हुआ था कि मुझे प्यास तड़पाने लगी। मेरी प्यास रेगिस्तान के प्रचंड और गरजते हुए तूफान से भी अधिक भयंकर थी। मेरे पानी से रिक्त शरीर के प्रत्येक तंतु और प्रत्येक कोशिका को आग की चादर ने अपने में लपेट लिया था। कुत्तों की भाँति मेरी जिह्वा बाहर लटक आई—कितनी देर, मैं नहीं जानता।

हवा में गरमी बहुत बढ़ गई थी। जलते हुए कागज़ की भाँति मेरी जिह्वा ने

मुड़ना शुरू किया। मैंने उसे मुँह के अंदर ले जाने की जब चेष्टा की तो ऐसा लगा जैसे वह मुँह के लिए बहुत बड़ी हो गई थी। वह सूज गई थी। उसमें काँटे से उभर आए थे—केवल ऊपरी सतह पर ही नहीं, निचली ओर भी। कंठ के पास, पछतावे की कड़वाहट की तरह जबान कड़वी थी। गरमी ने मुझे घबरा दिया और उसी तरह सिर के स्पंदन ने। ऐसा लग रहा था जैसे सूर्यमंडल की अग्नि, गति और प्रक्रियाओं ने मेरे सिर को अपना घर बना लिया था। मुझे धरती इतनी तेज़ी से घूमती हुई दिखाई पड़ रही थी कि मेरे लिए साँस लेना कठिन हो गया था। धीरे-धीरे मेरी टाँगें और बाँहें भी मेरे काबू से बाहर हो गईं।

'क्या ?···क्या मुझे पक्षाघात हो रहा है ?'···मैं डर गया। मैंने बाबाजी को आवाज़ दी।···क्यों ?···कह नहीं सकता। फिर भी मैं अपने फेफड़ों की पूरी शक्ति बटोरकर चिल्लाया, लेकिन धीमी सी आवाज़ में केवल 'बाबाजी' ही कह पाया। आवाज़ इतनी कमज़ोर और धीमी थी कि संभवतः वह मेरे कक्ष के दरवाजे से बाहर नहीं निकल पाई।

'यह क्या ?···क्या मैं गूँगा भी हो रहा हूँ ?···पक्षाघाती, गूँगा और आगे क्या ?···मैं क्या मर रहा हूँ ? और वह भी इतनी गंदी स्थिति में।···कब्रों के इस शहर में एक और कब्र'···फारसी की दो पंक्तियाँ मेरे मन में उठीं :

चार चीज़ आस्ता तोफ़ा-ए-मुलतान,
गर्‌द, गर्म, गाड़ा-ओ गोरिस्तान।।

(मुलतान के चार उपहार हैं—गर्द, गरमी, भिखारी और कब्रस्तान) 'नहीं, नहीं, मेरा जेल-अध्यक्ष मुलतान में एक और कब्र बनने नहीं देगा। (यह शहर अपनी ही कब्रों से अत्यधिक भरा पड़ा है) इस बात पर वह अपने अफ़सर के निर्देशों का पालन अवश्य करेगा। हो सकता है वह इस समय कूड़ा जलाने का प्रबन्ध ही कर रहा हो।

मेरे शरीर में धुँध की भाँति गहरा, किंतु हलका अँधेरा छाने लगा। धीरे-धीरे वह ऊपर नेत्रों की ओर बढ़ रहा था; अँधेरा लहरों में उठ रहा था, एक के बाद दूसरी लहर। उन लहरों में एक चेहरा उभरता था जो प्रत्येक लहर के साथ बदलता जाता था। वह चेहरा कभी मेरे पिता का होता था तो कभी मेरी माँ का, कभी छोटी बहन का और कभी जंगल की युवती का; वह चेहरा कभी मेरे कुत्ते बिजली का होता था और कभी मेरे घोड़े मोती का।···धीरे-धीरे अँधेरा और गहरा हो गया और वे सारे चेहरे एक-दूसरे में मिल गए और फिर मंद पड़ते हुए विलुप्त हो गए।

मैं बहुत देर तक बेहोश पड़ा रहा। जब होश आया, उस समय सूर्य घूमता हुआ, नीम के पेड़ के पीछे जा पहुँचा था और पश्चिम में मेरे कक्ष के सामने खड़ा था। जेल का मैत्रीपूर्ण डॉक्टर मेरे पास बैठा था। उसे हमारा मित्र पहरेदार बुलाकर लाया था। डॉक्टर मेरे मुँह पर पानी छिड़क रहा था और कुछ पानी मेरे कंठ में भी डाल रहा था। मैंने अपने सिर को झटका दिया और उसे अविनीत ढंग से कक्ष से

बाहर जाने को कहा। वह अपने कानों को मेरे होंठों के पास ले आया और मैंने पुनः उसे कोठरी से बाहर जाने को कहा। उसने मेरे माथे पर अपना हाथ रखा जो शायद संवेदना से काँप रहा था। उसके उस स्पर्श ने उस सारे प्यार और सहानुभूति को कह डाला जिसे शायद शब्द कभी व्यक्त न कर पाते। मेरी आँखों में आभार के आँसू उमड़ आए थे। मैंने अपने अविनीत व्यवहार के लिए क्षमा माँगी और विनती की कि वह मुझे एकांत में मरने के लिए अकेला छोड़ दे।

"क्या किसी को कोई संदेश भेजना है ?...अपने माता-पिता या किसी और को ?" उसने धीरे से मेरे कान में कहा। मैंने सिर हिलाकर न कर दी।

"मैं सारी दुनिया को बता दूँगा कि तुमने किस बहादुरी के साथ मृत्यु का सामना किया है।" उसने कहा।

"इसकी आवश्यकता नहीं।" मैंने धीमे से कहा। "सरकार की नज़र में क्यों आना ?...क्यों उनके क्रोध का पात्र बनना ?...इससे अच्छा यह है कि आप अपनी वार्तमानिक स्थिति से कैदियों की सहायता करते रहिए। इस समय सरकार से झगड़ा मोल लेकर कैदियों को अपनी सहायता और सहानुभूति से वंचित मत करिए। मेरी मृत्यु ऐसी कोई विशेष घटना नहीं है कि आप ऐसे कदम उठाएँ। याद रखिए हमें शत्रुओं के बीच मित्रों की बहुत जरूरत है।

डॉक्टर अपनी जगह से उठा और अपने आँसुओं को पोंछते हुए कोठरी से चला गया।

उस समय मुझे एक पुरानी घटना याद आ गई। मैं अरावली की पहाड़ियों के बंजर क्षेत्र में, शिकार खेलते-खेलते रास्ता भूल गया था। दिन भर की तेज धूप में घूमते-घूमते, थकान और प्यास से मैं गिरने ही वाला था कि मुझे सहसा ठंडे और मीठे जल का एक छोटा सा कुंड दिखाई पड़ा।...उसका पानी उस समय कितना मीठा लगा था !...यहाँ भी, क्रूर असभ्य दिलों की मरुस्थली में, जलती हुई आत्माओं की प्यास बुझाने के लिए वह डॉक्टर साफ और विशुद्ध जल के झरने की तरह प्रकट हुआ था।

डॉक्टर सीधे आई.जी. के पास गया (जैसा कि उसने बाद में बताया) और उसे बताया कि मेरे शरीर में पानी की कमी होने के कारण मेरा रक्त गाढ़ा होता जा रहा था और नाड़ी-स्पंदन भी मंद होते-होते खतरे के स्तर पर पहुँच चुका था। इसके अतिरिक्त उसने मेरे शरीर में विषैले पदार्थों के कुछ लक्षण भी बताए और कहा कि पानी न मिलने पर सूर्यास्त होने तक मेरी मृत्यु हो सकती है।

आई.जी. इस संभावित घटना के लिए तैयार नहीं था ! भूख हड़ताल के कारण बाहर काफ़ी रोष फैला हुआ था—सार्वजनिक प्रदर्शन, क्रोध भरे जलूस, अखबारों में प्रकाशित प्रतिरोध, हड़तालें, संसद में प्रश्न—इन सबसे सारे प्रांत में भयंकर हलचल मची हुई थी। ऐसी स्थिति में किसी भूख हड़ताली की मृत्यु हो जाने पर गुस्सा और भड़क सकता था—मृत्यु आग में ईंधन का काम कर सकती थी। हम तो यह चाहते ही थे, परंतु सरकार इसके लिए तैयार नहीं थी।

आई.जी. को किसी तरह हमारी भूख हड़ताल को खत्म कराने के उद्देश्य से ही यहाँ भेजा गया था—वह कोई ऐसी विधि निकाले जिससे देश भर में फैली हुई क्रोधाग्नि शांत हो सके। परंतु अपनी समझ-बूझ और घमंड के कारण वह अपनी सीमाओं से बाहर निकल गया था, उसका विचार था कि धमकियों और निष्ठुर व्यवहार से काम निकल आएगा, प्यास की पीड़ा हमारे मनोबल को खत्म कर देगी और हम उससे दया की भीख माँगने लगेंगे।...और तब वह अपनी शर्तें हमारे सामने रखेगा...'पहले अनशन छोड़ो, फिर पानी मिलेगा।' उसका मन पत्थर-सा कठोर था और मस्तिष्क घमंड की ज्वाला में जलकर राख हो चुका था। संभवतः वह उसकी हठधर्मी और संकुचित पालन-पोषण का परिणाम था। वह पादरी का बेटा था और स्वयं कट्टर ईसाई था। उसने यह सोचा भी नहीं था कि उसका अपना निष्ठुर व्यवहार पलटकर उसी पर आघात करेगा और उसके परिणाम वही होंगे जिनसे वह बचना चाहता था।

उसके लिए अपना आदेश वापस लेना एक ऐसा कड़ुवा घूँट था जिसे पीना कठिन था। उसने उसी समय जेल-अध्यक्ष को पानी का घड़ा वापस रखने के लिए भेजा, डॉक्टर को आदेश दिया कि वह हर कीमत पर स्थिति को सँभालने की चेष्टा करे।

इस बीच थोड़े-थोड़े समय के बाद मैं कई बार बेहोश हो चुका था, प्रत्येक बार बेहोशी की अवधि पहली बेहोशी से अधिक थी। जब जेल-अध्यक्ष पानी का घड़ा लेकर आया, मैं लगभग उसी समय होश में आया था, किंतु मुझे पूरी चेतना नहीं थी, धुँधलापन चल रहा था। चिंता और सहानुभूति दिखलाते हुए जेल-अध्यक्ष ने पानी का घड़ा मेरे सामने रख दिया। यह देखकर वह हैरान था कि मैं उस पर लपका नहीं, जैसा उसने सोच रखा था। उसने मुझे विश्वास दिलाना चाहा कि वह आई.जी. के निर्देशों के विरुद्ध मेरे लिए वह घड़ा लेकर आया था।

भारतीय होने के नाते उसे मेरे साथ सहानुभूति थी, इसी कारण वह जोखिम उठाकर मेरे लिए पानी का घड़ा लाया था। एक लंबी साँस भरते हुए उसने कहा, "मेरी दशा देखकर उसका दिल खून के आँसू बहा रहा है।" मैंने पूरी कृतघ्नता के साथ घड़े को उलट दिया और पानी धरती पर बिखर गया। मैंने कहा, "पानी न पीने का मैंने निर्णय कर रखा है। अच्छा यही है कि तुम मेरे कक्ष से बाहर चले जाओ।"

'ऐसा भी हो सकता है', यह उसने सोचा नहीं था। वह बिलकुल घबरा गया और भागता हुआ बाबा ज्वाला सिंह के पास गया, उनसे विनती की कि वे इस मामले में हस्तक्षेप करें।

बाबा ज्वाला सिंह मेरे कक्ष में आए और मेरे निकट बैठ गए। हाथ के इशारे से उन्होंने जेल-अध्यक्ष को बाहर भेज दिया और मेरे माथे पर अपना हाथ रखा। वह स्पर्श इतना प्यार भरा और स्नेहयुक्त था कि मैं गद्गद होकर रो पड़ा, कृतज्ञता के आँसू मेरे मुँह पर बहने लगे। बहुत देर तक बाबाजी एक शब्द भी नहीं बोले। मौन शांति थी और शांति में संगीत था—शब्दों से कहीं अधिक मधुर। उस संगीत को स्वरों

में बाँधा नहीं जा सकता था फिर उन्होंने उलटे पड़े घड़े को देखा; पहले कि वह कुछ कहते, मैंने अपना निर्णय कह डाला।

मैंने कहा, "मेरा शरीर लकवे की लपेट में आ चुका है। मेरे आवाज़ जा रही है, मैं तेजी से अंधा हो रहा हूँ, मुझे आपका चेहरा भी स्पष्ट दिखाई नहीं दे रहा।...यह तो आप कभी नहीं चाहेंगे कि मैं अपना शेष जीवन इस दशा में बिताऊँ—दूसरों की दया पर निर्भर करती हुई एक लाश बनकर !...ठीक कह रहा हूँ न ? और यह भी तो संभव है कि मेरी मृत्यु हमारे उद्देश्य के लिए लाभदायक सिद्ध हो।...यह सोचकर मुझे खुश होने दीजिए कि मेरी मृत्यु हमें अपने उद्देश्य के निकट ले जाएगी।...फिर चिंता कैसी ? क्यों थोड़े से क्षणों का कष्ट बचाकर जीवन भर के लिए कष्ट मोल लिया जाए ?"

"हाँ, तुम शायद ठीक ही कह रहे हो।...तुम ठीक ही कह रहे हो, मेरे बेटे !" उस समय उनकी आँखों से आँसू बह रहे थे।

उनके शब्दों ने मेरे मन को ढाँढ़स दिया। मेरे मन में शक्ति और विश्वास का संचार किया, मेरी अत्यंत दुःखी और खिन्न आत्मा में सुख और शांति भर दी। उनके प्यार और विश्वास भरे व्यवहार के लिए मैं आभार व्यक्त करना चाहता था, परंतु उसके लिए मेरे पास पर्याप्त शब्द नहीं थे, इसलिए वह अनकहा ही रह गया। मैंने उनके पैर छुए और विनती की कि वे अपनी कोठरी में वापस चले जाएँ और विश्राम करें और मेरे लिए और दुःखी न हों।

"तुम पहले जा रहे हो, मेरे बेटे।...जाना मुझे चाहिए था, तुम्हें नहीं।" यह कहते हुए वह आलस्यभरी चाल से धीरे-धीरे, अनमने मन से मेरे कक्ष से चले गए।

दरवाजे के पास खड़ा जेल-अध्यक्ष उनसे बात करना चाहता था, किंतु उन्होंने उसकी ओर ऐसी उपेक्षा भरी नज़र से देखा कि वह वहीं-का-वहीं ही ठिठक गया जैसे किसी ने उसके सिर पर गहरी चोट मार दी हो। वह उलझन में पड़ गया, उसे समझ नहीं आ रहा था कि वह क्या करे। उलझन से उसे निकालने में मैंने उसकी सहायता की—पैर मारकर घड़ा फोड़ दिया।

मेरे इस प्रमत्त व्यवहार से वह स्तब्ध रह गया, बधिया किए हुए कुत्ते की तरह वह निस्सहाय खड़ा रहा। वह अभी असमंजस में ही था कि एक और धमाका सुनाई दिया और बरतन टूटने की आवाज़ ने उसे चौंका दिया। धमाके की वह आवाज़ बाबा ज्वाला सिंह की कोठरी से आई थी, उन्होंने अपने घड़े को कक्ष की सलाखों पर मारकर टुकड़े-टुकड़े कर दिया था। उस मिट्टी के बरतन के टूटने की आवाज़ गुस्से से भरपूर थी; उसमें बाइबल के एक पद्य की गूँज थी—"वे जो ऊँचे वैभवयुक्त नगरों में रहते हैं, भगवान उन्हें नीचे धरती पर लिटा देता है और धूल में मिटा देता है।"

भीषण गरमी का दिन बीत गया और उसके साथ जेलर, कोठरी, प्यास की पीड़ा और सारा भद्दा संसार विलुप्त हो गया। मुझे जब होश आया (वह दिन का समय था या रात का) मुझे दस-बारह पुष्ट आदमियों ने जोर से दबा रखा था और मेरी

नाक में एक रबर की नली घुसा रखी थी। उसके द्वारा मेरे पेट में गिलास के बाद गिलास ठंडा पानी डाला जा रहा था। मैं लाचार था, निःसहाय था, बिलकुल अंधा हो चुका था और आवाज़ भी गायब थी, लगभग सारे शरीर को लकवा मारे हुए था—उस पर बलपूर्वक खिलाने की पीड़ा।

दो दिन तक मुझे दो-दो घंटे बाद ग्लूकोज मिलाकर बलपूर्वक पानी पिलाया गया और इसी प्रकार बाबा ज्वाला सिंह को भी पानी पिलाया गया। तत्पश्चात् बलपूर्वक खिलाने की प्रक्रिया दिन में दो बार, सुबह और शाम दोहराई जाती थी। यह प्रक्रिया बहुत ही पीड़ाजनक थी। वे जब नली को मेरे कंठ में पहुँचाने के लिए उसे मेरे नाक में घुसाते, मेरी नाक से खून बहने लगता था। उस नली ने नाक के पिछले भाग में घाव कर दिए थे, प्रत्येक बार जब नली नाक में घुसाई जाती थी, जख्मों पर रगड़ लगती थी और खून बहने लगता था।

बलपूर्वक खिलाने की प्रक्रिया को मैं दृढ़निश्चय से रोकने की कोशिश करता था। मेरे शरीर में न बल था, न सहनशक्ति। इसलिए उसे रोकने में असमर्थ रहता था। उनकी चेष्टाओं को विफल बनाने के लिए मैंने एक तरीका निकाला—मैं अपने कंठ की पेशियों को संकुचित करता था जिससे नली कंठ में जाने के स्थान पर मुँह से बाहर निकल आती थी और मैं उसे दाँतों के बीच दबा लेता था। इस प्रयास को विफल बनाने के लिए उन्होंने पहले नली को ज़ोर से खींचने की कोशिश की और फिर उसे झटका दिया जिससे कि घावों में चोट लगे और मैं दर्द से विवश होकर नलिका को छोड़ दूँ। किंतु जब वे इसमें सफल नहीं हुए तो उन्होंने एक नलिका के स्थान पर दो नलियाँ प्रयोग करनी शुरू की। जब मैं दाँतों से एक नली को पकड़ लेता था तो वे नाक के दूसरे छिद्र से दूसरी नली अंदर डाल देते थे। उसे पकड़ने के लिए मैं जैसे ही मुँह खोलता था, वह पहली नली के द्वारा मेरे कंठ में जल्दी से दूध डाल देते थे।

यह पीड़ाजनक प्रक्रिया दिन में दो बार, सुबह और शाम दोहराई जाती थी। बलपूर्वक खिलाने के लिए वे पानी में दूध भी मिलाने लगे और दूध की मात्रा धीरे-धीरे बढ़ाकर एक पाउंड कर दी गई। परंतु इससे उनका उद्देश्य पूरा नहीं हुआ। उन्होंने मुझे जीवित तो रखा, पर मेरे स्वास्थ्य में सुधार नहीं कर पाए। नली की रगड़ से मेरे घावों से इतना खून बहता था कि खिलाना लगभग निरर्थक हो जाता था।

भूख हड़ताल और बलपूर्वक खिलाने का काम लगभग तीन महीने चलता रहा। जनता का प्रकोप दिनोदिन बढ़ता गया। हुकूमत ने जनता के प्रतिरोध की क्रोधाग्नि दबाने के लिए सभी प्रकार के कठोर कदम उठाने शुरू कर दिए, जैसे प्रतिरोध करने वालों को बंदी बनाना, गोलियाँ चलाना, जुर्माने लगाना, संपत्ति जब्त करना इत्यादि, परंतु हुकूमत अपने लक्ष्य में सफल नहीं हुई। न तो वह जेलों में पड़े भूख हड़तालियों के मनोबल को तोड़ सकी और न जनता के बढ़ते प्रकोप को ही रोक पाई।

अंत में हुकूमत ने राष्ट्रीय नेताओं से संपर्क बनाया, अपने झूठे वायदों, असत्य

और कपटी वक्तव्यों से राष्ट्रीय नेताओं को हस्तक्षेप करने के लिए राजी कर लिया। लंबी-लंबी गोष्ठियाँ होनी आरंभ हुईं, एक ओर राजनीतिक कैदियों और राष्ट्रीय नेताओं के बीच और दूसरी ओर राष्ट्रीय नेताओं और सरकार के प्रतिनिधियों के बीच। इसी बीच कुछ जेल-सुधारक निर्णयों की घोषणा भी की गई और उन्हें कार्यान्वित भी किया गया। शेष सुधार-प्रस्तावों को भूख हड़ताल खत्म होने तक स्थगित रखा गया।

महात्मा गाँधी ने अपने लंबे-चौड़े वक्तव्य में राजनीतिक कैदियों से भूख हड़ताल तोड़ने का आग्रह किया जिससे कि शेष प्रस्तावित सुधारों को भी कार्यान्वित किया जा सके। भूख हड़ताल छोड़ने की सलाह देने के लिए उन्होंने अपने दूतों को भी भिन्न-भिन्न जेलों में भेजा। राजनीतिक दबाव से भूख हड़तालियों ने अनमने मन से भूख हड़ताल तोड़ दी। सरकार ने अपने वायदों को कहाँ तक पूरा किया और राष्ट्रीय नेताओं ने अपनी भूमिका कहाँ तक और कैसे निभाई, यह अप्रिय कहानी अलग है।

पागलखाने की राह पर

वसंत :

इस जिंदा लाशों की दुनिया से दूर, बहुत दूर, मेरे घर के आसपास पक्षी अपने-अपने सुरीले गान गा रहे होंगे; धरती पर फूल-पल्लव अपनी-अपनी बहार दिखा रहे होंगे; हवा चारों ओर मीठी-मीठी सुगंध महका रही होगी और सब ओर उत्साह और उमंगों का वातावरण खिलखिला रहा होगा। बच्चे और कुक्कर एक-दूसरे से खेलते, उछलते-कूदते शोरगुल मचा रहे होंगे, उनकी खुशी की मुखरित ध्वनि, पहाड़ों से टकराकर चारों ओर गूँज रही होगी। ये दिन फूलों के खिलने और तितलियों के नाचने के दिन हैं। इन दिनों नवयौवनाएँ, केशों में फूल सजाए, नदी-झरनों के तट पर उछलती, कूदती और गीत गाती हैं।

और इस पथरीली प्राचीरों और लोहे की सलाखों की दुनिया में—जहाँ न दिन का प्रकाश प्रवेश कर सकता है और न रात को सितारे झाँक सकते हैं—स्वप्नों और अभिलाषाओं को इस निर्दयता से कुचला जाता है कि वे विकसित होने से पहले ही दम तोड़ देते हैं। दंड वार्ड जेल-जीवन का एक अटूट कुस्वप्न था : मृतक देह जैसी लोहे की ठंडी सलाखें मन को निर्जीव और शिथिल कर देती थीं और पत्थरों से बनी ऊँची-ऊँची दीवारों का बोझ आत्मा को कुचलता था।

मेरी छोटी सी कोठरी यानी कालकोठरी में ऐसा लगता था मानो समय शर्म, घबराहट और चिंता से घिरकर गतिविहीन हो गया था—वह किसी अथाह दरार के किनारे पर अटका खड़ा था। मेरी कालकोठरी भयहेतुक श्राप की तरह अँधेरी और कष्टकर थी। मुलतान सेंट्रल जेल (पुरानी) के इस भाग को दंड वार्ड कहा जाता था। दंड वार्ड के दो पक्ष थे—एक-दूसरे के आमने-सामने। प्रत्येक वार्ड में पचास-पचास कोठरियाँ थीं। प्रत्येक कोठरी में अनाज पीसने की एक-एक चक्की थी। प्रत्येक कैदी के लिए, दैनिक श्रम के रूप में, अनाज पीसना अनिवार्य था।

मेरी कोठरी दंड वार्ड के आखिरी किनारे पर थी। उसके आगे एक ऊँची दीवार थी। दीवार में पहरेदारों के आने-जाने के लिए एक खिड़कीनुमा दरवाजा था जो सदा बंद रहता था। इस प्रकार प्राचीरों से घिरा हमारा आँगन सारी जेल से अलग हो जाता था। वह छोटा सा आँगन अत्यंत पीड़ाजनक था—सन्नाटे के रुदन में अकेलेपन से पीड़ित। उसके संबंध में एक भद्दी धारणा थी—कहा जाता था कि जो भी कैदी वहाँ

आता था, वह स्थिर बुद्धि नहीं रह पाता था; कुछ ही समय में प्रायः जल्दी ही, पागलखाने चला जाता था।

मुझे भी दंड के रूप में वहाँ भेजा गया था—मैंने जेल से भागने का प्रयास किया था जो विफल रहा। यहाँ पर मुझे जो अनुभव हुआ वह आज पुनःस्मरण करने पर बहुत अटपटा और रम्य लगता है, परंतु उस समय वह वैसा नहीं था, बल्कि प्राण हरनेवाला था।

डंडों और बेंतों से पीटने के बाद जेल कर्मचारी मुझे यहाँ घसीट लाए थे। और यहाँ लाकर इस काल कोठरी में फेंक दिया था। गंदगी, अंधकार और कालिख में उस कोठरी का कोई मुकाबला नहीं था। वह चार कदम चौड़ी और छः कदम लंबी थी। वह कोठरी इतनी अँधेरी थी कि बाहर से आने पर मुझे वहाँ कुछ भी दिखाई नहीं पड़ रहा था। कुछ समय बाद जब आँखें अँधेरे की अभ्यस्त हो गईं और उनमें देखने की क्षमता आई तो मैंने देखा कि उसमें एक मिट्टी के घड़े और दैनिक आवश्यकताओं को निभाने के लिए एक टीन के बरतन के अतिरिक्त और कुछ नहीं था। ये दोनों चीज़ें जेल की हर काल कोठरी में होती हैं। कोठरी के बीच, तनिक बाईं ओर, एक पक्की पटरी थी—दो फीट ऊँची, ढाई फीट चौड़ी और छः फीट लंबी। यह सोने के लिए थी, बिस्तर के रूप में उस पर एक पुरानी कचरा-चटाई थी और दो चिथड़े-से कंबल—जिन्हें कंबल कहना कंबलों का अपमान करना है। कोठरी की दीवारों पर बहुत सी अश्लील तसवीरें घसीट रखी थीं—कामातुर और कुंठित व्यक्तियों की अपनी रचनाएँ।

कोठरी मल-मूत्र की दुर्गंध से सड़ रही थी, ऐसा लगता था कि वर्षों से उसे साफ़ नहीं किया गया। कच्चे फर्श और मिट्टी से लिपी दीवारों की घिसाई कितनी भी क्यों न की जाती, दुर्गंध जानेवाली नहीं थी। सारी कोठरी फर्श से छत तक—मच्छरों से भरी पड़ी थी, चटाई और कंबलों में पिस्सुओं और खटमलों की भरमार थी।

मेरी दोनों टाँगों में बेड़ियाँ बँधी थीं, लगभग तीन-तीन किलो की एक-एक बेड़ी। इन्हें चौबीस घंटे पहने रहना पड़ता था और यह बहुत ही कष्टदायी था; तथापि परपीड़न में आनंद लेनेवाले अधिकारियों को उससे भी संतोष नहीं था। उन्होंने इन बेड़ियों के बीच डेढ़ फीट की लोहे की छड़ लगा रखी थी जिससे दोनों टाँगों के बीच अंतर बना रहे। इस सारी व्यवस्था से चलना बहुत कठिन था। जेल अधिकारी चूँकि कोई खतरा मोल नहीं लेना चाहते थे, इसलिए मुझे रात को हथकड़ियाँ पहना दी जाती थीं। इस सारी यांत्रिक व्यवस्था के अतिरिक्त, रात के समय मेरी बेड़ियों के साथ एक लोहे की चेन लगा दी जाती थी—ठीक वैसी ही चेन जैसी जानवरों को बाँधने के लिए प्रयोग की जाती है। इस चेन को कोठरी के सलाखों में से निकालकर बाहर एक लोहे के खूँटे से बाँध दिया जाता था। 'मैं कोठरी में ही हूँ और कोई गड़बड़ नहीं कर रहा', इसे निश्चित करने के लिए, पहरेदार उस चैन को हर दो घंटों के बाद खींचता था।

जेल से भाग निकलने का मेरा प्रयास विफल गया था, अपनी इस विफलता की मुझे बहुत कीमत चुकानी पड़ी। मुझे वे सब अपमान, कठिनाइयों और कष्ट सहने

पड़े जो प्रयासों के विफल होने पर व्यक्ति को दिए जाते हैं। मेरे साथ जो व्यवहार किया गया उससे मेरी दशा बहुत बिगड़ गई थी। मेरे भोजन की मात्रा घटाकर आधी कर दी गई जिससे मेरा शारीरिक बल घटने लगा, उस पर मुझे मलेरिया हो गया जिसने मुझे और भी कमज़ोर कर दिया। मैं प्रायः उदास और खिन्न पड़ा रहता था। बार-बार आत्महत्या करने का विचार मन में आता था, परंतु मैं उस विचार को मन में ठहरने नहीं देता था। 'मुझे अपने अत्याचारियों से अभी हिसाब चुकाना था, उनसे बदला लेना था', यह विचार मुझे जीवित रहने के लिए प्रेरित करता रहता था। मेरा मन और मस्तिष्क, दोनों एक ही लक्ष्य पर केंद्रित थे—'जेल तोड़कर कैसे भागा जाए।'

एक ओर जेल-अध्यक्ष की उपेक्षा थी और दूसरी ओर मेरे मन की बेचैनी—इन दोनों के कारण मेरा शारीरिक और मानसिक स्वास्थ्य ठीक नहीं हो रहा था। थोड़े-थोड़े समय के बाद मुझे मलेरिया हो जाता और मेरे शरीर को झंझोड़ देता। भागने के प्रस्तावों के चिंतन में लगा मेरा मन मुझे बेचैन किए रहता था। कभी-कभी बुखार बहुत तेज़ हो जाता और मैं बड़बड़ाने लगता। पहरेदारों को आशंका होने लगी थी कि कहीं मैं मानसिक रूप से अस्थिर तो नहीं हो रहा। एक बार अनजाने में कुछ ऐसा ही हो गया जिसने उनकी आशंका को विश्वास में बदल दिया।

आधी रात का समय था, खूब अँधेरा था और मैं रात भर की अनिद्रा से पीड़ित था। तेज़ बुखार की बेचैनी से मैं लगातार करवटें बदल रहा था। मेरे दाँत कटकटा रहे थे। बुखार इतना तेज़ था कि वह मेरी हड्डियों को झंझोड़ रहा था और मेरा सिर दर्द से फटा जा रहा था। ऐसी अवस्था में, कुछ आराम पाने के लिए मैं अपने घुटनों को ऊपर उठाकर छाती से लगाने की चेष्टा कर रहा था, किंतु बेड़ियों के कारण यह हो नहीं रहा था। मुझे प्यास भी बहुत सता रही थी। मैं घड़े तक पहुँचना चाहता था, परंतु हथकड़ियों के कारण घड़े तक पहुँचना भी कठिन हो रहा था। अपने आपको आराम पहुँचाने की इन गतिविधियों में मैं सोने की पटरी से नीचे घड़े पर आ गिरा। फर्श पर मैं अधोमुख टेढ़ा-मेढ़ा पड़ा था और घड़े का पानी मेरे शरीर के नीचे बह रहा था। अपनी प्यास बुझाने के लिए मैंने कच्चे फर्श पर बहते गंदे पानी को चूसा और अपने आपको सँभालकर पटरी पर चढ़ने की चेष्टा करने लगा। मेरे नीचे गिरने के धमाके और चेन के खिंचाव से पहरेदार चौकन्ना हो गया था, उसने दरवाजे के छिद्र के ढक्कन को सरकाया और अंदर झाँकने लगा। मैं उस समय भी उठने की चेष्टा कर रहा था, परंतु बेड़ियाँ उलझी हुई थीं। चेष्टा करने पर भी मैं अपने घुटने मोड़ नहीं पाया और न ही ऊपर चढ़ने के लिए कोई सहारा मिला। हथकड़ियों से बँधे हाथ और भी बेकार थे। उस समय तक मैं इधर-उधर मुड़ता रहा, उठने की कोशिश करता रहा जब तक बिलकुल थक नहीं गया।

मैं बहुत भद्दे रूप में गरुड़ की भाँति फैला हुआ अधोमुख फर्श पर पड़ा था; पीछे को मुड़ी हुई बाँहों को मैं इधर-उधर पटक रहा था, दोनों टाँगें एक-दूसरे से दूर सीधी पड़ी थीं, पिछला भाग कुबड़ा-सा होकर बेड़ियों के ऊपर छटपटा रहा था और

फर्श पर पड़े अपने माथे को मैं बार-बार उठाता और गिराता था। फर्श पर अधोमुख पड़ी मेरी वह आकृति बहुत ही विचित्र और हास्यप्रद थी।

तब सहसा मेरे मन में एक तसवीर उमड़ी—मेढक की तसवीर; फैली हुई टाँगें, सिकुड़ी हुई बाँहें, थूक फेंकता और हाँफता हुआ आधा खुला मुँह। इस तसवीर के मन में आते ही मेरे हृदय में जोर से गुदगुदी हुई और मैं खुलकर हँस पड़ा—पतली, कठोर हँसी जो जाल में फँसे जानवर के चिल्लाने जैसी थी। वह उन्मत्त हँसी थी। जब मैं अपने आपको सँभालकर उठने में सफल हो गया तब मैं पटरी से पीठ लगाकर बैठ गया। उन्मत्त हँसी बार-बार फूट पड़ती थी, पेट से उठकर वह मेरे सारे शरीर को हिला देती थी। अंत में जब वह हँसी रुकी तो हाफ़िज़ के फ़ारसी का एक पद्य मेरे मन में मुखरित हो उठा। उसके भावार्थ हैं :

> "अँधेरी रात, लहरों का डर और सामने भँवर,
> चिंतामुक्त तट पर बैठे मेरी दशा को क्या जाने।"

पद्य की यह दो पंक्तियाँ, चमगादड़ की भाँति, मेरे मन में चक्कर लगाती रहीं—बार-बार और लगातार। इन पंक्तियों को मैं पहले धीमे से गुनगुनाने लगा और फिर ऊँचे स्वर में। उस समय जिस स्थिति में मैं था उसमें मेरा यह व्यवहार निस्संदेह विचित्र था—पहले हँसना, फिर गाना और यह सब अकेले बैठे और वह भी अकारण। इससे उस पहरेदार को धक्का अवश्य लगा होगा जो पहले से सावधान होकर मेरी ठिठोलियाँ देख रहा था। उसे विश्वास हो गया कि दंड वार्ड ने आखिर मुझे अपना शिकार बना ही लिया।

ड्यूटी बदलने के समय जब दूसरा पहरेदार आया तो पहले पहरेदार ने 'मेरे पागल हो जाने' के बारे में उसे सब कुछ बता दिया। उनके शब्दों में मेरे प्रति सहानुभूति अवश्य थी, किंतु अचंभा नहीं। ऐसा लगता था कि उन्होंने बहुत से स्वस्थ, सामान्य और पुष्ट कैदियों को उन कालकोठरियों में पागल होकर रोते, चिल्लाते या हँसते हुए देख रखा था। उन्हें यदि कुछ आश्चर्यजनक लगा तो केवल यही कि मुझे पागल होने में इतना समय क्यों लगा। उन्हें मेरी जवानी पर तरस आ रहा था। अपने अशिष्ट और असभ्य तरीके से उन दोनों ने मेरे लिए अनेक प्रशंसायुक्त शब्द कहे।

पहरेदार पंजाब का एक अनपढ़ देहाती था, उसे निर्धन शोषित किसानों का एक प्रतिनिधि कहा जा सकता था। दो सौ वर्ष की प्राण हरनेवाली गुलामी ने उसे अति निर्धन बना दिया था। इसके अतिरिक्त, जब वह बहुत छोटी आयु में जीविका कमाने के लिए घर से बाहर आया तो भाग्य ने उसे ऐसे स्थान पर ला फेंका जहाँ सीधे-साधे अच्छे व्यक्तियों को चोर और ठग बनाया जाता था—वे कैदी हों या पहरेदार। यह वह स्थान था जहाँ स्वच्छता को महागंदगी में बदल दिया जाता था। ऐसे स्थान के व्यक्तियों या कलपुर्जों ने जब मुझ जैसे कैदी के लिए अपनी सहानुभूति प्रकट की और मेरी संघर्ष-क्षमता की प्रशंसा की तो मुझे बहुत संतोष मिला, उसने मेरे मानवता

और मानव-मूल्यों के प्रति डगमगाते विश्वास को बल दिया, उसे पुनः पुष्ट किया।

मेरे पागल हो जाने की सूचना सुबह दफ़्तर में पहुँच गई। उस सूचना को जेल नियमानुसार आवश्यक कार्यवाही के लिए आगे चिकित्सा अधिकारी को पहुँचा दिया गया। मैं वह सारा समय, बुखार से जलता और प्यास से तड़पता कोठरी के कीचड़ भरे फर्श पर बैठा रहा। सफ़ाई की दृष्टि से इस वार्ड के कैदियों को शौच आदि के लिए सुबह आधे घंटे के लिए कोठरी से बाहर ले जाया जाता था। उस दिन न तो किसी ने मेरी कोठरी का ताला खोला, न मुझे पानी दिया और न ही आकर मल-मूत्र के डिब्बे को साफ़ किया। किसी ने आकर मेरी हथकड़ियाँ भी नहीं खोलीं। इसलिए न मैं अपनी उलझी हुई बेड़ियाँ सुलझा सका और न सूखी पटरी पर चढ़ सका। मैं कई घंटों तक किसी के आने की प्रतीक्षा करता रहा, किंतु वहाँ न पहरेदार आया और न जमादार ही। उनके पैरों की आहट सुनने के लिए मैंने अपने कान दरवाजे की ओर लगा रखे थे, परंतु कोई आहट सुनाई नहीं पड़ी।...सन्नाटा-ही-सन्नाटा था, पागल करनेवाला सन्नाटा व मतवाला सन्नाटा मुझे चारों ओर से घेर रहा था।...उस सन्नाटे में मेरा दम घुट रहा था।...वहीं बैठे-बैठे मैं पहरेदार के लिए चिल्लाया—फिर गुस्से से पूरी ताकत लगाकर चिल्लाया—फिर मल-मूत्र की दुर्गंध भरी हवा को एक लंबी साँस नें अंदर खींचकर चिल्लाया।...तब एक पतली लंबी चीख सन्नाटे को भेदती हुई दरवाजा पार कर गई।...दोबारा साँस लेकर मैंने दूसरी चीख मारी। वे दोनों चीखें, कोठरी में गूँजती हुई रोशनदान के द्वारा कोठरी से बाहर चली गईं।

चीखों के साथ मैं भी कोठरी से बाहर निकल जाना चाहता था। बहुत चेष्टा से मैं अपने आपको घसीटकर दरवाजे तक ले गया। हथकड़ियाँ लगे हाथों से मैं दरवाजे पर मुक्के मारने लगा—मैं हथकड़ियों और मुक्कों की चोट से दरवाजा तोड़ डालना चाहता था। तभी रोशनदान से किसी की आँख नज़र आई—वह आँख बहुत ही दुष्ट और निर्मम थी। फिर आँख के पीछे से आवाज़ आई, 'चुप रह पगले'।...मैंने थूका और कोठरी खोलने की माँग की। आँख गायब हो गई और फिर वही सन्नाटा छा गया।...उस सन्नाटे में मैं लगातार चिल्ला रहा था और हथकड़ियों के साथ मैं दरवाजे पर लगातार मुक्के मार रहा था !

जितना अधिक मैं चिल्लाया, उतना ही उनमें मेरे 'पागल हो जाने' का विश्वास बढ़ता गया। मैं उस समय तक चिल्लाता गया जब तक बेचैन-बेसुध नींद ने मुझे घेर नहीं लिया। मैं थककर सो गया।

दोपहर के समय सहसा मेरी नींद खुली। मेरी कोठरी के बाहर कुछ हलचल थी। खिसक-खिसककर चलने की आहट आ रही थी। सन्नाटे से भरे प्रांगण में घबराहट और बड़बड़ाने की आवाज़ें भी सुनाई पड़ रही थीं जो बीच-बीच में, जख्मों की पपड़ी के समान भद्दी, दबी हँसी में बदल जाती थीं। बुखार से कुचली हुई अपनी चेतना को जब मैंने कुछ सँभाला तो मेरी कोठरी के दरवाजे में चाबी लगाई जा रही थी! मैंने उस ओर अपने कान लगाए, परंतु उसकी आवश्यकता नहीं थी। दरवाजा

खुला। दरवाजे में डॉक्टर खड़ा था। वह मोटा और लगभग पचास वर्ष की आयु का होगा। उसका मुँह यदि नीचे को मुड़कर ऐंठा हुआ न होता तो उसे अच्छा सुंदर कहा जा सकता था।

उसने मेरी तबीयत पूछी, मैंने उत्तर नहीं दिया। उसने मुझे खड़े होने को कहा, परंतु मैं फर्श पर लेटा रहा। उसने फिर अपने पैरों की उँगलियों से मुझे ठेसा और मैंने हथकड़ियों से बँधे अपने हाथ उसकी ओर घुमाए। पिछले तीस घंटों का मन में भरे क्रोध और कटुता को उगलते हुए मैं उस पर चिल्लाया और पूछा कि मुझे खोलने के लिए सुबह क्यों कोई नहीं आया और क्यों मेरी प्यास बुझाने के लिए मुझे पानी नहीं दिया गया ? मैं···

पहले कि मैं अपना वाक्य पूरा कर पाता, उस जंगली ने मेरी पसलियों पर लात मारी और अपनी कमीज से थूक पोंछते हुए कोठरी से बाहर निकल गया जो मैंने उसके मुँह पर फेंकने की कोशिश की थी।

बदमाश कर्मचारियों का बाहर खड़ा गुट डॉक्टर का इशारा पाते ही मुझ पर टूट पड़ा। आश्चर्य इस बात का है कि उनके हाथ में न बेंतें थीं और न ही डंडे जो वे सदा अपने साथ रखते थे। उन्होंने मेरी अवज्ञा और धृष्टता पर मुझे 'सामान्य पुरस्कार' भी नहीं दिया। इसके विपरीत, उन्होंने पशुओं को बाँधनेवाली वह चेन भी खोल दी जो मेरी बेड़ियों के साथ बँधी रहती थी। हथकड़ियाँ भी हटा दी गईं और बेड़ियों के बीच की छड़ भी निकाल दी गई। मुझे एक कंबल में बाँधकर, वे मुझे कोठरी से बाहर उठाकर ले गए। मैं उनके व्यवहार के विरुद्ध चिल्लाया और उत्तर में मुझे घूँसे मिले। मैंने अपने आपको उनसे छुड़ाने की बहुत कोशिश की, पर छुड़ा नहीं पाया। उन्होंने मुझे सिर से पैर तक कंबल में लपेट रखा था। मैं देख नहीं सकता था कि वे मुझे कहाँ ले जा रहे थे। 'मुझे ये क्या भट्टी में ले जा रहे हैं ?'···मुझे एक घटना याद आ गई जो दो वर्ष पूर्व, इस जेल में आने पर, मैंने गुप्त चर्चा द्वारा सुनी थी।

जेल का एक कैदी उम्रकैद की सजा भुगत रहा था और अपनी सजा के लगभग दस वर्ष बिता चुका था। इस सारी अवधि में वह भी अन्य कैदियों की भाँति जेल-अध्यक्ष को पच्चीस रुपए महीना दिया करता था। यह 'सुविधाएँ उपलब्ध' करने की रकम थी जो जेल-अध्यक्ष अवैध ढंग से सब कैदियों से वसूल करते थे। यह रकम कैदी की आर्थिक स्थिति और अपराध की गंभीरता के अनुसार, पाँच रुपए से पचास रुपए प्रतिमास तक निश्चित की जाती थी। इसके बदले में कैदी को कुछ सुविधाएँ दी जाती थीं जैसे कठिन परिश्रम के स्थान पर आसान काम, जेल के भीतर इधर-उधर जाने की कुछ छूट, बाल-अपराधियों की जेल में जाने की इजाज़त और सबसे महत्त्वपूर्ण सुविधा थी तंबाकू, चरस, अफ़ीम, शराब इत्यादि प्रतिबद्ध पदार्थों को चोरी से जेल में मँगवाने की सहूलियत।

जेलर आते थे, चले जाते थे, किंतु इस व्यवस्था में कोई परिवर्तन नहीं आता

था। यह प्रबंध निर्विघ्न बना रहता था। 'सोने के अंडे देनेवाली यह मुर्गी', पूर्वजों की जायदाद की भाँति, एक जेलर के जाने पर दूसरे जेलर को मिल जाती थी। यह व्यवस्था केवल मुलतान जेल की विशेषता नहीं थी, पंजाब की सब जेलों में सामान्य रूप से प्रचलित थी।

नए जेलर (जो मेरे समय का सबसे भयंकर जेलर था) के आने के लगभग एक वर्ष बाद उस कैदी के परिवार की आर्थिक स्थिति बिगड़ गई और वह जेलर को देने के लिए रुपए नहीं जुटा पाया। जेलर को रकम मिलनी बंद हो गई और कैदी को सुविधाएँ मिलनी बंद हो गईं। इतना ही नहीं, उसे एकाकी कोठरी में बंद कर दिया गया। उसे सब प्रकार की यातनाएँ और अपमान मिलने शुरू हो गए जिससे किसी प्रकार से उससे मासिक रकम वसूल की जा सके।

कैदी लाचार था, उसने अपनी लाचारी बताई और उसकी पुष्टि के लिए अपने परिवारवालों को बुलाकर जेल-अध्यक्ष के सम्मुख पेश भी कर दिया। परंतु इस सबसे जेल-अध्यक्ष की माँग में कोई कमी नहीं आई। वह अपनी माँग पर अकड़ा रहा और रकम माँगता रहा। कैदी को विवश करने के लिए वह उसे विशेष तंग करने लगा। अति अपमानित और पीड़ित होने पर वह उदंड और असावधान हो गया।

एक दिन जेल-अध्यक्ष ने सुबह-सुबह उसके पास जाकर अपनी रकम की माँग की। कैदी क्रोधित तो था ही, उसने कोठरी के कोने में पड़ा मल-मूत्र का डिब्बा उठाया और उसकी सारी गंदगी सलाखों के बीच से उसके मुँह पर उछाल दी। दरवाज़े का ताला खुला था। मानवरूपी कुत्तों का एक दस्ता उस पर टूट पड़ा, उसे बहुत पीटा—पीट-पीटकर उसकी हड्डियाँ तोड़ डालीं और फिर उसे कंबल में लपेटकर जेल की अस्पताल की भट्ठी में जिंदा जला दिया। जेल अधिकारियों के मेहरबान डॉक्टर ने—जो खूनी रकम का हिस्सेदार भी था—प्रमाणपत्र दे दिया कि भट्ठी में कूड़ा डालते समय कैदी के कपड़ों में अचानक आग लग गई थी जिससे वह शत-प्रतिशत जल गया और उसकी मृत्यु हो गई।

'मुझे वे कहाँ ले जा रहे थे', इसके बारे में मुझे बहुत देर तक सोचना नहीं पड़ा। एक झटके के साथ मुझे एक लचीले नरम स्थान पर डाल दिया। जब तक मैं अपने आपको उस कंबल से बाहर निकाल पाता, लौह-द्वार बंद कर दिया गया और उसकी कर्कश ध्वनि ढके हुए बरामदे में गूँजकर फैल गई। कुंडा बंद करने के बाद दरवाजे पर ताला लगा दिया गया। तब उन सबके पैरों की ऊँची ध्वनि धीरे-धीरे वहाँ से विलुप्त हो गई। तत्पश्चात् फिर वही सन्नाटा, मेरे क्रोध भरे साँसों की ऊँची ध्वनि और हृदय की पागल धड़कन को छोड़कर सब सन्नाटा-ही-सन्नाटा था।

मुझे जिस जगह पटका गया था वह अस्पताल का निरीक्षण वार्ड था—या यूँ कहिए कि पागलखाने की राह पर एक चलाऊ ठिकाना। जो दरवाजा बंद किया गया था वह निरीक्षण वार्ड की कालकोठरी का दरवाजा था। उस वार्ड में लगभग बारह कोठरियाँ थीं। दंड वार्ड की कालकोठरी की अपेक्षा यह कुछ अधिक बड़ी और साफ़

थी। इसके फर्श पर पुरानी सूखी घास की मोटी तह बिछी हुई थी। मुझे यहाँ हथकड़ियाँ नहीं पहनाई गईं, मेरी बेड़ियों में लोहे की छड़ भी नहीं लगाई गई और पशु-चेन को भी हटा दिया गया। मैंने अपने आपको कुछ हलका-सा अनुभव किया। मैं यह सोचकर कुछ खुश भी था कि पहली कोठरी की अपेक्षा यहाँ से भागना संभवतः कुछ आसान होगा। परंतु अपने इन विचारों को त्यागने पर मुझे शीघ्र ही विवश हो जाना पड़ा। यहाँ की स्थिति बहुत ही घृणाप्रद थी। मुझे अपने आपको जीवित रखने के लिए पूरी मानसिक शक्ति लगानी पड़ रही थी। जीवित रहने से भी अधिक आवश्यक था अपने आपको स्थिर बुद्धि रखना।…मैं जिंदा और स्थिर बुद्धि रहना चाहता था। इस वार्ड में मैं चार महीने रहा—केवल चार महीने। परंतु परपीड़न में आनंद लेनेवाले जेल-कर्मचारियों ने उन चार महीनों में सदियों के दुःख, पीड़ा और यातनाएँ भर दीं।

उन्मत्त व्यक्तियों को—जवान हों या बूढ़े या बच्चे—गालियाँ देना, ठोकरें और घूँसे मारना वहाँ का सामान्य काम था। वार्डर उन बूढ़े व्यक्तियों पर चिल्लाते थे जो मूत्राशय से जल्दी उठ नहीं पाते थे, जब शक्तिहीन व्यक्ति गिर पड़ते थे तो उन्हें ठोकरें मारी जाती थीं, बोरियों की तरह घसीटकर उन्हें कोठरी में पटक दिया जाता था; जो अपनी मानसिक अस्थिरता में बड़बड़ाते थे उनके मुँह पर थप्पड़ मारे जाते थे—उनके मुँह से खून निकल आता था, उनके दाँत हिल जाते थे। कुछ कर्मचारी बाल-अपराधियों को अपनी कामुकता का शिकार बनाने में भी हिचकिचाते नहीं थे। उन्हें अपने इन कुकर्मों से आनंद मिलता था, यद्यपि चेहरों पर उसकी झलक दिखाई नहीं पड़ती थी। अपने जंगली और अशिष्ट चेहरों पर वे सौजन्यता का मुखौटा पहने रहते थे।

यह विश्वास करना कठिन था कि वे बूढ़ों की, जाँघों के ऊपर संधिभाग में ठोकरें मारनेवाले और औरतों की छातियों पर लाते मारनेवाले मनुष्यों की संतान थे—उसी राष्ट्र की संतान जिसने पाणिनि और व्यास, बुद्ध और महावीर, कालीदास और जयदेव, तानसेन और बैजूबावरा, नानक और कबीर जैसे महापुरुषों को जन्म दिया था। यह विश्वास करना भी कठिन था कि ब्रिटिश राज्य के पूर्व स्थिति कुछ और थी। क्या इन दो सदियों ने—इतिहास के इस छोटे से अंश ने—इन महान् पुरुषों की संतान को इतना बदल डाला—उन्हें सहानुभूतिरिक्त, विवेकशून्य और भावहीन बना डाला ?…यह भी अविश्वसनीय लगता था।

उस नरक के कीचड़ से निकलने के लिए मुझे अपनी पूरी मानसिक शक्ति लगानी पड़ रही थी। मैं जितना चिकित्सा-विज्ञान विशेषज्ञ को विश्वास दिलाना चाहता था कि 'मैं पागल नहीं हूँ', उतना ही उसका मेरे पागल होने पर विश्वास दृढ़ होता जा रहा था। मेरे अवरोधों को मेरे मानसिक विकार का लक्षण समझा जाता था। अंत में एक भद्र परिवार का नवयुवक डॉक्टर वहाँ आया। जेल में उसकी नियुक्ति नई-नई थी। उसने मुझे देखा, मेरे साथ जो भद्दा अमानवीय व्यवहार हो रहा था, उसे समझा और मेरी सहायता की।

अज्ञात महावीर

जब संकट की रात बीत जाती है तब प्रभात होता है, भले ही वह देरी से हो। मनुष्य तब अपनी स्वाभाविक वृत्ति के अनुसार पिछली रात की संकटमयी घटनाओं को भूल जाता है। किंतु कुछ घटनाएँ ऐसी भी होती हैं जो मनुष्य की इस स्वाभाविक वृत्ति के दायरे से बाहर ही रह जाती हैं। माईकल एंजेलो के पाइटा की भाँति न उनके चिंतन में कमी आती है और न ही उनकी कटुता कभी मन से ओझल होती है।

तीसरे दशक की घटनाएँ ऐसी ही थीं। उस दशक में बहुत भयंकर घटनाएँ हुई थीं और वे हुई थीं देश की जेलों में। वे यातनाएँ कभी न समाप्त होने वाली रात के समान थीं। उन घटनाओं से प्रज्वलित क्रोधाग्नि उन व्यक्तियों के मन में अब भी ताज़ा है जो उन घटनाओं का शिकार हुए थे और उनकी गाथा बतलाने के लिए किसी प्रकार जीवित बाहर निकल आए थे। उन घटनाओं का पुनःस्मरण भी प्रशांत और प्रसन्नवृत्ति व्यक्तियों को आग बबूला बना देता है। ये लोग, पल्लवविहीन काँटेदार वृक्षों के दृढ़ ढाँचे की तरह ऐंठी टाँगों पर खड़े, भारत के इतिहास के पन्नों पर उन शर्मनाक और मानहानि की घटनाओं की राख बखेरने के लिए जीवित हैं।

उन दिनों की जेलें दाँते के इन्फरनो अर्थात् 'नरक की खुली तसवीर' थीं, विशेषकर राजनीतिक कैदियों के लिए; और उससे भी अधिक उन कैदियों के लिए जो क्रांति की हिंसक गतिविधियों के लिए पकड़े गए थे। दूसरे शब्दों में, जेल व्यवस्था उन राजनीतिक कैदियों के लिए विशेष संकटमय थी जिन्होंने अपने उद्देश्य अर्थात् भारत की आज़ादी को प्राप्त करने के लिए प्रतिरोधक आक्रमणकारी गतिविधियों अर्थात् आक्रमण के बदले आक्रमण मार्ग को अपनाया था। उनके साथ विशेष दुर्व्यवहार किया जाता था, उनका निरंतर अपमान किया जाता था और उनके जीवन के प्रत्येक क्षण को कठिन यातना में बदल दिया जाता था। हमारे कुछ महान् नेताओं ने सत्य और अहिंसा के नाम पर क्रांतिकारी गतिविधियों की सार्वजनिक रूप से निंदा की थी। उससे राक्षसी जेल-अधिकारियों को अपने दुष्कर्मों के लिए प्रोत्साहन मिला था। उन्हें बेबस क्रांतिकारियों पर अत्याचार करने की खुली छूट मिल गई। उनके कब्जे में जो नवयुवक क्रांतिकारी थे उन्होंने उन पर खुले दिल से अपनी परपीड़न वृत्ति का प्रयोग किया। उन्होंने अपने गोरे अफसरों को प्रसन्न करने और उनकी कृपादृष्टि प्राप्त करने के लिए नवयुवक क्रांतिकारियों पर घोर अत्याचार किए।

मैं इस संदर्भ में आपको भट्टाचार्य का उदाहरण दे रहा हूँ। उसके नाम का पहला भाग इस समय मुझे याद नहीं आ रहा। परंतु उसे उस समय के क्रांतिकारी नवयुवकों का एक प्रतिनिधि अवश्य कहा जा सकता है। हम उसे 'खोखा' कहकर पुकारते थे। उसका अब न कोई आदर-मान है और न कोई चर्चा। वह एक टूटे तारे के समान है जो कुछ क्षणों के लिए अँधेरे के दिल को चीरकर चमका और फिर अँधेरे में विलुप्त हो गया। वह स्कूल का छात्र था, खुदीराम और कन्हाईलाल के क्षेत्र से आया था। वह उस समय के क्रांतिकारी जोश से प्रभावित हुआ, अपने देशभक्त साथियों से प्रेरित होकर क्रांति की गतिविधियों में शामिल होने के लिए बंगाल से (या वारीसाल से) पंजाब चला आया। उस समय पंजाब में क्रांति की गतिविधियाँ बहुत ज़ोर से चल रही थीं।

वह लाहौर आया जो उसके लिए एक बिलकुल अनजान शहर था। न वह पंजाब की भाषा जानता था और न पंजाब के रीति-रिवाज। लाहौर आने के कुछ ही दिनों में वह एक भड़काने और पकड़वाने वाले के जाल में फँस गया और शीघ्र ही पकड़ा गया। उस पर गोला-बारूद और राजद्रोही साहित्य होने का आरोप लगाया गया और एक मुकदमे का स्वाँग रचकर उसे सात वर्ष की कड़ी सजा दे दी गई। उसे मिंटगुमरी सेंट्रल जेल भेजा गया। वह जेल पंजाब के यातना-गृहों में से एक थी।

उस जेल का अध्यक्ष एक लैफ्टिनेंट करनल था जो राज्य की मेडिकल सर्विस का सदस्य था। वह पंजाब के पुराने जागरूक, राष्ट्रीय विचारधारावाले परिवार से था और एक धनी प्रसिद्ध कांग्रेसी नेता का बेटा था। कभी-कभी गुप्त रूप से कांग्रेस की विचारधारा में अपना विश्वास भी व्यक्त किया करता था, कभी-कभी अपने अंग्रेजी सूट के नीचे खादी की कमीज़ भी पहनता था। परंतु, उसे क्रांतिकारियों से कोई सहानुभूति नहीं थी क्योंकि वे केवल उस समय के कानूनों की ही अवहेलना नहीं करते थे, 'सत्य और अहिंसा' के पुजारियों के सिद्धांतों की भी अवज्ञा करते थे। उसे क्रांतिकारियों से घृणा थी और वह ऊँची दीवारों और लोहे के दरवाजों से घिरे जेल के क्षेत्र में उनसे अपनी लड़ाई लड़ता था।

निजी गोपनीय विचारों और कथनों तथा प्रत्यक्ष व्यवहार में विरोधाभास होने पर भी, उसने अपनी गतिविधियों को शिष्टता का जामा पहना रखा था—ठीक फाँसी देनेवाले की शिष्टता के समान, जो फाँसी देने का गंदा काम साफ़ दस्ताने पहनकर करते हैं। अपने पेशे में वह अन्य अधिकारियों से भिन्न था—वह बुद्धिमान था और उसका शरीर अच्छे प्रशिक्षित खिलाड़ी जैसा आकर्षक था। उसका माथा ऊँचा था, किंतु चौड़ाई में बहुत छोटा; उसकी आँखें बंदर की तरह अंदर को धँसी हुई थीं—बेचैन, धूर्त और कपटी। वह अपनी आँखों को सदा, सायंकाल के समय भी, काले चश्मे से ढके रहता था; उसकी नाक लंबी, लुटेरों की-सी दिखाई पड़ती थी। उसका मुँह चौड़ा था और उस पर मोटे-मोटे होंठ थे, ऐसा लगता था मानों वह गालियाँ देने के लिए ही बने हों, किंतु वह गालियाँ नहीं देता था। उसके हाथ मकड़े की टाँगों जैसे पतले और

लंबे थे। उसके शरीर के सब अंगों में अनुरूपता थी, परंतु कूल्हे स्त्रियों की भाँति चौड़े थे। उसकी पतली आवाज़ उसके सुदृढ़ और बलिष्ठ शरीर के साथ मेल नहीं खाती थी। उसकी आवाज़ कुछ घबराई-घबराई रहती थी और वाक्य भी प्रायः अधूरे होते थे, तथापि वह जो कहना चाहता था उसे सफलतापूर्वक कह लेता था।

मानसिक रूप से यद्यपि वह व्यग्रता-पीड़ित दिखाई पड़ता था, तथापि वह पाखंडी नहीं था। पाखंडी लोग उन पदार्थों व व्यक्तियों की चापलूसी करते हैं जिन्हें वे मन से पसंद नहीं करते और मन-ही-मन उनके विनाश के कूट प्रबंध रचते हैं। संभवतः वे कायर होते हैं और साहसी व्यक्तियों से घृणा करते हैं। पाखंड और कायरता दोनों मानसिक विकार हैं, ये दोनों एक-दूसरे के पूरक हैं। यह दोनों ही भयंकर मनोवृत्तियाँ हैं। भट्टाचार्य इन दोनों का शिकार हुआ।

भट्टाचार्य को उसके दुर्बल शरीर और नाजुक स्वास्थ्य के बावजूद दैनिक श्रम में हथचक्की से आधा मन गेहूँ पीसने के लिए दिया गया। इसके अतिरिक्त, खतरनाक प्रवृत्तियों का अपराधी होने के कारण उसे कालकोठरी अर्थात् एकाकी कक्ष में रहने का दंड भी दिया गया। वह छोटी आयु का युवक था, उसकी आयु अठारह-उन्नीस वर्ष से अधिक नहीं थी। वह शरीर का पतला था और उसके नयन-नक्श सुंदर थे। उसका रंग शरद काल के हलके बादलों जैसा था जो पूजा-उत्सव से पहले सोनार-बंगला में छाए रहते हैं। उसकी औपचारिक शिक्षा पूरी नहीं हुई थी, परंतु वह उस संस्कृति और ज्ञान के परिवेश में पला हुआ था जो उसने विरासत के रूप में विद्यासागर, मधुसूदन दत्त, नज़रूल इस्लाम और बंकिमचंद्र चटर्जी से पाया था। उसका दिल उदार था, बहुत ही उदार; उसका दृष्टिकोण बड़ा था, बहुत ही बड़ा—अपने सूबे के अनुरूप जहाँ हरे खेत और चौड़ी गहरी नदियाँ क्षितिज तक अबाध्य फैली हुई थीं। उसका मन उन सब रंगों को अपने में समोए हुए था जिन्हें पुष्प-लताएँ, फूलों के पेड़-पौधे और फलों से लदे वृक्ष, बंगाल की धरती पर बखेरे रहते हैं। वह उस सूबे का था जहाँ सूर्यास्त के समय दिन के परिश्रांत और आलस्य भरे बादल, एकत्रित होकर नीले आकाश पर अनेक रंगों की रचना करते हैं। उसका चेहरा वैरागियों जैसा था—कुलीन और संवेदनशील। उसकी आत्मा अपने में अनेक सुंदर स्वप्न सँजोए हुए थी। उसके मन में भक्ति थी, खून में करुणा और दिल में दृढ़निश्चय। वह टैगोर की 'पुजारिन' नामक कविता की श्रीमथी का पुरुष-प्रतिरूप था।

भट्टाचार्य को 'ब्रिटिश सम्राट्' के विरुद्ध 'जंग छेड़ने' (षड्यंत्र रचने) के अपराध में सज़ा दी गई थी। इस बेहूदा और क्रूर आरोप तथा जेल-अध्यक्ष की निष्ठुर प्रवृत्ति के कारण, भट्टाचार्य को जेल नियमावली का सबसे कड़ा श्रम दिया गया था।

ग्रीस की पौराणिक कथा के सिसीफुट की भाँति वह सुबह से शाम तक गेहूँ पीसता रहता था। उस दंड को दृढ़निश्चय से पूरा करने पर भी वह उसे पूरा नहीं कर पाता था। उसे पूरा करना उसकी शारीरिक क्षमता से बाहर था। वह उस दैनिक श्रम को इस आशा से करता जा रहा था कि समय पाकर संभवतः वह जेल से भागने

की स्थिति में पहुँच जाए। जेल से भागने के विषय में सोचना और उसकी व्यवस्था करना, उस समय के क्रांतिकारी कैदियों के लिए आवश्यक हो गया था।

किंतु वह दुर्बल बालक लगातार के शारीरिक और मानसिक तनाव तथा कड़ी मेहनत को बहुत समय तक सहन नहीं कर सका। अंत में वह दिन आ ही गया जब उसके लिए उस श्रम को करना उसकी शारीरिक क्षमता से बाहर निकल गया। संगीत और कलाकृतियों के लिए प्रशिक्षित उसके हाथ घावों और फफोलों से भर गए, उसकी बाँहें सीसे की तरह भारी हो गईं, उसकी हड्डियाँ दर्द करने लगीं और थकान से उसका सिर फटने लगा। वह बाँहों को हिलाने-डुलाने में असमर्थ हो गया, यहाँ तक कि उसके लिए खड़ा होना भी दुष्कर हो गया।...वह टूट गया।

शाम के समय जेल का कार्य-आपेक्षक, अपने कारिंदों के साथ दिन भर के 'श्रम-रूपी श्रम' को इकट्ठा करने के लिए आया। वह रूखा और संकीर्ण दृष्टि का व्यक्ति था। जीवन भर अपराधियों के संसर्ग की छाप उसके मुँह पर स्पष्ट दिखाई पड़ती थी। उसकी खोपड़ी पुरा-पाषाण काल के मनुष्यों की भाँति चौकोर थी, अपनी आगे बढ़ी हुई भौंहों के साथ वह पूरा वनमानुष दिखाई पड़ता था। विकृत कामुकता से उत्पीड़ित वह पूरा पाजी था। उसके होंठ छोटे थे, आँखें निर्दयी और संवेदनाशून्य। उसकी घबराहट से काँपती हुई चौड़ी-चपटी नाक पसीने की बूँदों से भरी रहती थी। उसके हाथ चौड़े और भारी थे, और उँगलियाँ दियासलाई की डिब्बियों जैसी चौकोर थीं—उन पर काले बालों की भद्दी तह बिछी हुई थी। वह जब बोलता था तो उसके मुँह की मुद्राओं और हाथों की गति से ऐसा लगता था कि वह गूँगे-बहरों से बात कर रहा है। उसे यह समझ ही नहीं आता था कि दूसरा व्यक्ति बोल भी सकता है और सुन भी; इसलिए उसे चिल्लाने की आवश्यकता नहीं है। वह देखने में ही अपराधी नहीं लगता था, उसका संपूर्ण व्यवहार भी अपराधियों जैसा था।

वह कलहकारी था। श्रम की पूरी मात्रा इकट्ठा करने में वह कैदियों के साथ बहुत सख्ती बरतता था। चूँकि भट्टाचार्य उस दिन अपने श्रम को कर नहीं पाया था और सारा गेहूँ ज्यों-का-त्यों पड़ा था, वह क्रोध से पागल हो गया। वह भट्टाचार्य को गालियाँ बकने लगा—बहुत ही गंदी और अश्लील गालियाँ। उत्तर में भट्टाचार्य ने कहा कि वह उतना श्रम करता रहा है जो एक मनुष्य के लिए कर सकना संभव था, परंतु अब से वह कोई भी श्रम नहीं करेगा। वह जो करना चाहे कर ले, किंतु अपनी जबान पर काबू रखे।

भट्टाचार्य के उत्तर देने से कार्य-आपेक्षक आग-बबूला हो गया। उसने बीमार बालक को इतनी निर्दयता से मारा कि उसका सारा शरीर घावों से भर गया और वह लहूलुहान होकर धरती पर अचेत गिर पड़ा।

दूसरे दिन जब जेल-अध्यक्ष निरीक्षण के लिए आया तो भट्टाचार्य ने उसके कर्मचारी के दुर्व्यवहार की शिकायत की। भट्टाचार्य उस समय भी बहुत बुरी हालत में था। उसका शरीर सूजा हुआ था। उसकी टाँगों-बाँहों पर लाल-नीले निशान थे,

जख्मों पर ताज़ा पपड़ी जमी हुइ थी, उसके फटे कपड़े सूखे रक्त के साथ उसकी देह से चिपके हुए थे, केश भी सूखे खून से भरे पड़े थे और उसके मुँह पर बेंतों के लाल-नीले निशान स्पष्ट दिखाई दे रहे थे। उसकी आँखें घृणा और दबे हुए क्रोध से धधक रही थीं।

जेल-अध्यक्ष पहले भावहीन चेहरे से उसकी ओर सीधा देखता रहा। उसके चेहरे पर न कोई शिकन थी और न ही संवेदनशीलता का कोई लक्षण। यह कि वह अपने कर्मचारी के दुर्व्यवहार पर कोई कदम उठाता, वह संतुष्ट गिद्ध की भाँति भट्टाचार्य पर टूट पड़ा और उसे चुप रहने का आदेश दिया।

भट्टाचार्य चुप नहीं हुआ, वह प्रतिरोध करता गया। जेल-अध्यक्ष ने चिल्लाकर अपना आदेश दोहराया। भट्टाचार्य ने उसे भी नहीं माना और बढ़ते हुए आक्रोश के साथ प्रतिरोध करता रहा। और तब उस पुष्ट पाशविक जेल-अध्यक्ष ने अति आवेश में आकर उस पर बेंतें बरसानी शुरू कर दीं।

वह अंग्रेजी राज्य के समय की भारतीय सेना का एक 'बहादुर' लेफ्टिनेंट करनल था। उस बेबस बालक के अवरोध पर विजय पाने की चेष्टा में उसने अपनी बेंतों की चोट से तीन सामने के दाँत तोड़ दिए, उसकी नाक से खून बहा दिया, उसके होंठों को सुजा दिया और उसके माथे पर रिसते घावों के लाल निशान बना दिए। किंतु वह उस बालक को चुप नहीं करा सका। उस बेबस़ बालक ने उसके आगे घुटने नहीं टेके, हार नहीं मानी।

अति संकट में घिरे और कालकोठरी में बंद बालक के अनादर से वह बौखला गया। प्रतिरोध की जलती ज्वाला में भट्टाचार्य को उसने खूँटे से बँधवाकर बेंतें लगवानी शुरू कीं। प्रत्येक बेंत की मार के साथ भट्टाचार्य के ताज़ा ज़ख्मों से खून बहता था, तथापि उसके मुँह से एक ही निडर आवाज़ निकलती थी—वंदेमातरम्। पीड़ा को तीव्रोत्तर करने के लिए बेंतों को एक-एक मिनट के अंतर पर मारा जाता था जिससे कि उसे पेशियों के संकुचन की प्रतिवर्त-क्रिया का लाभ न मिल सके और प्रत्येक चोट ढीली पेशी पर लगे।

जेल नियमावली के अनुसार बेंतें तीस तक लगाई जा सकती हैं, तीस से अधिक नहीं। इसलिए आधे घंटे की अवधि में उसे तीस बेंतें मारने के बाद बेंतें मारना खत्म करना पड़ा। परंतु इससे न तो उस निडर बालक की सहनशीलता खत्म हुई और न ही उसकी निर्भीक अवहेलना। अपने उत्पीड़कों के प्रति उसकी घृणा और उपेक्षा में कोई कमी नहीं आई। वह वंदेमातरम् कहता गया और वह आवाज़ चारों ओर गूँजने लगी। बालक के हठ ने जेल-अध्यक्ष को गुस्से से पागल कर दिया। उसने तब वह किया जिसके लिए मानव समाज का अंतःकरण सदा शर्म का मातम मनाता रहेगा, सदा शर्म के आँसू बहाता रहेगा।

उस पैशाची जेल-अध्यक्ष ने भट्टाचार्य की आवाज़ को दबाने के लिए टट्टी से भरे किरमिच के एक थैले को उसके मुँह से बाँध दिया और अन्य कैदियों के लिए

उसे एक जिंदा मिसाल बनाकर बाकी का पूरा दिन खूँटे से बाँधे रखा। वह जेल-अध्यक्ष नौकरशाही का एक चापलूस टट्टू था, उसने अपनी इस राक्षसी हरकत से मानवता को शर्म के नरक में धकेला था। यहाँ मैं आपको याद दिला दूँ कि शिक्षा-दीक्षा की दृष्टि से वह एक कुलीन व्यवसाय का प्रतिनिधि था—वह डॉक्टर था, चिकित्साविज्ञान का विशेषज्ञ। इसके अतिरिक्त वह अपने आपको कांग्रेसी विचारधारा का अनुयायी भी कहता था और देशभक्तों की संतान होने की शेखी मारता था।

संवेदनशील और कुलीन भट्टाचार्य इस अमानवीय व्यवहार के धक्के से अपनी सुध-बुध खो बैठा, वह पागल हो गया। उसकी चेतना मंद पड़ गई, उसका दृष्टिकोण धुँधला पड़ गया। उसके जीवन में रह गया रीतापन—केवल रीतापन।

मैंने उसे इसी अवस्था में देखा था और मैं उस अति भयंकर दृश्य को अपने जीवन के अंतिम दिन तक नहीं भूल सकता। उसे निरीक्षण वार्ड में रखने के लिए मुलतान जेल भेजा गया था। मुझे भी पागलखाने में भेजने की तैयारी में, उसी निरीक्षण वार्ड में रखा हुआ था। वह आसपास के सारे वातावरण से बेखबर अपनी कोठरी के एक कोने में बैठा हुआ था। उसका चेहरा रीतेपन की एक जीती-जागती तसवीर थी। उसके बिखरे हुए लंबे बाल उसकी आँखों को लगभग ढके हुए थे। वह नरक में पड़ी एक आत्मा थी—बरबस संकुचित की हुई एक आत्मा। रीतेपन से भरा जीवन नरक ही तो है।

वह ज्ञानशून्यता के तनाव में था। ऐसा लगता था कि वह अपने पिछले और आनेवाले जीवन को जानता था, परंतु प्रस्तुत वास्तविकता से उसका नाता टूट चुका था। उसका वह सारा भावावेश, जो कठिन स्थितियों में भी व्यक्ति को निर्भय होकर जीने के लिए प्रेरित करता है, उसकी अचेतनता में सिमटकर विलुप्त हो गया था—जैसे कोई मंदबुद्धि बालक अपनी माँ के आँचल के पीछे छिपकर खो गया हो।

उसका रिक्त और भावहीन मन दोपहर की धूप में जलते हुए रेगिस्तान के समान था जहाँ पर जलती हुई रेत को ठंडा करने के लिए कोई छाया नहीं थी। उसकी स्मृतियाँ विलुप्त हो चुकी थीं। गरमी में झुलसी झाड़ियों के नीचे यदि कोई इधर-उधर छाया थी तो केवल बिखरी हुई अस्पष्ट स्मृतियों की।

वह धीमे-धीमे मीठे स्वर में अपने आप से बार-बार कुछ कह रहा था, वह आवाज़ ऐसी थी जैसे भयंकर भूचाल से धरती फटने पर नीचे से बहती नदी की आवाज़ हो। मैंने उसे सुना, बहुत ध्यान से सुना और बहुत कठिनाई के साथ उसके गुनगुनाते शब्दों को पकड़ पाया।

वह बार-बार बिना रुके टैगोर की एक प्रसिद्ध कविता की पंक्ति दोहरा रहा था—

'एकला चालो, एकला चालो, एकला चालो रे।'

यह कविता उसके जीवन की सार्थकता को व्यक्त करती थी—इस कविता का भाव

उसके जीवन का मूल गुण था जो मानसिक विकृति की अवस्था में भी, इस पंक्ति के गुनगुनाने में मुखरित होकर सामने आ रहा था। टैगोर की इस पंक्ति में लिप्त उसका भावावेश वैसा ही था जिसे एक विरहातुर युवती अपने प्रेमी के बाहुपाश में अनुभव करती है, विशेषकर जब वह फिर बिछुड़ने वाला हो।

उसकी आँखों में चमक थी, ऐसी चमक जिसे मैंने पहले कभी नहीं देखा था। वह चमक गिरजाघर के प्रकाश के समान थी—उस चमक के सामने अन्य सब आँखों की चमक टिमटिमाते सितारों से भरी रात में मोमबत्तियों के प्रकाश के समान थी। वह नंगे फर्श पर, धरती माँ की गोद में, झुका बैठा था। रोशनदान से प्रकाश की एक किरण उस अँधेरे कक्ष में आ रही थी। उसमें उसके झुके हुए सिर का पार्श्वचित्र दिखाई दे रहा था—ऐसा चित्र जो समय के साथ धुँधला पड़ गया हो। वह चित्र ऐसा था जैसे कोई दुखिया माँ की गोद में उसका दुखिया बच्चा पड़ा हो।

प्रकाश के मंद होने के साथ-साथ उसकी आवाज़ भी मंद होती गई जैसे वह ईसा मसीह के उपदेश को कह रही हो—'भविष्यवाणी के शब्दों को रोको मत, सिद्धी का समय निकट आ रहा है।' उसके प्रति श्रद्धा से मेरी आँखें भर आईं। अपनी कोठरी में बंद किए जाने से पहले मैंने उसे एक लंबी नज़र से देखा और मन-ही-मन नमस्कार किया।

मैं उस बालक को कभी नहीं भूल सकता जिसे ब्रिटिश साम्राज्य की नौकरशाही के टट्टूओं, अभिमानी और उद्दंड कारिंदों ने उत्पीड़ित किया था, और जिसे राष्ट्रीय नेताओं ने अपने अस्पष्ट और मनघड़ंत विचारों से आत्मसंतुष्टि पाकर, नकारा था। उसकी प्रतिमा मेरे दिन और रातों में सदा मेरे साथ रही और मेरे मन को बेचैन करती रही। मैंने अपनी कोठरी में अपनी शांति के लिए दीवार पर बाइबल के शब्द लिखे—'जिस पत्थर को भवन निर्माताओं ने नकारा था, उसी पत्थर ने कोण-शिला बनकर भवन की दिशा बदल दी।'

एक पाशविक शैतान

जेल तोड़ने का मेरा दूसरा प्रयास भी विफल रहा। अर्थात् जब मैं भागने की तैयारी कर रहा था, उस समय एक 'अपराधी मित्र' ने धोखा दे दिया और मैं भाग न सका। जेल तोड़ने की असफलता पर अपराधी को दंड दिया जाता है। वह तो मुझे दिया ही गया, उसके अतिरिक्त मेरी जेल भी बदल दी गई। मुझे पुरानी मुलतान जेल से नई मुलतान जेल में भेज दिया गया। मुलतान में तीन जेलें थीं, पुरानी सेंट्रल जेल, जिला जेल और नई सेंट्रल जेल। ये तीनों ही अपराधियों से खचाखच भरी हुई थीं। सरकार ने इस नामुराद स्थान को पंजाब भर के उन कैदियों के लिए चुन रखा था जिन्हें वह बहुत खतरनाक समझती थी। पंजाब उन दिनों भारत की उत्तरी-पश्चिमी सीमा तक फैला हुआ था—अंबाला से लेकर रावलपिंडी तक।

नई सेंट्रल जेल तब नई-नई बनी थी। वह दो मंजिली जेल थी। उसकी इमारत बहुत पक्की थी। वह लोहे और सिमेंट-चूने के मिश्रण से बनी हुई थी। उसके बनाने में बहुत लागत आई थी। 'अत्यंत समृद्ध व्यक्तियों' को अशिष्ट गुंडों के कोप से बचाने के लिए उसे उतना सुदृढ़ बनाया गया था। अन्याय और निर्लज्जता की उस यादगार को शोषणकर्ता समाज ने अपनी सुरक्षा की दृष्टि से बनवाया था।

उस जेल की संचालन-व्यवस्था 'बहुत अच्छी' थी। सारा काम चुपचाप चलता रहता था। वह बहुत साफ़ थी—आरे की धार की तरह चमकती थी। उसमें हँसी का शोर नहीं था, आँसुओं का बहाव बहुत अधिक था और उससे भी अधिक व्यापक थी अवर्णनीय दुःख और पीड़ा। वहाँ सारा वातावरण वेदना से भरा हुआ था। जवान घंटों में बूढ़े होते थे; जीने की इच्छा क्षण में दम तोड़ देती थी। देखते-ही-देखते शरीर और मन, दोनों विकारग्रस्त हो जाते थे और आत्माएँ चुपचाप मर जाती थीं। फिर एक दिन दरवाजा खुलता, जो कुछ दिन पहले मनुष्य कहलाने योग्य था, उसका बेकार और मंदबुद्धि ढाँचा—घुटे जीवन का अवशेष—बाहर निकलता और क्षण भर के लिए चहारदीवारी के अंदर का नक्शा दिखाई पड़ता। दरवाजा फिर तुरंत बंद हो जाता और जीवन सदा की तरह घिस-घिसकर मरना शुरू कर देता।

यहाँ के लोग चतुर व्यक्तियों की उस भीड़ से बहुत भिन्न थे जो हमें महानगरों के शानदार सिनेमाघरों और चकाचौंध करनेवाले होटलों में दिखाई देते हैं। यहाँ के लोगों में वैयक्तिक भिन्नताएँ बहुत थीं, हर आदमी दूसरे से अलग था। हर एक की

अपनी-अपनी दुनिया थी जिसमें उसकी अपनी अलग पहचान थी। हर एक का अपना व्यक्तित्व था, अपनी निजी विशेषताएँ थीं। प्रत्येक व्यक्ति का व्यवहार दूसरे से भिन्न था—वह अपने ढंग से बोलता था और कभी हँसता भी था तो अपने ही ढंग से। यहाँ के लोग खुले हुए नहीं थे। वे डर और शर्म के कारण अपने में ही सिमटे हुए थे। उनकी इच्छाएँ उष्णकटिबंध के जंगलों में उगी झाड़ियों के समान थीं जो बड़े-बड़े वृक्षों के नीचे ढकी-ढकाई उगती हैं और वहाँ घुटन से अपना दम तोड़ देती हैं। वे अपना मुँह बंद रखते थे। उनकी असलीयत उन्हीं के अंदर बंद रहती थी—वे किसी दुःखांत नाटक के अनपढ़े पन्नों के समान थे। घुटे जीवन के दुःख से पीड़ित उनकी आत्मा में हवस, लालसा, वासना जैसी प्रवृत्तियाँ पैदा हो जाती थीं जो उनकी अच्छाई के स्रोत को बुरी तरह सुखाकर उन्हें जलता हुआ रेगिस्तान बना देती थीं।...इतना ही नहीं, वे अपनी कमजोरियों को छिपाने के लिए तरह-तरह के निर्दयी और घृणाप्रद काम कर जाते थे। अपनी कमजोरियों को छिपाने के प्रयासों में उनका स्वाभिमान, विकारग्रस्त होकर मिथ्या अभिमान में बदल जाता था। उनमें चूँकि खुलकर जीने का साहस नहीं रहता था इसलिए वे निष्ठुरता और निर्दयता को अपने जीने का सहारा बना लेते थे। अर्थात्, वही कमज़ोर और निर्धन होते हैं जो अपनी कमज़ोरी व निर्धनता के खुल जाने से डरते हैं; और कैदी अत्यधिक डरता है।

मेरे भागने की योजना का परिणाम मेरे लिए बहुत ही अप्रिय रहा। सत्ता के कारिंदों का प्रकोप मेरे शरीर को सहना पड़ा। उन्होंने मेरी टाँगों और बाँहों की हालत बिगाड़ दी। मेरे अधमरे जख्मी और खून बहते शरीर को बेड़ियाँ पहनाकर नई जेल में लाया गया और कालकोठरी में डाल दिया गया। यहाँ भी, पहली जेल की भाँति, लोहे की चेन बाहर खूँटे से बँधी हुई थी। उसे मेरी कोठरी की सलाखों से अंदर लाकर मेरी बेड़ियों से बाँध दिया गया, और पहले की तरह दो घंटों के बाद उस चेन को खींचकर देख लिया जाता था कि मैं कोठरी में ही हूँ। परंतु वास्तव में यह मुझे मेरे अविवेक के कारण दंड देने की विधि थी।...मेरे हाथों में हथकड़ियाँ पहना दी गईं थीं जिससे मैं कुछ गड़बड़ न कर सकूँ और न पलटकर उन लोगों को मार सकूँ जो मुझे 'सीधी राह पर लाने के लिए' रोज मारते थे। मुझे मेरी भूल का आभास कराने और सीधे रास्ते पर चलने का सबक सिखाने के लिए हर रोज बेंतों और चाबुकों से मारा जाता था। मेरी यह पिटाई उस समय तक होती रहती थी जब तक जेल-अध्यक्ष उसे देखते-देखते ऊब नहीं जाता था। पीटने की यह प्रक्रिया रोज़ सुबह होती थी जैसेकि वह मेरे स्वास्थ्य के लिए नितांत आवश्यक हो। कभी-कभी इस 'स्वास्थ्यवर्धक प्रक्रिया' को शाम को भी दोहराया जाता था। पीटने का यह क्रम बहुत दिनों तक चलता रहा। जिस 'महान् व्यक्ति' के निरीक्षण में यह 'स्वास्थ्यवर्धक रस्म' अदा की जाती थी और जो स्वयं भी पूरे उत्साह और बल के साथ उसमें भाग लेता था वह मेरा 'पुराना मित्र' सरफराज़ खाँ था—कोई और नहीं।

यदि वह सब स्वयं मेरे साथ न बीता होता और या मैंने उसे अपनी आँखों

से न देखा होता तो मैं कभी भी विश्वास नहीं कर सकता था कि इसे करने वाला वही स्वाभिमानी पठान था जिसने अपने मिथ्या गौरव के लिए, कानून की अवहेलना करते हुए, शल्यचिकित्सक के कान काटने का भद्दा अपराध किया था। मेरे लिए यह विश्वास करना भी कठिन था कि वही पठान एक दिन जेल-अधिकारियों के सामने इतना गिर जाएगा; उनका एक गंदा चापलूस कारिंदा बन जाएगा; उन्हें प्रसन्न करने के लिए हाथ में बेंत लेकर, पीटनेवालों के दस्तों का प्रबंध करेगा और उन्हें कुत्तों की तरह अपने पुराने साथियों और मित्रों पर नोचने-घसीटने के लिए छोड़ देगा। वह न वृद्ध व्यक्तियों को और न अस्पताल की चारपाइयों पर पड़े मरीज़ों को छोड़ता था। इन अत्याचारों को करने के बदले में उसे पुरस्कार के रूप में दूसरे कैदियों के सीमित राशन में से चोरी करने और बच्चों के वार्ड में उनसे बलात्कार करने की छूट थी।

वार्तमानिक स्थिति के आघातों से यदि किसी व्यक्ति का अपने पिछले दिनों से नाता टूट जाए तो उस पर केवल खेद प्रकट किया जा सकता है। सरफराज़ खाँ, केवल जीवित भर रहने के लिए वर्तमान में ही सिमट गया था और वर्तमान के नियमों को निभा रहा था। व्यक्ति के भावशून्य हो जाने पर उसके लिए न तो कोई वास्तविकता रह जाती है और न ही जीवन की सार्थकता। उसके लिए बस रह जाता है क्षणभंगुर वर्तमान।...निरंतर बदलनेवाले कमज़ोर धागों से बँधा हुआ वह व्यक्ति हवा के झंकोरों के साथ भटकता रहता है। उसके सामने न जीवन का लक्ष्य होता है और न पिछली परंपराएँ जो उसका मार्गदर्शन कर सकें।

इस जेल में मैंने जीवन का एक सरल पाठ सीखा—वह पाठ नहीं, जिसे जेल-अध्यक्ष मुझे सिखलाना चाहते थे, बल्कि वह पाठ जो यहाँ की दुखिया जनता ने मुझे सिखलाया था। यहाँ पर हिंदू, मुसलमान, सिख, ईसाई, बूढ़े, जवान—सब थे। वे अलग-अलग भाषाएँ बोलते थे—सिंधी, बलूची, पश्तो, पंजाबी। वे अलग-अलग तरह से सोचते थे। तथापि भारतीय जनता के सब धर्मों, विचारों और विश्वासों के लोग इस दुःख-दरिद्रता की दुनिया में साथ-साथ रहते थे—वे सब इकट्ठे थे, एक ही भीड़ के सदस्य थे। यहाँ आकर मैंने यह भी सीखा कि जिन बातों का मुझे गर्व था उनका कोई विशेष महत्त्व नहीं था। जैसे भाषा—जो मैंने अपनी माँ से सीखी थी, प्यारी स्मृतियाँ—जिन्हें मैंने अपने पहाड़ी क्षेत्र में संग्रह किया था, परंपराएँ—जिन्हें मैंने वहाँ के मुक्त हृदय निवासियों से ग्रहण किया था, कुछ विशेष महत्त्व नहीं रखती थीं। वास्तव में, वे कुछ ऐसी झूठी बाधाएँ थीं जो मेरे और दूसरों के बीच दूरी पैदा करती थीं। मुँह पर लगे थप्पड़ की चोट मुसलमान को भी उतनी ही चोट पहुँचाती है जितनी किसी हिंदू, सिख या ईसाई को; उसकी सामाजिक स्थिति क्या है, उसकी त्वचा का रंग क्या है, वह कौन सी भाषा बोलता है, इससे चोट में कोई अंतर नहीं आता। अर्थात् चोट की दर्द सबके लिए एक-सी होती है—उसमें व्यक्ति की भाषा, रंग या सामाजिक स्थिति से कोई अंतर नहीं आता। किंतु यह सही है कि चोट के प्रति अलग-अलग व्यक्तियों की प्रतिक्रियाएँ अलग-अलग होती हैं जो उनके पालन-पोषण,

रहन-सहन और शिक्षा-दीक्षा पर निर्भर करती है। अर्थात् प्रत्येक व्यक्ति की प्रतिक्रिया उसकी सांस्कृतिक पृष्टभूमि के अनुरूप होती है। उदाहरणार्थ—अलग-अलग माध्यम से सब सपने देखते हैं, किंतु सबके सपनों के मूल में मनुष्य की सामान्य इच्छाएँ ही तो होती हैं। हर व्यक्ति सुरक्षा, आज़ादी और शांति में रहना चाहता है। इसी प्रकार हर व्यक्ति के मन में एक ऐसी नारी—माँ, प्रेयसी या पत्नी की इच्छा होती है जिसके सीने पर वह अपना दुःखी सिर रख सके।

यहाँ आकर मैंने यह भी सीखा कि यह विचार ही गलत है कि कुछ व्यक्ति बड़े और महान् होते हैं और कुछ छोटे और तुच्छ। सभी मनुष्य हैं—एक से मनुष्य। अंतर केवल इतना है कि कुछ में विकास की क्षमता अधिक होती है और कुछ में कम। इसके अतिरिक्त मैंने यह भी सीखा कि सब व्यक्तियों में दोनों अच्छे और बुरे गुण साथ-साथ होते हैं। यह मेरे लिए भी सत्य है और मेरे निकट आसपास के अन्य व्यक्तियों के लिए भी। दूसरे शब्दों में, परस्पर विरोधी गुण—अच्छाई और बुराई—सबमें होते हैं चाहे कोई सिद्ध पुरुष हो या ऋषि-मुनि, चाहे शैतान हो या ठग, चाहे कोई डरपोक मेमना हो या आतंककारी भेड़िया।

उस समय से मैंने छोटे गिरे हुए व्यक्तियों को सहारा देना सीखा। जब कभी मैं किसी नीच, लालची व स्वार्थी को देखता था तब मुझे वह सारे अवसर याद आ जाते थे जब मैंने भी उन जैसा व्यवहार किया था। जेल ने मुझे सहनशील होना सिखाया, अर्थात् दूसरों के प्रति सहनशील होना सिखाया। वहाँ मैंने यह भी सीखा कि प्रसिद्धि और सफलता की उत्कंठा अर्थहीन है क्योंकि वहाँ जो लोग मेरे आसपास थे मैं भी उन जैसा एक आदमी था—न उनसे बुरा और न उनसे अच्छा। वहाँ मैंने यह भी सीखा कि हर मनुष्य के लिए मानव-गौरव और सच्चाई की रक्षा करना नितांत आवश्यक है। इसमें न कोई समझौता हो सकता है और न होना चाहिए। मानव-गौरव और सच्चाई को खो देने पर व्यक्ति अपने अस्तित्व को ही खो देता है, उसका जीवन बिलकुल नीरस और खाली हो जाता है, भले ही वह पूरे संसार का मालिक क्यों न हो।

मेरी कोठरी पृथक्करण वार्ड की पहली मंजिल में थी। इसके दोनों ओर खाली कोठरियाँ थीं। मेरे एकाकी कारावास को दुःखदायी बनाने के लिए मुझे इस कोठरी में रखा गया था। एकाकी कारावास की यह व्यवस्था किसी भी स्वस्थ बुद्धि व्यक्ति को पागल बना सकती थी। दूसरे कैदियों को मेरे कुप्रभाव से बचाने के लिए मेरे साथ यह किया गया था क्योंकि मुझे 'भगोड़े का दुर्नाम' मिल गया था।

मेरी कोठरी कालकोठरी नहीं थी, तथापि वह मनुष्यों के रहने योग्य नहीं थी। लोहे के बड़े दरवाज़े के कारण दिन का प्रकाश अंदर नहीं आ सकता था। लोहे के दरवाज़े के साथ लोहे की सलाखोंवाला दरवाज़ा भी था। दरवाज़े में छत के निकट एक छोटी सी खिड़की थी जिससे प्रकाश की कुछ किरणें अंदर आती थीं और दिन में कोठरी के अंदर सांध्य-प्रकाश जैसी रोशनी हो जाती थी। रात के समय कोठरी में घुप अँधेरा होता था—इतना गहरा की व्यक्ति उससे टकराकर उसके दबाव को

अनुभव कर सकता था। अँधेरे के दबाव और सन्नाटे की घुटन से दम घुटता था। जेल ही एक ऐसा स्थान है जहाँ हवा इतनी बहरी, गूँगी और अंधी हो सकती है।

बहुत समय के दुर्व्यवहार और पेटभर खाना न मिलने के कारण मेरा स्वास्थ्य बिगड़ गया था। मुझे लगातार हलका-हलका बुखार रहने लगा था। उसके अतिरिक्त, मुझे खाँसी भी हो गई थी। खाँसते-खाँसते मेरी पसलियाँ दुखने लगती थीं जिनकी पिटाई सरफराज़ खाँ रोज़ करते थे। सुबह उठने के लिए मुझे बहुत मानसिक और शारीरिक बल लगाना पड़ता था। कोठरी के अंदर मेरे पास करने के लिए कुछ नहीं था। मैं मन-ही-मन उन गुंडों के आने और पिटाई खाने के लिए अपने आप को तैयार करता रहता था। लेकिन अब तो वह भी खत्म हो चुका था। मैं इतना कमज़ोर हो गया था कि नियमित रूप से वे अब मेरी पिटाई भी नहीं कर सकते थे।

रोज़ की पिटाई दुःखदायी अवश्य थी, परंतु उसका भी एक लाभ था; उसने मेरी नफ़रत को ताज़ा बना रखा था। मैं बदला लेने के विषय में सोचता रहता था। अब जब पिटाई का क्रम खत्म हो गया तो मैं इधर-उधर की सोचने लगा। मेरी अब जीने की इच्छा कमज़ोर पड़ने लगी थी। यद्यपि मैं अपनी मानसिक स्थिरता को बनाए रखने में सफल रहा, किंतु उस चेष्टा ने मुझे थका दिया। मैं बहुत कमज़ोर हो गया। मृत्यु पास आती दिखाई देने लगी—मैं उसके ठंडे स्पर्श को अनुभव कर रहा था। मेरे लिए वे दिन अत्यधिक कठिन हो गए थे। मुझे अपनी बेकार जवानी और अधूरे सपनों पर खेद होता था।

नादानी में बिताए हुए कारावास के पहले दिन मुझे याद आते थे। उन्होंने मुझे धूल-काँटों से भरी अनजानी राह पर अकेले छोड़ दिया था। मैं अपनी राह के अंतिम छोर पर पहुँच गया था। यहाँ से मैं अब अपने जीवन के पिछले दिनों को निहार सकता था। मैं चकित था, मुझे क्यों उन पिछले दिनों में कुछ भी दिखाई नहीं पड़ा। केवल कुछ इधर-उधर बिखरी घटनाएँ याद आईं। पुरानी रीतियों में उलझी दुनिया, अहंकार में चूर अधिकारी और मिथ्या व्यावहारिक नियम नज़र नहीं आए। अपनी उस अँधेरी कोठरी में मुझे उस प्रत्येक नवयौवना का चेहरा नज़र आया जिन्हें मैं कारावास के दिनों से पहले जानता था—इससे मुझे सुख मिलता था। उन युवतियों के लिए मेरे मन में तीव्र इच्छा होती थी, किंतु नैतिकता के भाव और मिथ्या अहंकार के बोझ के नीचे मैंने अपनी इच्छा को दबा रखा था। अब उनके मुसकराते चेहरे मुझे दिखाई देते थे और उनके साथ-साथ मैं अपनी इच्छाओं के सूखे पुष्प भी देखता था और दुःखी होता था। मैंने केवल काँटे ही बटोरे। मेरी जवानी के गर्व की दुनिया अब तेज़ी से चकनाचूर हो रही थी और टूटते हुए वह क्रिसटीना रोसेटी के सुर में गाती थी—

'खेद है प्यार के उन अवसरों पर,
जिन्हें मेरी जवानी
माला के मनकों की भाँति
हाथ से छोड़ती गई।

युवावस्था अमर रहना चाहती है और यह संभव नहीं। किंतु वह समझौता करने को तैयार नहीं होती। अतएव संपूर्ण जगत् की अवहेलना करते हुए वह टैगोर के इस गीत को गुनगुनाने लगती है :

आमी जालाबो न मोर बातायन प्रोदीप...

(मैं अपनी खिड़की में दीया नहीं जलाऊँगा, मैं अँधेरे की आवाज़ को सुनूँगा)। मैं गंभीर निराशा में था, मौत की छाया मुझे अपने चारों ओर मँडराती दिखाई देती थी। परिणामस्वरूप मेरे लिए टैगोर की अगली पंक्तियों के अलग ही अर्थ बन गए :

मेरे शरीर और आत्मा को,
अँधेरे में खो जाने दो।
मेरी खोज खत्म हो चुकी है,
अब मैं—
उत्सुकता से तुम्हारे आने की इंतजार में हूँ।

मेरे मन में मौत का विचार घर कर गया था। वह मेरे दिल और दिमाग पर छा गया था। महीनों से मैं मौत के सपने, तरह-तरह के सपने, देख रहा था। मुझे पक्का विश्वास हो गया था कि मेरी मौत होने ही वाली है। मैंने शीशे के उस टुकड़े को फेंक दिया जिसे मैं समय आने पर अपनी नस काटने के लिए अपने पास रखे हुए था। मुझे अब वह अनावश्यक लगा—मुझे विश्वास हो गया था कि मेरी बीमारी मेरा अंत कर देगी।

फिर भी मुझे आज लगता है कि मानसिक रूप से मैं मरने के लिए तैयार नहीं था। कभी-कभी मेरे मन में ऐसे विचार आते थे जो यह झुठला देते थे कि मैं मृत्यु की प्रतीक्षा कर रहा था। मैं सोचता था, 'जब मैं जेल से छूटकर जाऊँगा और अपने मित्रों को अपनी कहानी, आपबीती सुनाऊँगा तो वे घबराकर अपना दिल थाम लेंगे; और कहेंगे, 'वह सब कितना भयंकर था'। तब मैं मन-ही-मन कहूँगा; आखिर वह उतना भयंकर नहीं था जितना वे सोचते हैं।'

कितना अजीब है यह सब !...कितनी लचक है मनुष्य की सहनशीलता में ! किस ढिठाई के साथ मनुष्य के मन में आशा बनी रहती है।

महीने पर महीना बीतता गया, और सरफराज़ का आना कम होता गया। मेरे मन की उदासी और निराशा बढ़ती गई। मेरा हलका बुखार मेरी हड्डियों को खा रहा था; मेरी खाँसी बढ़ गई थी, मुझे ठीक तरह सोने भी नहीं देती थी। जेल के अँधेरे में जब दो हजार से अधिक कैदी सोए हुए होते थे, मैं अकेला पड़ा प्यासा और खाँसता हुआ करवटें बदलता रहता था। मुझे लगता था कि कुछ ही दिनों में—अधिक-से-अधिक कुछ सप्ताहों में—मौत मुझे समेट लेगी।...इसलिए 'मौत कब आएगी', इसकी मुझे चिंता नहीं रही।

किंतु हास्यस्पद तो यह है कि मनुष्य यह विश्वास ही नहीं कर पाता कि सब कुछ खत्म हो चुका है। अपनी मौत पर किसको विश्वास होता है ? विशेषकर, जब वह सामने खड़ी दिखाई देती हो। मौत व्यक्ति के जितने निकट होती है, उतना ही उसमें उसका अविश्वास बढ़ जाता है।

यह सही है कि मुझे दिन में कम-से-कम एक बार 'कुछ क्षणों के लिए वास्तविकता का आभास होता था। उस समय मन में कोई अन्य विचार नहीं आता था जो मुझे शांति दे सके।...मैं दुःख और भय के साथ अपने जीवन को खत्म होते देखता था। परंतु अन्य विचारों की भाँति यह विचार भी शीघ्र ही मन से निकल जाता था। मैं पुनः दुःखी होकर खाँसता और करवटें बदलने लगता था। जेल से भाग निकलने और दुष्टों से बदला लेने के विचार मुझे सदा सताते रहते थे।

उस सारी अवधि में किसी ने मेरी चिकित्सा का प्रबंध नहीं किया; यद्यपि जेल में जेल का अपना अस्पताल था। उसमें पर्याप्त डॉक्टरों के साथ चिकित्सा के पूरे साधन भी उपलब्ध थे। उसमें तपेदिक के रोगियों के लिए अलग स्थान की व्यवस्था थी। रोगियों की देखभाल और दवाई इत्यादि का भी अलग से प्रबंध था। यहाँ तपेदिक के रोगियों को अन्य सब मरीज़ों से अलग रखने का भी प्रबंध था। पंजाब भर के तपेदिक के कैदी इलाज के लिए यहाँ भेजे जाते थे।

मुझे अब जेल-अधिकारियों के निष्ठुर व्यवहार की कोई शिकायत नहीं थी। वे जितना मेरे प्रति उदासीन थे मैं उतनी ही उनसे घृणा करता था। परंतु इससे न मेरे स्वास्थ्य में कोई लाभ हो रहा था और न मेरी स्थिति में कोई सुधार। मैं मानसिक रूप से तो नहीं, किंतु शारीरिक रूप से बहुत कमज़ोर हो चुका था। मैं तेज़ी से दुबला हो रहा था। मेरा वजन 150 पौंड से घटकर 92 पौंड रह गया था। अंत में वह समय भी आ गया जब जेल-अधिकारी और अनदेखी नहीं कर सके, उन्हें मेरी सुध लेनी ही पड़ी। कैदी की मृत्यु और वह भी किसी बीमारी से नहीं, बल्कि निष्ठुरता के कारण उनके लिए संकट का विषय बन सकती थी। इस संभावना से बचने के लिए उन्हें बहाना चाहिए था। इसलिए उन्होंने मुझे जेल के अस्पताल भेज दिया जहाँ वे अपने बचाव के लिए मेरी बीमारी का समुचित रिकॉर्ड तैयार कर सकते थे।

अस्पताल पहुँचने के लगभग एक सप्ताह के बाद मुझे वहाँ कोई देखने के लिए आया। वह जेल-अध्यक्ष था—नया जेल-अध्यक्ष। पहले वाले जेल-अध्यक्ष की बदली हो गई थी। नया जेल-अध्यक्ष भी अंग्रेजी राज्य का खुशामदी टट्टू था—राय बहादुर। वह बहुत ही नीच था—नीच-से-नीच कैदी से भी अधिक नीच। वह देखने में बहुत भद्दा था—चर्बी से भरा हुआ। वह बहुत ही कुरूप और बेईमान था। कहा जाता था कि एक अंग्रेज की कृपादृष्टि पाने के लिए उसने अपनी पत्नी का भी दुरुपयोग किया था। वह सुअर-सा, अधपढ़ा और बुद्धिहीन था। स्वभाव से अपराधी वह हैवलॉक ऐलिस के अध्ययनों का एक सही प्रतीक था। वह कामोद्दीपक ओषधियों का सेवन करता था। बालों को काला करना, घी-मसालेवाला भारी भोजन खाना, शरीर की मालिश

करवाना, कबूतर उड़ाना और मुर्गे लड़ाना उसके कुछ खास शौक थे। वह पुराने अजीर्ण का रोगी था। वह सदा डकारता रहता था—इतने ऊँचे डकार लेता था कि खिड़कियों के शीशे भी हिल जाएँ।

वह मुझे स्वयं देखने आया था, वास्तव में वह यह देखने आया था कि क्या मैं सचमुच ही अपने जीवन के अंतिम चरण में हूँ। यदि ऐसा है तो वह अपने निष्ठुर और गैर जिम्मेदार व्यवहार को ढकने के लिए मेरी बीमारी का समुचित रिकॉर्ड बनवा ले।

वह भद्दा, जहाज़-का-जहाज़, मेरी कोठरी के सामने आ खड़ा हुआ। मुझे स्पष्ट दिखाई नहीं दे रहा था क्योंकि लोहे के दरवाजे के खुलने से दिन का प्रकाश सलाखों के द्वारा अंदर आया और मेरी आँखें चौंधिया गईं। परंतु इससे पहले कि मेरी आँखें प्रकाश की अभ्यस्त हो पातीं, मुझे उसके खराब पेट की दुर्गंध और शोर से उसके आने का पता चल गया था।

"यह मुझे अब काफ़ी सुरक्षित दिखाई देता है।" पास खड़े अपने उप-अध्यक्ष से उसने कहा। "इसे अब बेड़ियाँ पहनाकर रखने की आवश्यकता नहीं। तुम उन्हें हटा सकते हो।"

"जी हजूर, मेरी भी यही राय है।"

"पर ध्यान रखना, किसी अनावश्यक जोखिम को मोल मत लेना। यह बहुत धूर्त और उद्दंडी है। अपनी इस हालत में भी उपद्रव कर सकता है।"

"जी हजूर। आप ठीक कह रहे हैं। मेरा भी यही खयाल है।"

"ध्यान में रखना, नियमित रूप से, सुबह और शाम, इसकी कोठरी की तलाशी लेना बहुत जरूरी है। फर्श, सलाखों, रोशनदान, दीवारों सबको ध्यान से देखना होगा। यह सलाखों को काटने और सुरंग बनाने की कोशिश भी कर सकता है। इसके बारे में कुछ नहीं कहा जा सकता।"

"जी हजूर। बिलकुल ठीक है, हजूर। मैं आपके साथ पूर्णतया सहमत हूँ।"

"हाँ, हाँ, एक बात और—संभव है यह बीमार न हो, बीमारी का बहाना कर रहा हो।…बुखार, खाँसी आदि बिलकुल बकवास है। सब दिखावा हो सकता है। डॉक्टर को कहना कि इसकी जाँच ध्यान से करे।"

जी हजूर। आप ठीक कह रहे हैं, हजूर। मैं डॉक्टर को आपका यह अनुदेश बता दूँगा ?…हजूर।

मैं बिलकुल चुप रहा, परंतु अंदर-ही-अंदर क्रोध से जल रहा था; कड़वी गालियाँ देने को मन कर रहा था तथापि मैं चुप रहा। मेरे क्रोध और ढिठाई से प्रज्वलित चेहरे ने उसे क्रोध से पागल कर दिया। वह चिल्लाकर बोला, "तुम पूरे बदमाश हो, थोड़ा इंतजार करो। मैं तुम्हारे छोटे-छोटे टुकड़े करवा दूँगा।"

"सचमुच, कितने बहादुर हैं आप। इसीलिए आपको बहादुर, राय बहादुर की पदवी मिली है। ठीक कह रहा हूँ न ?"

"बंद करो अपनी बकवास, नहीं तो तुम्हें पछताना पड़ेगा। मैं खुद तुम्हें सबक सिखाऊँगा और तब तुम्हारी यह सारी बहादुरी निकल जाएगी। तब तुम नीचे गंदगी में पड़े कराहते रहोगे; मेरे आगे प्रार्थना करोगे कि मैं तुम्हें खत्म कर दूँ। तुम अगर अब और बोले तो समझ लो..."

वह मूर्ख शारीरिक रूप से पुष्ट होने पर भी, अंदर से बहुत कमज़ोर था। वह सदा सबको धमकियाँ देता रहता था, जैसे मोटी नारी अपने बिखरे शरीर को सँवारने के लिए कसकर कपड़े पहनती है। वह राय बहादुर भी, उसी तरह अपना रोब जमाने के लिए 'धमकियों का जामा' पहने रहता था।

"बहादुर साहब, आप कोशिश करके तो देखें।" मैंने कुछ मुसकराकर कहा। "आपके हत्यारों ने तो महीनों तक कोशिश कर ली है। अब आप भी करके देख लें। आपके मुकाबले में आपके गुंडे कुछ नहीं हैं। वे आप जैसे लकड़बग्घे के सामने गीदड़ हैं, गीदड़। जब गीदड़ हार गए हैं, तो क्यों न लकड़बग्घा कोशिश करके देख ले।"

"मुझे चुनौती मत दो। तुम नहीं जानते तुम किस मुसीबत को बुलावा दे रहे हो।...तुम जानते नहीं मैं क्या कर सकता हूँ।"

"मैं उसे आसानी से सोच सकता हूँ, बहुत अच्छी तरह समझ सकता हूँ। कोई भेड़िये को मेमना नहीं कह सकता और भेड़िया क्या कर सकता है इसे सोचना और समझना कठिन नहीं। आपकी 'कीर्ति' के अतिरिक्त आपकी जो भाषा है, वह भी बतला रही है कि आप किस परिवार और वंशावली के हैं और आपसे किन कारनामों की आशा की जा सकती है। उनका अनुमान लगाना कठिन नहीं है। इसलिए आपको चिल्लाने और साँस फुलाने की आवश्यकता नहीं।"

"मुझे उकसाओ मत और अपना मुँह ज्यादा मत खोलो।" उसने गुस्से से कहा। "मेरी राय है तुम अपने तौर-तरीके ठीक कर लो और अपना मुँह बंद रखो। नहीं तो मैं अपने हाथों से तुम्हारी जुबान खींच लूँगा और तुम्हारे प्राणों का कण-कण बाहर निकल आएगा। समझ रहे हो न ?...हरामज़ादा कहीं का !"

"हाँ, मैंने समझ लिया है। मैं यह भी जानता हूँ कि तुम जो कह रहे हो वह कर भी सकते हो और वह भी बिना किसी मानहानि के।...क्यों नहीं ?...आखिर तुम कोई साधारण मनुष्य तो हो नहीं।...राय बहादुर हो, एक विशिष्ट राय बहादुर।...अंग्रेज अफ़सर के विशेष अनुग्रहप्राप्त खुशामदी टट्टू...जो तुम्हारे साधारण और निकटीय सत्कार का आनंद उठाता है। तुम सचमुच ही बहुत बहादुर आदमी हो, राय बहादुर साहब।...तुम बहुत ही उदार यजमान हो, राय साहब।...शाबाश, अपने अतिथि सत्कार को चलाते रहना और उसके साथ-साथ बेईमानी और लूट को भी। जब तक तुम अपने उस अंग्रेज़ हितकारी के लिए आनंद-सामग्री जुटाते रहोगे, तुम्हें कोई छू भी नहीं सकता। उस विशेष उदारता के लिए तुम्हें एक दिन 'नाईट' की उपाधि भी मिलेगी। मुझसे पूछो तो तुम्हें 'नाईट' का तगमा मिलना ही चाहिए।

मेरी इस दिल्लगी ने उस पाश्विक को क्रोध से बेकाबू कर दिया। उसने मेरी कोठरी खुलवाई और अपने गुंडों के साथ अंदर आ गया। डरपोक कहीं का।…एक अधमरे, बेड़ियों और हथकड़ियों से बँधे व्यक्ति को पीटने के लिए भी उसमें अकेले अंदर आने का साहस नहीं था।…उसके कारिंदों ने मुझे खूब पीटा और फिर मुझे जमीन पर अचेत, खून बहते छोड़कर चले गए।

रोचक बात तो यह है कि शारीरिक बल और साहस में व चरित्र की दृढ़ता में कोई संबंध नहीं है। पंगु के हाथ में यदि चाकू हो तो वह किसी की भी फूँक निकाल सकता है। आदमी यह जानता है, फिर भी वह बुद्धिविहीन आघातों का मुकाबला न कर सकने के कारण मानहानि अनुभव करता है। वह जानता है कि वह साहस की प्रतियोगिता नहीं है, कलहकारी निर्दयी अंदर से कायर होता है। परंतु इसे जानने से लाभ नहीं होता। जब व्यक्ति मारनेवाले को पलटकर पीट नहीं पाता तो वह मन-ही-मन लज्जित अनुभव करता है।

यह सब बेतुका और विवेकशून्य है तथापि वह घटना मुझे आज तक याद है और वह पिटाई भी याद है जो सत्ता के कारिंदों ने उस समय मेरी की थी, इससे यह पता चलता है कि उस समय मैंने कितना अपमानित अनुभव किया था और मैं बदला लेने के लिए कितना उतावला था। मैं सोचता हूँ कि क्या हम कभी मृत्यु शय्या पर भी इस अहंकार से ऊपर उठ सकेंगे ?…क्या यह मिथ्या अभिमान है जिस पर हमें विजय पानी चाहिए ?

तपेदिक वार्ड और पीरजी

इसमें कोई संदेह नहीं कि जेल में मुझे बहुत पीड़ा सहनी पड़ी और जब से मैं जेल में आया था तभी से मैं कष्ट और पीड़ा सह रहा था। परंतु यह सोचकर ढाँढ़स बँध जाता था कि बहुत से और लोगों को मुझसे भी अधिक दुःख-दर्द सहने पड़ रहे थे। मैं अपने आपको कहता था, 'अगर वे सह सकते हैं तो मैं क्यों नहीं ?' गद्दर पार्टी के महान् क्रांतिकारियों को ही लीजिए; उनमें से कुछ क्रांतिकारियों के साथ मैं एक ही जेल में रहा हूँ। परंतु पार्टी के बहुत से कार्यकर्ताओं से मैं मिल ही नहीं पाया क्योंकि अलग-अलग जेलों में जुल्म और यातनाएँ सहते-सहते वे शहीद हो चुके थे। जो जीवित थे और जिनसे मिला था, वे पंद्रह वर्ष से अधिक जेल काट चुके थे। उन्हें जो कष्ट और कठिनाइयाँ सहनी पड़ी थीं, वे हमें मध्यकाल के परिजाँच कैंपों की याद दिलाती थीं। समझा जाता है कि वे कैंप खत्म हो चुके हैं, किंतु ब्रिटिश राज्य की जेलें—विशेषकर, राजनीतिक कैदियों के लिए—उन केंद्रों की जिंदा मिसाल थी। उन महान् क्रांतिकारियों के दुःख-दर्दों की तुलना में मेरी पीड़ा और यातनाएँ कुछ भी नहीं थीं—समुद्र में एक बूँद के बराबर थीं।

इसके अतिरिक्त, जब मैं निस्सहाय बेड़ियों से बँधे साधारण कैदियों की दशा देखता था जो बेपरवाही और साहस के साथ अत्याचार सहते थे तो मेरे मन का उद्वेग कम हो जाता था। जो महान् क्रांतिकारी जीवन भर मृत्यु की अवहेलना करते हुए संघर्ष करते रहे थे, उनके लिए मेरा मन श्रद्धा से भरा रहता था। दुःख-पीड़ा मिल-जुलकर सही जा सकती है। साँझी पीड़ा हलकी हो जाती है—वह कम कष्टकारी होती है।

परंतु घृणा की बात और है। 'घृणा' व्यक्ति का बहुत ही निजी अनुभव है। उसे न अपने से अलग किया जा सकता है और न ही कम। ऐसी कोई चीज़ नहीं जिसमें मिलकर वह अपना अस्तित्व खो दे। अनफटे ज्वालामुखी की भाँति वह मेरे मन में धधकती और जलती रहती थी—मेरी अन्य सब धारणाओं को जलाकर बदला लेने की प्रज्चलित इच्छा में बदल देती थी। जेल-अध्यक्ष ने जब ठोकरों, तमाचों और मुक्कों से मेरी धुनाई की थी, मेरे मन में बदला लेने की इच्छा अत्यंत प्रबल और बेचैन थी—उससे भी कहीं अधिक उतावली जो केंचुली उतारने के बाद साँप में काटने के लिए उद्दीप्त हो जाती है। अचंभा इस बात पर है कि मनुष्य कड़ुवाहट के बल पर

भी उसी रफ़्तार से पनपता है जितना कि प्यार और सहानुभूति मिलने पर।

एक महीने के अंदर ही मुझे तपेदिक वार्ड में भेज दिया गया। इसलिए नहीं कि मुझे तपेदिक का रोग था, बल्कि इसलिए कि जेल-अधिकारी चाहते थे कि मुझे यह संक्रामक रोग हो जाए। वहाँ मुझे अलग कोठरी में नहीं, बल्कि एक बैरक में रखा गया। मेरे लिए यह अच्छा ही रहा—यहाँ रहने के लिए अधिक स्थान था, जैसा पहले पूरे कारावास की अवधि में कभी नहीं मिला था। यहाँ मेरे आसपास और भी लोग अर्थात् तपेदिक के मरीज़ थे, कभी-कभी बाहर से भी लोग आते थे जैसे कंपाउंडर, डॉक्टर, लंगर से भोजन व स्टोर से आवश्यक सामग्री लानेवाले कैदी। इससे भी अच्छा यह था कि बैरक लंबी थी, चलने के लिए अधिक जगह थी। मैं वार्ड के भीतर इधर-से-उधर तक काफ़ी कदम भर सकता था जो मैं पहले कभी नहीं कर पाया था। यहाँ नजर सीधे दीवार से नहीं टकराती थी, मैं कुछ दूरी तक देख सकता था। और, सबसे अच्छा यह था कि मैं रात को आकाश और सितारे देख सकता था और दिन में सूर्य का प्रकाश।

अवदमन का विकल्प आज़ादी है—सोचने की आजादी, बोलने की आज़ादी, काम करने की आज़ादी, घूमने की आज़ादी और यह आज़ादी मुझे इस वार्ड में मिली। निस्संदेह वह आज़ादी बहुत कटी-छँटी थी तथापि वह मेरे लिए वरदान बनकर आई। मुझे लगता था कि मुझे इस आज़ादी का पूरा-पूरा उपयोग करना चाहिए—किसी और उद्देश्य से नहीं तो अपने आपको स्थिर बुद्धि रखने के लिए। अपने विचारों को व्यक्त करने की स्वतंत्रता इस बात की सूचक है कि मनुष्य केवल पाश्विक शक्तियों की दया पर नहीं है। जब मैं अपने साथी कैदियों से कहता था कि, 'इन हरामजादों को, एक दिन अपने गुनाहों की कीमत चुकानी पड़ेगी,' तो मुझे लगता था कि यह असंभव नहीं है। 'मनुष्य के लिए दूसरों से बातचीत करना कितना आवश्यक है', इस वार्ड से आने से पहले मेरा इस पर कभी ध्यान ही नहीं गया था। यहाँ आकर मैंने अनुभव किया कि बोलने और सुनने की क्षमता, दूसरों से बातचीत करने की ताकत, उनसे सहमत या असहमत होने और कुछ कर सकने का सामर्थ्य, जीवन के विशेष महत्त्वपूर्ण गुण हैं—मानव जीवन के वरदान हैं।

कुछ कर सकने की स्वतंत्रता का अपना ही महत्त्व है, विशेषकर यदि उसे करने की मनाही हो। चूँकि अब मैं इधर-उधर घूम सकता था। मैंने उन रोगियों की सहायता करनी शुरू कर दी जो मेरी अपेक्षा अधिक कमज़ोर थे। मैं उन्हें बिठाने में, उन्हें करवट दिलाने में उनकी सहायता करता था। मैं उनके बिस्तर ठीक करता था, पेशाब आदि से गीले वस्त्र बदल देता था, उन्हें धो देता था, उनके मुँह और शरीर को साफ़ करता था, उनके लिए गाता था, उन्हें कहानियाँ सुनाता था अर्थात् मैं अपनी क्षमतानुसार उन्हें आराम पहुँचाने और उनकी पीड़ा घटाने के लिए सब संभव काम करता था।

मैंने उनके लिए जो भी किया, वह केवल इसलिए नहीं किया कि मैं उन

निस्सहाय रोगियों की सहायता करना चाहता था। उसमें अधिकारियों का प्रतिरोध करने की मेरी भावना भी मिली हुई थी। एक-दूसरे की सहायता करने की बात तो अलग रही, हमें वहाँ एक-दूसरे से बोलने की भी मनाही थी। मना किए हुए काम को करने से मैं अपने आपको विश्वास दिलाता था कि मैं उन नीच दुःखदायकों के वश में नहीं हूँ। वास्तव में, उनकी सहायता करने में मेरा अपना स्वार्थ था—मैं अपनी सहायता करता था।

संसार धूलि कणों से भरा हुआ है—जेल में मुझे बस यही मिले। सबकी आँखें मैली थीं, कहीं किरण देखने को नहीं मिली। परंतु इस वार्ड में मुझे सच्चाई की किरण दिखाई दी। मैं सदा से जानता था कि निष्कपटता और सच्चाई एक अनूठा गुण है, परंतु जेल में मुझे केवल कपट और झूठ ही मिला। मृत्यु शय्या पर पड़े अधमरे कैदियों ने मुझे सच्चा और निःस्वार्थ प्यार दिया, उससे मुझे बहुत सुख और शांति मिली।

मैं सोचता था कि मैं अपने अभागे साथियों को सुख और संतोष पहुँचाने के लिए सच्चे और निष्कपट भाव से उनकी सहायता कर रहा हूँ, किंतु यथार्थ में ऐसा नहीं था। मैं अनजाने में यहाँ से भाग जाने की तैयारी कर रहा था। जेल-अधिकारियों से बदला लेने का मेरा दृढ़निश्चय था। उनके कब्जे से भाग निकलना बदला लेने का एक तरीका था। उसके लिए मुझे अपने वार्ड के अन्य साथियों का विश्वास चाहिए था। अपने प्रत्यक्ष निःस्वार्थ और कुलीन व्यवहार में भी व्यक्ति कभी-कभी अनजाने में भीतर से इतना स्वार्थी हो सकता है इसे सोचकर मुझे अब अचंभा होता है।

प्रारम्भ में टी.बी. (तपेदिक) वार्ड के रोगियों को मुझ पर संदेह था। वे असमंजस में थे कि मैं उनकी सेवा क्यों कर रहा हूँ, उनके साथ इतना सद्व्यवहार क्यों कर रहा हूँ ? यह स्वाभाविक ही था। उन्होंने संभवतः मुझे जेल-अध्यक्ष का दूत समझा था। इसके लिए मैं उन्हें दोषी नहीं ठहराता। जेल के उस जहरीले वातावरण में मन को संवेदना-शून्य बनाने की असीम क्षमता थी। दिनों में वह व्यक्ति को विकृत और नीच बना सकती थी। उन्हें हर सद्भावना के पीछे षड्यंत्र और धोखा दिखाई देता था। जेल का वातावरण सद्भावना से पूर्णतया रिक्त था। सद्भावना का अभाव ही जेल-जीवन की सच्चाई थी। कैदियों को सदा स्वार्थ से अभिप्रेरित सज्जनता मिलती थी, शुद्ध और निःस्वार्थ सौजन्य से उनका कोई संपर्क नहीं था। उनके साथ सहानुभूति का व्यवहार उन्हें केवल फुसलाने और जेल-अध्यक्ष के गुप्तचर बनाने के लिए ही किया जाता था जिससे कि वे जेल-अध्यक्ष के 'आदमी' बनकर, धमकियों और अत्याचार के बल पर, अन्य कैदियों से जेल-अधिकारियों के लिए धन बटोर सकें; उनके गुप्त-भेदों की सूचना जेल-अध्यक्ष को दे सकें। इसके लिए उन्हें अपने साथियों को पीटने तथा जान से मार देने तक की छूट रहती थी।

सज्जनता और सद्भावना के प्रति कैदियों का संदेह सच्चा था। वे किसी को भी अपने बंद दिल तक पहुँचने नहीं देते थे। वे अपने गुप्त भेदों की सुरक्षा पूरे ध्यान

से क़रते थे। किंतु जब मैं उनकी इस अवरोधक प्रवृत्ति को तोड़ने में सफल हो गया तो मुझे उनका विश्वास पाने में समय नहीं लगा। उन्होंने तब अपने सरल स्वभाव और मुक्त मन से मुझे अपना प्यार दिया और जेल-अधिकारियों के कारिंदों से मेरी रक्षा की।

उनके प्यार ने मुझे धीरज दिया। नियमित भोजन--दिन में तीन बार मांड का कटोरा मिलने से मेरे कमज़ोर शरीर में बल आया। अपने जैसे टी.बी. के कीटाणुओं के हवाले करने के बाद सरफराज़ व उसके साथियों ने मेरे पास आना छोड़ दिया। जेल-अध्यक्ष भी अब मुझ पर अत्याचारी आक्रमण नहीं करता था। मेरी बैरक में मेरे आसपास मृत्यु का जो नंगा नाच चल रहा था, उससे वह काफ़ी संतुष्ट था।

धीरे-धीरे बैरक के रोगी-साथियों और उनके मित्र अभियुक्त पहरेदारों की सहायता से मुझे जेल की काफ़ी जानकारी मिलने लगी। मैं अन्य राजनीतिक कैदियों से संपर्क बनाने में भी सफल हो गया। उस समय जेलों में राजनीतिक कैदी बहुत कम थे और जो जेलों में थे, उनमें से अधिकांश बूढ़े थे और शारीरिक रूप से बहुत कमज़ोर थे। भिन्न-भिन्न जेलों की यंत्रणाएँ सहते-सहते उनकी जवानी भस्म हो चुकी थी। उनमें से अनेक कालापानी की सज़ा भी भुगत चुके थे। वे गद्दर पार्टी के महान् क्रांतिकारी थे जिनके विषय में मैं पहले लिख चुका हूँ। राजनीतिक कैदियों में कुछ जलियाँवाला-कांड के समय की पंजाब की फौजी हुकूमत, मार्शल-लॉ के शिकार थे और बबर अकाली आंदोलन के साहसी वीर थे। राजनीतिक कैदियों में से कुछ ऐसे भी थे जिनका परिचय किसी विशेष राजनीतिक संस्था के संदर्भ में नहीं दिया जा सकता। वे अपने समय के राजनीतिक आंदोलन के अंग भर थे। इनमें एक तीस-पैंतीस वर्ष का बंगाली युवक था। बंगाल अपने सुंदर संगीत, रमणीक युवतियों और शहीदों के लिए प्रसिद्ध था। वह युवक बुद्धिमान, निडर, चतुर और साधनपूर्ण था। उसकी चतुराई की जेल में बहुत चर्चा थी। जेल में उसे पीरजी के नाम से जाना जाता था। वह दस वर्ष की सजा काट रहा था। उसे क्रांतिकारी गतिविधियों को बढ़ावा देने के अभिप्राय से राजद्रोही साहित्य को पंजाब में पहुँचाने के प्रयास में दस वर्ष की कड़ी सजा दी गई थी।

तीव्र बुद्धि पीरजी ने जेल-अध्यक्ष और उसके अधिकारियों की कमजोरियों को पहचान लिया और उसका लाभ उठाया। वे अज्ञानी थे, मिथ्या विश्वासों से घिरे हुए थे। पीरजी ने ज्योतिषी और हस्तरेखा निपुण होने का स्वाँग रच लिया। वह स्वाँग उस पर बहुत ठीक बैठ रहा था क्योंकि वह बंगाली था। उस समय उत्तरी भारत में बंगाल का नाम जादू से जुड़ा हुआ था। पंजाब में बंगाल के जादू की बहुत चर्चा थी। अधिकांश बंगाली तंत्र और जादू में विश्वास रखते थे। मेरे इस युवक मित्र, हस्तरेखा निपुण के पास इस विषय पर कोई पुस्तक नहीं थी जिससे वह अपने हस्तरेखा निपुण होने की पुष्टि कर सके। तथापि इस कमी को पूरा करने के लिए वह अपने पास दो बंगाली पुस्तकें रखता था—टैगोर की चायोनिका और काज़ी नजरुल इस्लाम की

अग्निवीणा। ये दोनों पुस्तकें कवितासंग्रह थे, दोनों में जादू था—अपनी किस्म का अलग जादू।

ज्योतिषी का स्वाँग रचने से वह धीरे-धीरे अंधविश्वासी जेल-अध्यक्ष और उसके अन्य कर्मचारियों के बहुत निकट आ गया। उससे उसे बहुत लाभ मिला। उसे बहुत सी सुविधाएँ प्राप्त हो गईं। उन सुविधाओं में से, जेल के अंदर बिना रोक-टोक, इधर-उधर जाने की छूट भी सम्मिलित थी। वह उन सुविधाओं को कैदियों और छोटे कर्मचारियों की सहायता करने में लगाता था। इसलिए उसे उनकी सद्भावनाएँ प्राप्त थीं। वे उसका आदर-मान करते थे। उस रहस्यमय व्यक्ति के संबंध में कैदियों में बहुत सी कहानियाँ प्रचलित थीं। मैंने उससे संपर्क बनाने का निश्चय किया यद्यपि प्रारंभ में मेरे मन में कुछ शंकाएँ अवश्य थीं।

उसने मेरे संदेश को प्यार से स्वीकार किया और सप्ताह के भीतर ही मैंने अपनी बैरक में एक लंबे पतले व्यक्ति को आते देखा। उसके पीछे वार्ड में रोगियों को भोजन बाँटनेवाले कर्मचारी थे। उसकी एक कलाई पर लोहे का मोटा कड़ा था और दूसरी कलाई पर लोहे के मनकों की पतली चैन। वे उसके आभूषण थे या ज्योतिष का साज-सामान, कहना कठिन था। उसके गले में धागे की माला थी और कंधे से पीले वस्त्र में एक पुस्तक लटक रही थी। वह एक रोगी से दूसरे रोगी के पास गया, किसी से मीठे बोल बोले और किसी को मीठी मुसकान दी। इस तरह रोगियों के पास होते-होते वह उस कोने में आ गया जहाँ मेरा बिस्तर था। वह बहुत सहज ढंग से मेरे पास चटाई पर बैठ गया। हमें नीचे जमीन पर ही सोना होता था। उसने अनमने मन से मेरे पास पड़ी पुस्तक—शेक्सपीयर की रचनाएँ—को उठाया और अपने मुँह के सामने रखकर अंग्रेजी में मुझसे ऐसे बोला मानों उस पुस्तक से कुछ पढ़ रहा हो। उसने कहा "मैं पी. राय हूँ (जिसे अपराधियों ने पीरजी बना दिया है)। मैं वहीं हूँ जिसके लिए तुमने संदेश भेजा था।"

इस तरह से उसके आने पर मुझे बहुत अचंभा हुआ। मुझे इसकी उम्मीद नहीं थी। वह बहुत जोखिम उठाकर मुझसे मिलने आया था। मैंने सोचा था कि वह किसी 'मित्र पहरेदार' के द्वारा मुझे संदेश भेजेगा। उसकी जो प्रतिष्ठा थी, उसमें वह कर सकना कठिन नहीं था। परंतु उसने स्वयं आकर मुझे भ्रमजाल में डाल दिया। मुझे समझ नहीं आ रहा था कि क्या समझूँ। क्या वह यथार्थ में इतना भला है जैसा कि कैदी ने कहा था या वह जेल-अध्यक्ष का चतुर भेदिया है ? मैं उससे औपचारिक बात करने लगा और साथ ही उसके विषय में सोचने लगा था, मन-ही-मन उसके बारे में कुछ अनुमान लगा रहा था।

वह बहुत खुश मिजाज़ था। उसकी भाषा और तौर-तरीके अच्छे थे। वह एक सभ्य भद्रपुरुष दिखाई देता था। उसका शारीरिक गठन अच्छा था, रंग गंदमी था और मांसपेशियाँ पुष्ट। उसका बोलने का ढंग मध्यवर्गीय लोगों जैसा था—वाक्य छल में चतुर। वह लंबे, उलझे और अलंकृत वाक्य बोलता था। वह मंगल भाषी था—कठोर बात

को भी कोमल शब्दों में कहता था। वह बोलता अधिक था, किंतु कहता कम था।

उसने मुझे सिगरेट दी, स्पष्टतयः वह गुप-छुप तरीके से अंदर मँगाई गई थी। जेल के अंदर इसका बहुत मूल्य था, केवल रुपए-पैसे की नज़र से ही नहीं, सुविधाएँ प्राप्त करने में भी। धन्यवाद करते हुए मैंने उसकी उस भेंट को अस्वीकार किया और उससे बाहर की दुनिया का समाचार पूछा। जो कुछ भी वह जानता था, उसने सब बतलाया। यह कहना गलत न होगा कि वह काफ़ी कुछ जानता था। उससे स्पष्ट था कि उसे पढ़ने के लिए समाचार पत्र मिलते थे। बातचीत करने का जो समय हमारे पास था, वह शीघ्र ही खत्म हो गया। भोजन बँट चुका था। मुझसे संपर्क बनाए रखने का आश्वासन देते हुए वह लंगरवालों के साथ बाहर निकल गया। जाने से पूर्व उसने एक अभियुक्त क्लर्क से मेरा परिचय कराया। वह भी लंगर पार्टी के साथ अंदर आया था। वह जेल के अस्पताल में नियुक्त था। वह पीरजी का विश्वासपात्र था—उनके अनुसार पूरा विश्वसनीय।

पीरजी की इस मुलाकात ने मुझे कठिनाई में डाल दिया। उनके साथ संपर्क बन जाने पर मेरे मन में जेल से भाग निकलने की आशा फिर से पनप उठी। परंतु वह किस मंशा से मेरे पास आया था, इसके संबंध में मेरे मन में शंकाएँ बनी रहीं। जहरीले मकड़े की तरह वह शंकाएँ मेरे मन में अपना जाल बना रही थीं। उसके व्यक्तित्व में कुछ ऐसा भी था जो विश्वास पैदा करता था और कुछ ऐसा भी था जो उस विश्वास को काटता था। उसका व्यक्तित्व मेरे लिए एक पहेली बन गया। वह बहुत तीव्रबुद्धि था और बहुत आत्मविश्वासी। उसमें आकर्षण भी बहुत था। उसके साथ-साथ वह भयभीत करनेवाला भी था। उसकी आँखें कठोर थीं, होंठ पतले और निर्दयी थे और उसकी मुसकान बहुत कटीली थी। उसका माथा आगे को निकला हुआ था और उसके बिखरे हुए बाल उसकी पतली छितरी भौंहों को छू रहे थे। वह किसी गाँव के स्कूल का बदमिजाज़ मास्टर दिखाई पड़ता था। उसके संबंध में यह कहना कठिन था कि वह कब विद्वता के मोती बिखेरेगा और कब दंड चलाएगा।

स्पष्टतयः मैं उसके विषय में बहुत ही अनिश्चित था। मेरे मन की वह अनिश्चय की स्थिति किसी भी दृढ़निश्चय से अधिक निश्चयवान् थी। यही अनिश्चियता मुझे उसके निकट ले गई। मुझे ऐसा लगा कि उसकी सहायता से मैं जेल तोड़ने का अपना स्वप्न पूरा कर सकूँगा।

हर रोज़ के संघर्ष और प्रयासों से भूख, डर और बीमारी जैसे शत्रुओं पर विजय पाने के बाद भी, जीवन में कभी-कभी सौभाग्य से इतनी शक्ति बची रहती है जिसे वह अपने को उन्नत करने में प्रयोग कर सके। ऐसी बची-बचाई शक्ति मेरे पास थी। मैं उसे संदेह, शंकाओं और चौकसी में नष्ट नहीं करना चाहता था। मैंने सावधानी और चौकसी की परवाह न करते हुए, अपनी बची-बचाई शक्ति को अधिक लाभकारी ढंग से प्रयोग करने का निश्चय किया।

समय धीरे-धीरे बहुत पीड़ाजनक ढंग से बीत रहा था। दिन बदलकर सप्ताहों

में बीत गए और सप्ताह अनवरत महीनों में। कितने महीने बीत चुके थे, मुझे ठीक तरह से याद नहीं। कैदियों के लिए घड़ियों और कैलेंडरों का कोई महत्त्व नहीं होता। उनके लिए न घड़ियाँ होती हैं और न कैलेंडर ही। केवल पागल जामा होता है—धारीदार सूती आधी बाँह की कमीज और घुटनों तक का धारीदार सूती पैजामा। वे इसे पहनने के लिए विवश होते हैं और यही समय का द्योतक होता है। वह इस जामे से समय का अनुमान लगा लेते हैं। टी.बी. वार्ड में आने पर मुझे जो वर्दी मिली थी, मैं उसे अब फटी हालत में पहन रहा था। कपड़ों को इस हालत में पहुँचने में छः महीनों से अधिक समय लगता है।

बहुत से रोगी एक-एक करके इस संसार से बिदा हो चुके थे। वे मौत के इस पूर्व गृह में नए रोगियों के लिए स्थान खाली कर गए थे। टी.बी. वार्ड सदा ही अत्यधिक भरा रहता था। इसमें एक दिन के लिए भी कोई स्थान अर्थात् बिस्तर खाली नहीं रहता था।

पुराने रोगियों में से अंतिम रोगी, जो मेरा अच्छा मित्र था, यातनाओं को निरंतर सहते-सहते टूट गया था और परलोक सिधार गया। उसकी मृत्यु से मैं जीवन-व्यथा को समझ पाया। वह अत्यंत आशावादी था, अशिष्ट मज़ाक और गंदी कहानियाँ सुनाना उसे अच्छा लगता था। वह सब धर्मों के भगवानों की धज्जियाँ उड़ाता था। मरने से एक दिन पहले उसने मुझसे अपनी प्रेमिका को पत्र लिखवाया। पत्र लिखवाते-लिखवाते वह अपनी उन अन्य प्रेमिकाओं का भी जिक्र करता रहा जिन्हें वह पीछे छोड़ आया था। जैसे 'वह अब कितनी बड़ी हो गई होंगी ? मेरी छेड़-छाड़ के बिना वह कैसी होंगी ?' इत्यादि। उनमें से उसकी सबसे प्यारी एक सुनार की बेटी थी। उसने जब गाँव छोड़ा था उस समय वह लगभग बारह वर्ष की थी। उसने बहुत ललचाए मन से कहा कि उस समय उसके उरोज उभार ले रहे थे और जब वह उन्हें स्पर्श करता था तो वह पुलकित हो उठती थी।

उसकी मौत से मुझे जेल से भाग निकलने का विचार भूल जाना चाहिए था; पीड़ा और आनंद, आशा और निराशा, आज और कल के सूक्ष्म भेद से निकल मन जाने चाहिए थे और उनके स्थान पर शून्यता का बोध हो जाना चाहिए था, परंतु ऐसा नहीं हुआ। मैं कल की प्रतीक्षा करता रहा, घृणित जेल को तोड़कर भाग निकलने की आशा छाती से लगाए रहा। और उसके लिए मैं पूरे उत्साह से योजनाएँ बना रहा था।

अपने वार्ड के साथियों के मन में मेरी जो छवि बनी थी, वह इस अंतिम मरीज़ के साथ डोरियन ग्रे की तसवीर की भाँति खत्म हो गई। अब मुझे फिर से नए रोगियों से नाता बनाना था, उनके दिलों में प्रवेश करना था। समय के साथ मैं इसे करने में भी सफल हो गया। उन्होंने भी मुझे पुराने स्वर्गीय साथियों की तरह प्यार और विश्वास दिया, कुछ ने तो अपने प्राणों को संकट में डालकर मेरी रक्षा की। एक ने तो सच ही मित्रता की वेदी पर अपने प्राण न्योछावर कर दिए। अब मैं उस घटना को लिखने जा रहा हूँ जिससे मैं कथित अपराधियों की महानता पर प्रकाश डाल सकूँ।

वार्ड में एक रोगी की मृत्यु के बाद उसके खाली बिस्तर पर नए रोगी को लिटा दिया जाता था। इसमें कुछ भी असाधारण नहीं था, यह होता ही रहता था। असाधारण यह था कि जो नया रोगी आया था वह ऐसा नहीं था कि उसे इस बैरक नाम के 'मौत के घर' में फेंक दिया जाता। जहाँ तक मुझे याद है, उसका नाम सूरज था। वह पतला-दुबला छोटी आयु का लड़का था। यद्यपि उसका शारीरिक विकास ठीक तरह से नहीं हो पाया था तथापि वह स्वस्थ था, रोगी नहीं। मुझे बाद में पता चला कि वह लाहौर के एक बड़े ठेकेदार का बेटा था। उसकी माँ के साथ जिस व्यक्ति के अवैध संबंध थे उसे मारने के अपराध में वह जेल भुगत रहा था। उसने अपनी कुँवारी किशोरा बहन के साथ उसे गलत संबंध में देखा था। मुकदमे के समय उसने अपने बचाव के लिए माँ का नाम लिया था, परंतु वह अपना बचाव करने में सफल नहीं रहा। उसे दस साल की कड़ी सज़ा मिली थी। वह बहुत छिछोरा था, उसमें चालाक बिल्ली जैसा आकर्षण था। उसके कूल्हे स्त्रियों की भाँति चौड़े-चौड़े थे। इसलिए सरफराज़ खाँ और उसके कामुक साथियों को वह अपनी विकृत कामनाओं के लिए बहुत पसंद था।

उसने मुझे वह सब बतलाया जो जेल-अध्यक्ष और उसके कामुक साथियों ने अपनी नीच परितुष्टि के लिए उसके साथ किया था। उसकी दुःखभरी कहानियाँ सुनकर मैं पसीज गया और उससे मित्रता कर ली। मैंने उसे अपनी सहानुभूति दी और उसके जीवन में सुख और शांति लाने की चेष्टा की। किंतु मेरे अन्य साथी, पुराने रोगी उसे संदेह की दृष्टि से देखते थे। उसके स्वार्थी स्वभाव, अति जिज्ञासु प्रवृत्ति और खोजबीन करने की गंदी आदत के कारण वे उससे नाराज़ थे। मैं उन्हें उसके जेल में आने से पहले की दुखद कहानियाँ बतलाता था, जेल-जीवन की कठिनाइयों का वर्णन करता था जिन्हें जेलर और उसके साथियों ने उसके लिए और भी दुष्कर कर दी थीं। इन सबको लेकर मैं अपने साथियों से उसकी वकालत करता था। मेरे कहने से मेरे साथियों के वैर-भाव में कुछ कमी तो आई, परंतु उन्होंने कभी एक क्षण के लिए भी उस पर विश्वास नहीं किया, उसके प्रति उनकी सतर्कता में कोई कमी नहीं आई।

रम्पत, (जहाँ तक मुझे याद है, यही उसका नाम था) बड़ी उम्र का जाट था। वह डाके के अपराध में जेल आया था। उसे तपेदिक रोग था और रोग के बहुत बढ़ जाने के कारण वह लगभग मरने ही वाला था। उसे सूरज से विशेष नफ़रत थी। इस नवयुवक पर उसे संदेह था और वह उस पर कड़ी नजर रखता था। एक दिन उसने सूरज को जेल-अध्यक्ष के भेजे हुए संदेश के साथ पकड़ा और एक दिन फिर उसने सूरज को उस संदेश को बीच में ही उड़ाते हुए पकड़ा जो हमारे हितैषी अपराधी-क्लर्क ने हमें भेजा था। सूरज को अपने इस व्यवहार के लिए काफ़ी सुननी पड़ी और उसे अपने आपको सुधारने के लिए कड़ी चेतावनी भी दी गई। इस घटना के थोड़े दिनों बाद रम्पत को दूसरे वार्ड में भेज दिया गया जहाँ से वह कभी वापस नहीं आया।

हमें बाद में पता चला कि सरफराज़ के गुंडे साथियों ने उसे बहुत निर्दयता से पीटा था जिससे कुछ ही दिनों में उसकी मृत्यु हो गई थी।

रम्पत की मृत्यु के लगभग एक महीना बाद एक दिन सुबह-सुबह सूरज का शरीर हमारे मूत्रालय की एक सलाख से लटकते हुए पाया गया। मूत्रालय सलाखों का एक घेरा था जिसे चटाई से ढक रखा था। उसके बिस्तर की चादर उसके गले से लिपटी हुई थी और उसी के साथ उसकी लाश सलाख से बाँध रखी थी। अफ़वाह थी कि उसे गला घोंटकर मारा गया था और अपराध को छिपाने के लिए उसके शरीर को मूत्रालय की सलाख से बाँध दिया था। इस घटना की जाँच-पड़ताल लगभग एक महीने तक होती रही। जाँच-पड़ताल में मार-पिटाई, यातनाओं, रिश्वत और प्रलोभन सबका प्रयोग किया गया, परंतु अधिकारी उसकी मृत्यु के यथार्थ कारण का पता लगाने में असफल रहे। न्याय हुआ अँधेरे में और उन सबके लिए वह अँधेरे में ही रह गया जो न्याय की अवहेलना करते हैं अथवा न्याय को केवल कानूनी औपचारिकता मानते हैं।

सूरज की हत्या को लोग जल्दी भूल गए—उसे भूलने में उतना समय भी नहीं लगा जो गली के आवारा कुत्ते की मृत्यु को भूलने में लगता है। बस थोड़ा झंकोरा आया और जीवन फिर अपनी सड़ी चाल से चलने लगा। वार्ड में भी समय एक मोटे फूले अजगर की भाँति बहुत मंदगति से आगे बढ़ता गया। ऐसी असामान्य स्थितियाँ जो जेल के जीवन की सामान्य घटनाएँ थीं, मेरे मन पर फिर अपना बोझ डालने लगीं। मुझे अपने टूटे बिखरे संपर्कों से पुनः संबंध बनाने की आवश्यकता अनुभव होने लगी। इस बार पीरजी, अर्थात् पी. राय ने पहल की। उससे मुझे संदेश मिला कि वह मुझे जेल के मुख्य अस्पताल में वापस भिजवाने की कोशिश कर रहा है जहाँ उसके साथ संपर्क बनाए रखना ज्यादा आसान है। मुझे नहीं पता कि उसने यह प्रबंध कैसे किया। परंतु मुझे जल्दी ही मुख्य अस्पताल में भेज दिया गया। वहाँ का मुख्य डॉक्टर नवयुवक था जो जेल के विषैले प्रभाव से मुक्त था। मेरे साथ उसका व्यवहार सहानुभूतिपूर्ण था। सहानुभूति और मानव संवेदना उसके व्यवहार के सामान्य गुण थे। स्वास्थ्य-लाभ की दृष्टि से उसने मुझे एक घंटा रोज बाहर आँगन में बैठने की अनुमति भी दी।

इससे जेल तोड़कर भागने की मेरी इच्छा को पुष्टि मिली। मैंने पीरजी से इस विषय पर बात की। उसकी प्रतिक्रिया अनुकूल थी, परंतु उसने मुझे धीरज और सावधानी से काम लेने की सलाह दी और कहा कि स्वास्थ्य लाभ के साथ-साथ भागने की योजना को भी मैं तैयार करता रहूँ। एक छोटी सजा का राजनीतिक कैदी जेल से छूटने ही वाला था। उसका जिक्र करते हुए उसने कहा कि इस विषय में वह मेरी सहायता कर सकता है। उससे मेरा परिचय कराने का वायदा करते हुए वह चला गया।

कुछ दिनों के बाद एक सिख युवक अस्पताल में आया। उसने अपने आपको बीमार बतलाया। उसकी आयु बीस वर्ष से अधिक नहीं थी। उसे बहुत तेज़ बुखार था। इसलिए उसे आपातकालीन वार्ड में दाखिल किया गया था। दूसरे दिन वह

अस्पताल के मुंशी से मिल-मिलाकर मेरे पास आया और अपने आपको पीरजी का मित्र बतलाया। उसका नाम चानन सिंह था। उसका बुखार असली नहीं था, कृत्रिम रूप से चढ़ाया हुआ था। पीरजी ने अस्पताल से अंतर-त्वचीय टीका देने की सूई को चुराकर उसे दूध का टीका दिया था। यह मानना पड़ेगा कि पीरजी का दिमाग बहुत तेज़ था।

चानन सिंह सुंदर नौजवान था। उसका कद छः फीट चार इंच था। शरीर पुष्ट और पतला था। वह खुश मिजाज़ था। उसका विनम्र भाव उसके सुंदर साफ़ रंग को और भी प्रभावशील बनाता था। उसकी काली गंभीर आँखों के दर्द और लाल-लाल होंठों के मुसकान में अनमोल मेल था और उसका अपना ही अनूठा आकर्षण था। उसके चौड़े चिकने माथे, तीखे नयन-नक्श, लंबी सुंदर नाक के ऊपर मिलती हुई घनी भौंहों से उसके दृढ़विश्वास और सरल-स्पष्ट स्वभाव का परिचय मिलता था। उसके चेहरे पर किसी छिपाव या बनावट का कोई चिह्न नहीं था। उसके चेहरे और व्यवहार से विश्वास और विश्वसनीयता का परिचय मिलता था। वह पिज़ाले की 'स्नेह और मित्रता' की मूर्ति सदृश दिखाई देता था। वह जिला होशियारपुर का रहनेवाला था और किसी छोटे से राजनीतिक अपराध के लिए पकड़ा गया था तथा इस जेल में एक वर्ष की कैद भुगत रहा था। उसकी सजा खत्म होनेवाली थी। मुश्किल से एक महीना शेष था। वह बाहर जाकर, हमारे भागने में सहायता करने को तैयार था। वह सत्याग्रही था, परंतु पीरजी ने उसे बम-सिद्धांत का अनुयायी बना लिया था। वह हमें जेल से भागने में सहायता देकर नया क्रांतिकारी जीवन प्रारंभ करना चाहता था।

कुछ ही दिनों में मैंने एक लंबी-चौड़ी योजना तैयार कर ली और पीरजी से सलाह-विमर्श करने के लिए चानन सिंह को दे दी। योजना अति रोमांचित थी। उसमें लुका-छिपाकर पिस्तौलों और बमों को जेल में लाने, फाटक के पहरेदारों और शस्त्रशाला के संरक्षकों को बलपूर्वक घेरने और पराजित करने तथा पहले से तैयार बागी कैदियों में शस्त्रों को बाँटने की योजना थी। इन गतिविधियों से उत्पन्न घबराहट और भागदौड़ में, चानन सिंह और उसके साथियों की लाई हुई गाड़ियों में हमारे भाग निकलने की योजना थी। यह योजना ऐसी थी जिसके सफल होने की अपेक्षा विफल होने की संभावना अधिक थी। परंतु योजना इतनी रोमांचित थी कि वह नवयुवकों को बहुत अच्छी लगी। हम खुश थे, हमें ऐसा लगा कि उसकी विफलता में भी हमारी सफलता है—वह हमें अस्त्र-शस्त्र हाथ में लिए मरने का अवसर देगी और अंग्रेजी सरकार को सिद्ध कर देगी कि 'यंग इंडिया' की क्रांति की भावना को उनकी घृणित जेलें दबा नहीं सकतीं।

सजा की अवधि खत्म होने पर चानन सिंह छूट गया। छूटने के एक महीने के अंदर ही उसने लाहौर के एक पुस्तक-भंडार से किताबों का एक बुक-पार्सल भेजा। पार्सल में घटिया किस्म के उपन्यास थे। जेल-निरीक्षकों ने उन किताबों को बिना किसी आना-कानी के पास कर दिया। वे यह नहीं जानते थे कि उन पुस्तकों में से एक

के पन्नों पर, गुप्त भाषा में, हमारे लिए संदेश था। दूसरा पार्सल लाइब्रेरी से आया और उसमें भी उसी प्रकार एक पुस्तक में हमारे लिए संदेश था। लाइब्रेरी को जब किताबें वापस की गईं तो हमने भी उसे उसी प्रकार से संदेश भेजा। पीरजी की कल्पनाशक्ति और प्रभाव से हमारी संचार-व्यवस्था सुचारु रूप से चलती रही और हमें हथियारों व विस्फोटक सामग्री के इकट्ठा किए जाने की यथार्थवत् सूचना मिलती रही।

इधर लुकी-छिपी बातचीत से हमने आजीवन कैद के बंदियों व अन्य उत्पाती कैदियों को जेल-अध्यक्ष के विरुद्ध भड़काना शुरू कर दिया। थोड़े ही समय में उनमें से कुछ इतने उत्तेजित हो गए कि उन्हें शांत रखने में हमें अपनी पूरी शक्ति लगानी पड़ रही थी। हमने उन्हें बता रखा था कि एक रविवार की सुबह को जब उन्हें कपड़े धोने के लिए बाहर ले जाया जाएगा हम उन्हें बगावत करने का संकेत देंगे। (रविवार कपड़े धोने का दिन था और उस दिन कैदियों को खुले आँगन में ले जाया जाता था)। इसलिए हर रविवार को उन्हें नियंत्रण में रखना हमारे लिए एक कठिन समस्या बन गई थी।

अंत में चानन सिंह का संदेश आ पहुँचा कि उसकी ओर से बाहर सारा प्रबंध हो चुका है; उसने साथ में यह भी कहा कि वह अपने अन्य साथियों के साथ तेरह तारीख को मुलतान के लिए रवाना होगा। मुलतान पहुँचने के बाद वह जेल के आसपास किराए पर मकान लेगा, 'गाड़ी का प्रबंध करेगा, हमारे साथ संपर्क बनाएगा' और यदि योजना के अनुसार सब ठीक रहा तो हम जल्दी ही रविवार का उत्सव मनाएँगे।

सोलह मई बीत गई, (उसे पंद्रह को मुलतान पहुँचना था), सत्रह मई भी बीत गई और इसी प्रकार अठारह, उन्नीस और बीस भी निकल गईं। चानन सिंह का कोई संदेश नहीं आया। हर पल एक युग के समान बीत रहा था और हर दिन कुस्वप्नों का अनंत काल बन गया था।

बाईस मई आई, उस दिन पीरजी मेरी कोठरी में आए। पहले कि मैं उनसे कुछ कहता, उन्होंने सलाखों के बीच से अखबार का एक कुचला हुआ टुकड़ा मुझे दिया और बिना कुछ कहे वहाँ से चले गए। मैंने उस टुकड़े को सीधा किया और अपनी कोठरी के अँधेरे में पढ़ा :

14 मई, होशियारपुर—'दो युवक, चानन सिंह और एक और अपने सामान में बहुत से विस्फोटक, बम और पिस्तौलें छिपाकर होशियारपुर से गाड़ी में सफ़र कर रहे थे। 13 मई को वे आदमपुर गाँव पर गाड़ी से उतरे। क्यों ?...किस उद्देश्य से ? स्पष्ट नहीं। जब वे सड़क के किनारे बैठे हुए थे तो अनजाने में उनमें से एक के सामान को झटका लगा और उसमें छिपा बम फट गया। विस्फोट होने से चानन सिंह की घटना स्थल पर ही मृत्यु हो गई और उसके साथी को गंभीर चोटें आईं। पुलिस ने उसे हिरासत में ले लिया है।'

इस प्रकार मेरा जेल से भागने का एक और प्रयास भी खत्म हो गया।

हत्यारा, किंतु अलग प्रकार का

नबीबक्श खूनी था। वह दस वर्ष की कड़ी सजा काट रहा था और आंतरिक रूप से वह एक और खून करने के लिए बाध्य था। वह पेशावर से आगे बनजाति क्षेत्र का रहनेवाला था। वहाँ के पठान बहुत घमंडी थे। उनमें खूनी झगड़े और परस्पर विनाशकारी लड़ाइयाँ होती ही रहती थीं। यह अंग्रेजी सरकार की कुटिल राजनीति की देन थी। 'बदला लेना' उनकी जीवन-पद्धति का अपना तरीका था। उनकी एक लोकोक्ति थी जिसके अनुसार, 'बदला लेना' मनचाहा भोज था जिसकी सुगंध और स्वाद समय और परिपक्वता के साथ बढ़ता था।

जिस खून के लिए नबीबक्श सजा काट रहा था, वह उसके परिवार के एक विनाशकारी झगड़े का परिणाम था। जिस व्यक्ति की उसने हत्या की थी, उसके पिता ने नबीबक्श के दादा की हत्या की थी। वह सोचता था कि दादा के हत्यारे के बेटे को मारकर वह अपने दादा की मौत का बदला चुका लेगा। वह यह नहीं सोचता था कि उससे उन दोनों परिवारों में विनाशकारी झगड़े पुनः आरंभ हो जाएँगे। उसी कारण उसके पिता ने इस झगड़े को नज़रअंदाज कर रखा था। नबीबक्श के खून करने के बाद, दूसरे परिवार ने, उसकी अनुपस्थिति में, उसके छोटे भाई को मार डाला था।

नबीबक्श को अब अपने छोटे भाई की मौत का बदला लेना था। वह बदला लेने के लिए विशेष बेचैन था, क्योंकि छोटे भाई की हत्या हो जाने से वह हत्याओं की गिनती में दूसरे परिवार से एक अंक पीछे था। उसकी बनजाति की परंपराओं के अनुसार दोनों परिवारों को बराबर-बराबर होना चाहिए था। यह परिवार की मर्यादा का सवाल था। परिवार की मर्यादा को रखने में परिवार का कोई अन्य व्यक्ति उसकी सहायता नहीं कर सकता था क्योंकि उसके बूढ़े बाप के अतिरिक्त परिवार में कोई भी अन्य पुरुष नहीं था। उसके पिता अवकाश प्राप्त सरकारी अफ़सर थे और वे बूढ़े हो चुके थे। इसलिए उसे यह काम करना ही था और वह जेल से छूटते ही।

यह आश्चर्यजनक है कि उच्च शिक्षा और ज्ञान प्राप्त कर लेने पर भी व्यक्ति कैसे अपनी रूढ़िप्रद परंपराओं से घिरा रहता है और कैसे समय आने पर वे उस पर हावी हो जाती हैं। नबीबक्श पेशावर विश्वविद्यालय का स्नातक था, तथापि उसकी उच्च शिक्षा उसे अपनी बनजाति के दृष्टिकोण से मुक्त नहीं कर पाई थी।

नबीबक्श का शारीरिक गठन सामान्य पठानों जैसा नहीं था। उसका रंग काला

था, कद छोटा और शरीर पतला था। वह चिड़चिड़े स्वभाव का था। संक्षेप में, वह अपनी जाति के अन्य पुष्ट युवकों जैसा नहीं था। वह ऐसा दिखाई पड़ता था जैसा कोई रेंगनेवाला प्राणी हो—केंचुली उतारने की प्रक्रिया में जुटे साँप जैसा।...उसका मुखौटा और भी भयानक था। गुस्से में भरे साँप जैसा उसका चेहरा था। उसका मुँह ऊपर को उठा हुआ था और आँखें छोटी व निष्ठुर थीं। वह नजर टिकाकर दूसरे को इतने कठोर ढंग से देखता था जैसे साँप काटने के भाव से सामने खड़े व्यक्ति को देख रहा हो।

उसका चेहरा हाव-भावों से खाली था। उसकी भूरी मटयाली भौंहें और दो फीके से होंठ—ऊपर का पतला और नीचे का मोटा—ऐसे लगते थे जैसे किसी कलाकार ने अलसाए मन से यों ही कलम उठाकर लकीरें घसीट दीं हों। उसके दाँत घिसे हुए बटनों की याद दिलाते थे; और बिखरे बालों की दाढ़ी पक्षियों के त्यागे हुए घोंसले समान दिखाई पड़ती थी। उसके चेहरे पर कहीं-कहीं खाली-सा स्थान दिखाई पड़ता था जिसमें उसकी ऐंठी हुई लंबी नाक थी। उसके कान पतले और छोटे थे जो बंदर के कानों की तरह बालों से ढके हुए थे। चेहरे की बाकी त्वचा पर कुछ बल थे और पीले रंग के धब्बे जो तीस-पैंतीस वर्ष की आयु में सामान्यतया नहीं होते।

उसका संपूर्ण रूपाकार ऐसा था जैसे किसी मूर्तिकार ने जल्दी-जल्दी में बुझे दिल से रेतीले पत्थर पर उसे गढ़ रखा हो—सूखा, छिद्रमय, कुरकुरा और प्यासा। उसमें कोमलता या नम्रता का नामोनिशान नहीं था। तथापि उसके बाह्य रूप के पीछे एक कोमल हृदय था जो अटपटा-सा लगता था। बड़ी-बड़ी बातों के लिए वह बहुत उदार था, परंतु दैनिक जीवन की छोटी-छोटी बातों में बहुत ही तंगदिल और निष्ठुर था। जैसे, दूसरे की रक्षा करने में वह अपने प्राण भी दाँव पर लगा सकता था, किंतु रोगियों के थोड़े से भोजन में से उसे चोरी करने में कोई संकोच नहीं होता था।

वह अपनी कैद के दिनों को यथासंभव कम करने की चेष्टा में लगा रहता था। (जेल नियमावली में दंड-परिहार की व्यवस्था है। उसके अनुसार कैदी के अच्छे व्यवहार से उसकी सज़ा के दिनों में कुछ कटौती की जाती है)। दंड-परिहार का लाभ उठाकर वह जल्दी-से-जल्दी घर जाना चाहता था जिससे कि वह भाई के कातिल को मारकर परिवार की मर्यादा को बचा सके। अधिकारियों को खुश रखने के लिए वह सब कुछ करने को तैयार था, उनके गंदे काम भी करता था। उसने अपने आपको उन पाशिक, परपीड़क जेल-अधिकारियों की छवि में ढाल लिया था, परंतु आंतरिक रूप से वह उन जैसा नहीं था। वह कभी भी अपने आपको सरफराज़ की भाँति नीचता के स्तर पर नहीं ले जा सकता था और न ही उसे दूसरों को पीड़ा पहुँचाने में आनंद मिलता था। 'बदला लेने' के लक्ष्य ने उसके जीवन को अर्थ दे रखा था। उसका वह निश्चय निस्संदेह शोचनीय था, परंतु उस निश्चय से उसका अपने पिछले दिनों से संपर्क बना हुआ था। उसके सामने एक उद्देश्य था, अर्थात् उस निश्चय के कारण उसके पिछले दिनों और भविष्य में संबंध बना हुआ था। उसका निश्चय विष समान

था जिसे वह अपने में समोए हुए था और उसने उसके जीवन को भावुकता के रीतेपन के काले अंधकार से बचा रखा था। भावनाओं से खाली मानसिक स्थिति व्यक्ति को संघठित नहीं रहने देती, उसके अस्तित्व को तोड़ देती है, उसे जीते जी मुर्दा बना देती है।

नबीबक्श, अपनी पुरानी परंपराओं के अनुसार, हर क्षण अपने भाई के खून का बदला लेने के लिए जी रहा था। इसलिए भविष्य के साथ-साथ उसका अपने पूर्व दिनों से भी संबंध बना रहा, किंतु वह अपने गंदे भद्दे वार्तमानिक जीवन के प्रति बिलकुल उदासीन था। भविष्य के सपनों ने उसके मन में आशा की कुछ किरणें जगमगा रखी थीं, उसके मन में कुछ अच्छाइयाँ, जैसे मित्रता की भूख अब भी थीं।

उसके उद्विग्न मन की इसी अच्छाई ने उसे मुझसे मित्रता करने को प्रेरित किया। मित्रता करने के लिए उसने मेरा चयन किया और वह मेरा आदर-मान पाना चाहता था। वह अपनी सजा की लगभग आधी अवधि काट चुका था और अपनी 'सेवाओं के बल पर' अपराधी-वार्डर का स्थान भी प्राप्त कर चुका था। अधिकार की उस स्थिति के कारण उसे जेल के भीतर इधर-उधर जाने की छूट थी। उसका लाभ उठाते हुए वह रोज़ मेरी कोठरी में आता था। मेरे साथ अच्छे संपर्क बनाने के लिए वह मुझसे पूछता था कि किस प्रकार वह मेरी सहायता कर सकता है। वह जानता था कि मैं अपने लोगों और मित्रों से बिलकुल कटा हुआ हूँ। (मुझे पत्र भेजने या पाने की अनुमति नहीं थी, तीन महीनों में एक बार भी नहीं जैसा जेल-ऩियमावली में दे रखा था।) उसने मेरे पत्रों को छिप-छिपाकर बाहर भेजने का प्रस्ताव मेरे सामने रखा।

मैं, क्योंकि जेल से भागने के विषय में सोच रहा था, इसलिए अवांछित मित्रता के प्रति बहुत सावधान था। इसके अतिरिक्त मैं उसे जेल-अध्यक्ष का भेदिया समझता था और उससे घृणा करता था। मैंने उसके इस प्रस्ताव को अस्वीकार कर दिया और अपनी उपेक्षा को उससे छिपाया भी नहीं। मैंने उसे स्पष्ट शब्दों में कह दिया कि मित्रता की बात तो अलग रही, मैं उससे जान-पहचान रखना भी पसंद नहीं करता था।

उस घमंडी पठान को यह बहुत बुरा लगा। उसने मेरी अस्वीकृति को बहुत महसूस किया। उसके जेल-जीवन में संभवतः वह पहला अवसर था कि उसने किसी से मित्रता करनी चाही थी, अन्यथा सदा इससे उलटा ही होता था। उसकी अधिकार युक्त स्थिति के कारण दूसरे उससे मित्रता करना चाहते थे और यह उसकी अपनी इच्छा पर निर्भर था कि वह उनसे मित्रता करे या न करे। दुःखी होकर उसने मेरे पास आना बंद कर दिया। मुझे शांति मिली और जेल-तोड़ने की योजनाएँ बनाने में लग गया।

नबीबक्श से मैं छः महीने के बाद मिला।

जेल से भागने के असफल प्रयास के कारण मेरी जो पिटाई और धुनाई (दूसरी बार) हुई थी, मैं उसके दुष्प्रभाव से बाहर निकल ही रहा था कि मुझे उस वार्ड में भेज दिया गया जो जेल के अंदर छूत की बीमारियों के लिए आरक्षित था। वहाँ मेरे चारों ओर कुष्ठरोग के बीमार, गरमी अर्थात् आतशक के रोगी, गंभीर तपेदिक के रोगी और उपदंश रोग से पीड़ित जवान लड़के थे।

उस सारे वार्ड में सड़े-गले मांस की, रिस्ते जख्मों की, सड़ी पीप और जमे हुए खून की तेज दुर्गंध फैली हुई थी। वह दुर्गंध इतनी तेज़ थी कि उसने जेल के चारों ओर फैली गंदगी की दुर्गंध को भी दबा रखा था। फिर भी मुझे वह स्थान अपनी उस पहली कोठरी से अच्छा लगा जो गुंडों और लुटेरों की बैरक में थी।

यहाँ भी मुझे दिन के चौबीस घंटे कोठरी में बंद रखा जाता था, तथापि यह जगह बहुत बुरी नहीं थी। पिछली बैरक में सरफराज़ खाँ और उसके साथियों का आतंक था, यह बैरक अपेक्षाकृत शांत थी। जेल-अध्यक्ष यह सोचते हुए कि मौत हमें जल्दी ही निगलनेवाली है, हमें मारने की जल्दी में नहीं था। वार्डर भी बहुत कड़े नहीं थे। वे दिन में दो बार सरसरी तौर से हमारी और हमारी कोठरियों की तलाशी लेने की रस्म पूरी करते थे और अपनी ड्यूटी का अधिकांश समय सोने में या मालिश करवाने में व्यतीत करते थे। कुष्ठ रोगियों के घावों को पपड़ी से बचाने के लिए जो तेल मिलता था वह उनकी मालिश में काम आता था।

शारीरिक रूप से मैं इतना कमज़ोर हो गया था कि कुछ समय तक मैं जेल तोड़कर भागने की दशा में नहीं था। इसलिए मैंने अपनी अधूरी शिक्षा को पूरा करने का निश्चय किया। उसके लिए कार्यक्रम बनाया, पुस्तकें व लिखने की आवश्यक सुविधाओं को प्राप्त करने की अनुमति माँगी। अधिकारियों का खयाल था कि मैं बहुत दिन तक जीवित नहीं रहूँगा। साथ में यह सोचकर भी कि जब तक मेरी मृत्यु नहीं होती पुस्तकें मुझे उत्पात मचाने से रोके रहेंगी, उन्होंने मेरी बात मान ली। मुझे पुस्तकें मँगवाने की सुविधा दे दी, परंतु लिखने की सामग्री की अनुमति नहीं दी।

मैं द्वारका दास लाइब्रेरी के प्रति अपना आभार प्रकट करना चाहता हूँ जिसके सहयोग से मुझे वे सब पुस्तकें मिलती रहीं जिन्हें मैं पढ़ना चाहता था। वह लाइब्रेरी लाहौर में थी। उसने पुस्तकें भेजने के अतिरिक्त मेरा मार्गदर्शन भी किया। शिक्षा प्राप्त करने में मुझे उस लाइब्रेरी से जो सहयोग मिला, उसके लिए मैं उनका सदा आभारी रहूँगा।

इसके अतिरिक्त मैं उन जेल-अधिकारियों अर्थात् सेंसर का भी आभारी हूँ जिनका अज्ञान मेरी ज्ञान-वृद्धि के लिए विशेष लाभप्रद रहा। जेल के अधिकांश अधिकारी पुस्तकों की दुनिया से उतने ही अपरिचित थे जितनी प्रेम की कोमल भावनाओं से चरित्रहीन स्त्री अनभिज्ञ होती है। फिर भी उन्हें अपने ज्ञान का बहुत मान था। उनमें यदि 'यह गुण' न होता तो मेरे लिए उन पुस्तकों को प्राप्त कर सकना

संभव नहीं था जिन पर ब्रिटिश सरकार ने प्रतिबंध लगा रखा था। उनकी अज्ञानता के कारण मुझे राजनीति, समाजवाद व तत्कालीन परिस्थितियों पर लिखी पुस्तकें मिलती रहीं।

इस विषय में जेल-अधिकारियों का सिरमौर था उप-जेल अध्यक्ष, मिस्टर वाई। उसका कद लंबा और शरीर भारी था। उसकी गरदन मोटी, सिर छोटा और खोपड़ी गंजी थी। उसकी बड़ी सी गोल तोंद आगे को निकली हुई थी, मानों चारों ओर फैल जाना चाहती हो। वह झूमता हुआ चलता था और जब बात करने के लिए मुँह खोलता था तो ऐसा लगता था जैसा मछली ने हवा निगलने के लिए अपना चौड़ा मुँह खोला हो। वह सदा तिरछा खड़ा होता था और जिससे बात करता था उसकी ओर देखता नहीं था। उसके खड़े होने का यह 'पराक्रमी ढंग' बहुत ही थोथला और घिनौना था।

मिस्टर वाई पंजाब विश्वविद्यालय के स्नातक थे। उन्हें अपने बारे में बहुत से भ्रम थे। वे कविताएँ लिखते थे या यूँ कहिए कि उनके मन में यह भ्रम था कि वे कविताएँ लिख सकते हैं। उन्हें कविता लिखने में बहुत मेहनत करनी पड़ती थी और वे अपने उस मानसिक श्रम को बाँचने का कार्यभार मुझ पर लाद देते थे। उनकी रचनाएँ (उर्दू में) खुलमखुल्ला दूसरों की चुराई हुई गज़लें होती थीं।

वह निर्लज्ज विषयवस्तु, वाक्-सारणी व अन्च सब प्रकार से इकबाल की गज़लों की चोरी करता था। अपनी चोरी छिपाने के लिए वह इकबाल की गज़लों को तोड़-मोड़कर अपने लिए भद्दी कविताएँ तैयार करता था। मैं उसकी 'बकवाद' को बहुत 'उत्सुकता' से पढ़ता था और उसकी कवित्व शक्ति की तुलना इकबाल से करता था। मेरा यह मज़ाक उस मूर्ख को कभी समझ नहीं आया, बल्कि वह उसे अपने काम की प्रशंसा समझता था। इसके बदले में वह मेरे पढ़ने के प्रयास की सराहना करता था। इस तरह हम दोनों में अन्योन्य प्रशंसा का संबंध स्थापित हो गया। मैं उनकी रचनाओं की स्तुति करता था उसे उभरता हुआ इकबाल कहता था और बदले में मुझे लाइब्रेरी से या मित्रों की भेजी हुई पुस्तकें बिना सेंसर और बिना देरी मिल जाती थीं।

इस अद्भुत प्रबंध से मेरे लिए किसी भी विषय पर कोई भी पुस्तक मँगवाना संभव हो गया। तथापि इसकी भी एक सीमारेखा थी। पुस्तक की जिल्द पर न क्रांति शब्द होना चाहिए था और न ही वह किसी ऐसे लेखक की होनी चाहिए थी जिसके विरुद्ध उसके मन में कोई पूर्वधारणा हो। जैसे दर्शन, इतिहास, अर्थशास्त्र, राजनीति-विज्ञान की सब श्रेष्ठ पुस्तकें वह मेरे लिए 'पास' कर देता था, किंतु औद्योगिक क्रांति पर लिखी पुस्तक पास नहीं की जाती थी। उसे मार्क्स, एंगेल्स, लेनिन, क्रोपोट्किन की पुस्तकों को पास करने में कोई आपत्ति नहीं थी, जहाँ तक कि उसने सोरेल की हिंसावाद पर लिखी पुस्तकें और बुकानिन की अराजकतावाद पर लिखी पुस्तकें भी पास कर दीं, परंतु एच.जी. वैल्स की पुस्तकें पास नहीं कीं, चाहे वे उपन्यास ही क्यों न हों। उसका कहना था कि उसने पैगंबर मुहम्मद के बारे में कुछ

अपमानजनक लिखा था—कब ? और कहाँ ? यह उसे याद नहीं था। कुछ अन्य लेखक भी उसे पसंद नहीं थे, जैसे लॉस्की और फ्रायड। लॉस्की को पसंद न करने का कारण क्या था, उसके बारे में उसने मुझे कभी कुछ नहीं बताया। परंतु फ्रायड के बारे में अवश्य बताया था। उसका कहना था कि किसी जाने-माने विशेषज्ञ ने उसे बताया था कि फ्रायड के लेख कामोद्दीपक हैं। हैवलॉक ऐलिस से भी उसे विशेष घृणा थी। यद्यपि उसने हैवलॉक ऐलिस को पढ़ा नहीं था तथापि वह जानता था कि उसकी रचना कामसूत्र का ही रूपांतर था और कामसूत्र का सचित्र अनुवाद उसके पास था।

उसका अज्ञान अत्यधिक था और उसके अहंकार की कोई सीमा नहीं थी और उसका मानसिक आलस्य इन दोनों से बढ़कर था। परंतु उसकी ये कमजोरियाँ मेरे लिए लाभदायक रहीं। पुस्तक जितनी बड़ी और रूखी होती थी, मेरे लिए उसे प्राप्त करना उतना ही सुगम था। वह उसे पहले पढ़ा हुआ कहकर, बिना उसके पन्ने उलटे उसे पास कर देता था।

कौन कहता है कि मनुष्य की कमज़ोरियाँ सदा हानिकारक होती हैं !

जब मिस्टर वाई के साथ मेरा आनंदमय संपर्क बना हुआ था, तब नबीबक्श फिर एक बार मेरे पास आया। उस समय वह मिस्टर वाई के दफ़्तर में अपराधी-क्लर्क का काम कर रहा था। मुझे विश्वास है कि वह वांछित स्थिति उसने मिस्टर वाई की चापलूसी से उपलब्ध की होगी। एक दिन दोपहर के समय वह अपराधी-क्लर्क की हैसियत में मेरी कोठरी में आया और मुझे किताबों का एक पुलिंदा दिया जो दफ़्तर में मेरे लिए आया हुआ था।

उस समय वह पहले से बिलकुल भिन्न दिखाई दे रहा था। अत्यंत खिन्न, अपने में ही सिमटा हुआ और झगड़ालू। उस बेचारे की शक्ल-सूरत पहले से अब खराब दिखाई पड़ रही थी। उसके कान अब पहले से छोटे और पतले दिखाई पड़ रहे थे, होंठ मोटे और लटके हुए थे। उसके चेहरे पर गहरी झुर्रियाँ थीं और वर्षों के नीरस और अप्रिय कार्यों की पीड़ा उसके चेहरे पर स्पष्ट दिखाई दे रही थीं। संक्षेप में, वह खेतों में बनाए बजूका जैसा लग रहा था। उस पर माँगी हुई शक्ति के प्रदर्शन ने उसे पूरा भांड बना रखा था।

बेचारा ! उसकी मुसीबतों ने—जो अधिकांश उसने स्वयं अपने पर लाद रखी थीं—उसे अवमानव बना दिया था। वह अच्छे परिवार से था, उसे विश्वविद्यालय की शिक्षा प्राप्त करने का सुअवसर मिला था। अपने बचपन में वह अवश्य ही तीव्रबुद्धि, खुशमिजाज़ और हँसी-ठिठोल करनेवाला रहा होगा। परंतु अब वह अपनी बिगड़ी हुई मानसिक स्थिति तथा रूखी शक्ल और सूरत में टूटे और त्यागे हुए इनसान का भयंकर नमूना था।

जेल की सभ्यता अलग ही है। जिन नियमों और सच्चाइयों में हम सदियों से विश्वास रखते आए हैं, वे जेल की सभ्यता में उलट-पलट जाती हैं—अच्छाई बुराई बन जाती है और बुराई अच्छाई। जेलों में ऐसी स्थिति भी आ जाती है जब ये दोनों—अच्छाई और बुराई—जेल की गंदगी में उत्पन्न मानवता को विनाश करने वाली असहनीय पीड़ा में अपना अस्तित्व ही खो देती हैं। किंतु यह भी आवश्यक नहीं कि बंदी-जीवन की संकटमय स्थितियों में जो व्यक्ति अपने आपको मानव या अवमानव सिद्ध करते हैं, वे बाहर जाकर भी वैसे ही रहें। जेल से बाहर जाने पर उनका व्यवहार बिलकुल भिन्न भी हो सकता है।

टॉलस्टॉय ने जिस प्रवीणता से कैदियों के मानसिक व्यापार को व्यक्त किया है वह उसकी प्रखर बुद्धि का कमाल है। उसने दंड के रूप में दी गई गुलामी से मनुष्यों को टूटते हुए देखा था, उन्हें चिंतनविहीन और भाव-शून्य होते देखा था। उसने उन्हें अपनी लेखनी द्वारा दूसरों के सामने खोलकर रख दिया। टॉलस्टॉय ने कुछ लोगों को बंदी-जीवन में अति उत्तेजित होते भी देखा था। टॉलस्टॉय का नायक उस समय पीड़ाग्रस्त नहीं हुआ जब वह जंजीरों में बँधे निष्कासित कैदियों को साइबेरिया ले जा रहा था, बल्कि वह उस समय पीड़ाग्रस्त हुआ था जब उसने उस नवयुवक के चेहरे को देखा था जो गंदगी की टपकती हुई बालटी के पास सो रहा था। उसे देखकर उसकी आत्मा सिहर उठी थी, उसकी पीड़ा ने उसका दम घोट दिया और अंत में उसे आत्महत्या करने पर विवश कर दिया। परंतु, यह उस दम घोटनेवाली स्थिति से नहीं हुआ था, अपितु ताज़ा हवा के एक झोंके से हुआ था। अर्थात् यह उस समय हुआ था जब एक नए कैदी से वार्त्तालाप करते समय उसे अपने जीवन की निरर्थकता और सारहीनता का बोध हुआ।

टॉलस्टॉय सब कुछ जानता था परंतु बहुत सी बातों को उसने गलत ढंग से देखा और गलत ढंग से समझा। वह जानता था कि जेल में केंद्रित दुर्गंध और गंदगी दुःख और दरिद्रता में बदल जाती है। वह यह भी जानता था और सही जानता था कि दुःख दरिद्रता बुराई है, परंतु उसने यह समझने में भूल की कि दुःख-दरिद्रता को चुपचाप नम्रतापूर्वक स्वीकार करने से उस पर विजय पाई जा सकती है।

टॉलस्टॉय उच्चकोटि के लेखक थे। उन्होंने वास्तविकता को लेकर सरल और सरस काव्यों की रचना की। वे गद्यरूपी महाकाव्यों के रचनेवाले एक महान् कवि थे। परंतु वे अपनी महानता पर स्वयं स्थिर नहीं रह पाए। इस कमी को पूरा करने के लिए उन्होंने अपने आपको एक असहनीय देवदूत बना लिया। उनकी शिक्षा दोष रहित थी और व्यापक रूप से यदि देखा जाए तो लाभप्रद भी थी, तथापि वह बहुत कुछ निरर्थक और विरोधी-सी थी। जैसे 'बिल्ली के पंजे में फँसे चूहे को देखकर उनके मन का उद्विग्न हो उठना और साथ ही बिल्ली को उसका भोजन न मिलने की कल्पना से दुःखी होना; अपनी इस व्यथा को कम करने के लिए उन्होंने बिल्ली को शाकाहारी

बनाने का प्रयास किया और चूहे को दयालु होकर आत्मसमर्पण करने के लिए तैयार करने की चेष्टा की।' दया और आत्मसमर्पण जैसे विचार—अपने आपमें श्रेष्ठ हैं, किंतु मानव के वास्तविक स्वभाव के अनुकूल नहीं हैं। टॉलस्टॉय की शिक्षा का सार कुछ ऐसा ही था।

मुज़्हिकों को यातनाएँ सहनी पड़ रहीं थीं। टॉलस्टॉय उनकी पीड़ा से स्वयं भी दुःखी हुए, किंतु साथ-साथ उन्होंने अपने कथा पुरुषों—राजकुमारों और ज़मीदारों—के उस आनंद को भी अनुभव किया जो उन्हें गरीब खरगोशों व फ्रांसीसी सैनिकों पर छिप-छिपकर गोली चलाने से मिलता था। टॉलस्टॉय ने बुराई को जितनी अच्छी तरह से व्यक्त किया है वैसा कोई और लेखक नहीं कर पाया; साथ ही उन्होंने बुराई का प्रतिरोध न करने के आदेश भी दिए। उन्होंने महान् साहित्य की रचना की, किंतु उसके साथ-साथ अन्य उच्च कोटि के साहित्य का सही आदर नहीं किया। उनका विचार था कि शेक्सपीयर और गोथे को आवश्यकता से अधिक मान दिया गया था।

यह घमंड था या विनम्रता, अभिमान या नम्रता ? वास्तव में दोनों ही थे। उनके स्वभाव का द्वि-भाजन उस समय खुलकर सामने आया जब उन्होंने अपना राजसी लिबास त्यागकर मुज़्हिकों के किसानी वस्त्र धारण किए। किंतु वे वस्त्र कीमती कपड़े और अच्छे दर्जी के सिले हुए थे। मैं, चूँकि 'युद्ध और शांति' जैसे काव्य की रचना नहीं कर सकता था, मैं घमंडी नहीं हो सकता था। इसी तरह मैं बुराई के सामने विनम्रता के साथ झुकने का ढोंग भी नहीं रच सकता था, मुझे अभिमानी होने का अधिकार भी नहीं था। टॉलस्टॉय की नम्रता और विनय से मुझे कुढ़न होती थी क्योंकि उसके सहज होने पर मुझे उससे कोड़ेबाज़ी की गंध आती थी अन्यथा वह मुझे अभिमान को ढकने का ढोंग दिखाई पड़ता था।

टॉलस्टॉय से मैं कुछ नहीं सीख सका। उनके पास मुझे सिखाने के लिए कुछ था ही नहीं। यह सीखने योग्य था कि मनुष्य को विनम्र होना चाहिए, परंतु दूसरों पर प्रभाव डालने के लिए नहीं और न ही संतापकारियों से बचने के लिए। व्यक्ति को अपनी योग्यता और विश्वासों के बल पर विनम्र होना चाहिए। यह पाठ मैंने पुस्तकों से नहीं सीखा, बल्कि पत्थरों, ईंटों और सलाखों से सीखा था जो मेरे जीवन का अंग बन गए थे। इसे सिखाने में जेल-शासन के ठगों और लुटेरों के दुर्व्यवहार की विशेष भूमिका थी, नहीं तो इसे सीखने में मुझे बहुत समय लगता।

नबीबक्श को सहसा अपनी कोठरी के बाहर खड़ा देखकर मुझे अचंभा हुआ। उस सारी अवधि में, जब जेल की अलग-अलग कोठरियों में मेरे साथ दुर्व्यवहार हो रहा था और मैं जेल के अस्पताल के अलग-अलग वार्ड में सड़ रहा था, मैंने नबीबक्श को नहीं देखा था और न ही उसके बारे में कुछ सुना था। सही बात तो यह है कि वह मेरे लिए खो चुका था। जेल जगत् की यह एक सामान्य घटना है। कैदी एक दिन दिखाई पड़ता है और दूसरे दिन नज़र नहीं आता। वह मर जाता है या किसी अन्य जेल में भेज दिया जाता है। और यह भी संभव है कि वह रिहा हो गया हो।

कारण कुछ भी हो, कैदी यों खो जाते हैं।

मुझे उसे देखकर जो अचंभा हुआ, वह सर्वथा अप्रिय नहीं था। वह मेरा पुराना परिचित था। मैं उसे देखकर मैत्रीपूर्ण भाव से मुसकराया और जब उसने त्यौरी चढ़ाकर घातक दृष्टि से मेरी ओर देखा तो मैं हैरान रह गया। उस समय उसकी वे दो आँखें उन कटारों के समान थीं जिन्हें अभी-अभी धार लगाकर चमकाया गया हो।

"क्या बात है, नबीबक्श ?...क्या कठिनाई है ?...तुम बीमार तो नहीं हो ?"

"इससे तुम्हारा कोई सरोकार नहीं।" बहुत घृणा के साथ उसने उत्तर दिया।

"क्यों ? मैं सोचता था कि हम मित्र हैं। तुमने एक बार मेरी सहायता करने को भी कहा था।...क्या तुम्हें याद नहीं ?"

"हाँ, याद है। पर वे दिन अब बीत गए हैं। तुमने मेरी मित्रता के प्रस्ताव को बहुत तिरस्कार के साथ ठुकराया था। तुम नीच हो। बहुत बुरी तरह तुमने मेरा तिरस्कार किया था। मैं उसे कभी भूला नहीं और न कभी भूलूँगा। अल्लाह पाक़ की कसम, तुम्हें आजकल में ही उसकी कीमत चुकानी होगी। जैसे यह सच है कि ऊपर अल्लाह है, उसी तरह मेरी यह बात भी सच है। बड़े बनकर तुमने जो मेरा अनादर किया था, मैं उसकी पीड़ा को अब भी अनुभव करता हूँ। मानता हूँ कि मैंने कभी तुमसे प्यार किया था, परंतु अब घृणा करता हूँ। मैंने जितना प्यार किया था, मेरी घृणा अब उससे कहीं अधिक है। मैं पूरे मन से तुमसे घृणा करता हूँ।"

"बेवकूफ़ी मत करो।" मैंने बहुत शांति से कहा। "क्या तुम नहीं जानते कि मैंने वैसा क्यों किया था। उसके बाद जो घटनाएँ हुईं, उनसे तुम्हें पता लग ही गया होगा। मैं उन दिनों जेल तोड़कर भागने की योजना बना रहा था। मैं उस समय उसके अतिरिक्त कुछ और सोच ही नहीं सकता था। मैंने शायद तुम्हारे साथ बुरा व्यवहार किया हो—संभवतः मैंने किया ही था, परंतु मेरा वैसा करने का कोई इरादा नहीं था। मैं तुम्हें विश्वास दिलाता हूँ। मैं केवल सावधान रहने की कोशिश कर रहा था। उन परिस्थितियों में कोई भी व्यक्ति वैसा ही करता।...क्या तुम यह नहीं मानते ?"

"नहीं, मैं ऐसा नहीं मानता। मेरी मित्रता तुम्हारे काम आती, तुम्हारी योजना को सफल बनाने में सहायक होती और तुम्हें उस नरक से बचाती जिसमें से तुम गुज़रे हो। परंतु अब मुझे उसका कोई खेद नहीं। तुम्हें वही मिला जिसके योग्य तुम थे। मैं तो चाहता था कि वे तुम्हें जान से मार डालते और यह कष्ट मुझे न उठाना पड़ता। क्या बताऊँ मैंने तुम्हारी मृत्यु की खबर की कितनी प्रतीक्षा की—दिन प्रतिदिन उसकी इंतजार करता रहा। मैंने अपने तिरस्कार का बदला लेने की प्रतिज्ञा कर रखी है। मैं अल्लाह से इंसाफ के लिए प्रार्थना करता रहा, परंतु कुछ नहीं हुआ।...यकीन नहीं आता कि तुम्हारे साथ जो कुछ हुआ, तुम उस सबसे कैसे बच गए। मैं सोचता हूँ कि अल्लाह ने तुम्हें मेरे लिए बचाकर रखा है जिससे कि मैं स्वयं अपनी मानहानि का बदला ले सकूँ। सौगंध है पैगंबर की...मैं बदला लूँगा। इसमें देरी हो सकती है, पर यह पूरा होगा अवश्य।"

"नबीबक्श, मुझे कहना पड़ रहा है कि तुमने निराधार अपने मन पर बोझ लाद रखा है। तुम्हारे मर्यादा के विचारों ने तुम्हें संकट में डाल रखा है—असहनीय संकट में। वे तुम्हें तिल-तिल कर मार रहे हैं। पहले तुम्हारे भाई की हत्या की बात थी। उसका बदला लेने का विचार तुम्हें मार रहा था। अब तुमने अपने ऊपर एक और बोझ लाद लिया है—राई का पहाड़ बना रखा है। कब और कैसे तुम इससे बाहर निकलोगे ?"

"सरल है, बदले का कर्ज चुकाकर। मैं उस समय की इंतजार में जिंदा हूँ और आवश्यकता पड़ी तो मरूँगा भी।"

"यह क्या मूर्खता नहीं है ? क्या तुम यह नहीं सोचते कि साँप की तरह एक-एक बूँद विष इकट्ठा करते हुए जीना और फिर काटने के अवसर की इंतजार में…"

"उलटे-सीधे उदाहरण देकर, अपने वाक्छल से विषय को उलझाओ मत। मेरे सामने बात साफ़ है। मैं तुमसे उसकी परितुष्टि की माँग कर रहा हूँ। तुम्हारे में यदि थोड़ा सा भी स्वाभिमान शेष है, तो तुम मेरी मल्लयुद्ध की चुनौती को स्वीकार कर लो, मेरे साथ लड़ो। नहीं तो मैं तुम्हें कायर कहूँगा—आत्मसम्मान से रिक्त कायर।"

"तुम क्या पागल हो गए हो ? कैसी मूर्खता की बातें कर रहे हो ?"

"नहीं, मैं सोच-समझकर बात कर रहा हूँ। तुम्हें मुझसे मल्लयुद्ध करना होगा—मुझसे लड़ना होगा। यह मेरी और तुम्हारी मर्यादा का प्रश्न है।"

"नहीं, नहीं, यह मेरी मर्यादा का प्रश्न नहीं है—किसी तरह से भी नहीं। मेरा मान-सम्मान या मर्यादा इन छोटी-छोटी बातों पर निर्भर नहीं करता। मेरी मर्यादा रास्ते पर पड़ी कोई झिलमिलाती ज्वाला नहीं है जिसे हवा के चंचल झोंके से बचाना पड़े। वह निस्सार और महत्त्वहीन नहीं है जिसे प्रमाणों की आवश्यकता हो।"

"तुम यह कहना चाहते हो कि मेरी मर्यादा निस्सार और महत्त्वहीन है ?…अपनी जबान पर काबू रखो, मैं तुम्हें चेतावनी देता हूँ।"

"मैं तुम्हारे लिए कुछ नहीं कह सकता। मैं तो केवल यही कह रहा हूँ कि तुम्हारी मर्यादा की धारणा सही नहीं है। वह निरर्थक है और मैं ऐसी निरर्थक बातों में विश्वास नहीं रखता।"

"तुम लड़ना नहीं चाहते। क्यों, यही कह रहे हो न ?"

"इस दुनिया में लड़ने के लिए बहुत कुछ है—ऐसे बहुत से अच्छे और महत्त्वपूर्ण विषय हैं जिनके लिए लड़ना चाहिए।…और देखो, यहाँ पर ऐसी बहुत सी बातें है जिनके विरुद्ध लड़ना जरूरी है। परंतु जिस विषय को तुमने उठाया है वह उनमें नहीं आता। फिर मैं क्यों लड़ूँ ?…किस बात के लिए लड़ूँ ?…क्यों तुम्हारा कहना मानूँ ?…मैं फिर कहता हूँ कि जिस बात के लिए तुम लड़ने को कह रहे हो वह बिलकुल निरर्थक है। उसका न मेरे लिए कोई अर्थ है और न तुम्हारे लिए होना चाहिए, नबीबक्श !"

"मुझे भला-बुरा कहने का तुम्हें कोई अधिकार नहीं। मैं तुम्हें बकवास करने से रोक रहा हूँ।" वह गुस्से से चिल्लाकर बोला। "तुम अपने आपको खुशकिस्मत समझो कि तुम्हारी कोठरी पर ताला लगा हुआ है और मैं तुम तक पहुँच नहीं सकता, नहीं तो..."

"नहीं तो क्या ?" मैंने उसकी बात काटते हुए कहा। "नहीं तो तुमने मुझे मार डाला होता, यही कहना चाहते हो न ?...क्यों मैं ठीक कह रहा हूँ न ?...तुम बहादुर आदमी हो...सच्चे पठान।"

चारपाई पर पड़े उस आदमी पर आघात करना जो अपने आपको बचा नहीं सकता और उसे मार डालना बहुत बहादुरी का काम है !...क्या पठानों की यही मर्यादा है, जिसका बखान करते तुम थकते नहीं ? उनके बारे में मेरी अच्छी धारणा थी, संभवतः वह मेरी भूल थी। हो सकता है तुम मेरी उस गलती को सुधार दो।"

"कायर। अपनी यह बकवास बंद कर। तुम कायर हो, निस्संदेह कायर और सब कायरों की भाँति बहादुरी के शब्दों की आड़ ले रहे हो। पराक्रमी काम करना तुम्हारे वश की बात नहीं।"

"बहादुर ! मुझे दुःख से कहना पड़ रहा है कि तुम इस कुलीन शब्द का अर्थ ही नहीं जानते। मेरे प्यारे नबीबक्श, तुम सचमुच नहीं जानते कि बहादुरी होती क्या है। तोते की तरह तुम इस शब्द को दोहराए जा रहे हो, परंतु यथार्थ में तुम इन शब्दों की पवित्रता से बिलकुल अपरिचित हो। तुम इन शब्दों को ऐसे बोलते जा रहे हो जैसे चाँदी में लिपटी कामोद्दीपक गोलियों को चिकित्सक के भेस में ठग बेचते हैं। लोग उन्हें अपने रक्तचाप को उन्नत करने के लिए खाते हैं, परंतु वे नहीं जानते उसमें कितना धोखा और खतरा है। तुम्हारे लिए भी यह दो शब्द–बहादुरी और मर्यादा उसी प्रकार की कामोद्दीपक गोलियाँ हैं–चमकती हुईं, किंतु अर्थहीन।"

"तुम्हारी मूर्खता की बातों से मुझे हँसी आती है। बोलते जाओ, रुको नहीं।...तुम्हारी बातें मज़ेदार हैं–मेरा मनोरंजन हो रहा है।"

"तुम्हारे तानों का मुझ पर कोई असर नहीं होने वाला, मेरे दोस्त। तुम उन्हें मुझ पर क्यों नष्ट कर रहे हो ?...किसी अन्य मंदबुद्धि के लिए सँभालकर रखो जो तुम्हारी मर्यादा और बहादुरी के मानदंड पर ठीक उतर सके। जैसा मैंने अभी कहा है मर्यादा और बहादुरी के संबंध में तुम्हारे और मेरे मानदंड भिन्न है। कौन सा अच्छा है और कौन सा बुरा, मैं नहीं जानता, परंतु वे भिन्न अवश्य हैं। हम दोनों का दृष्टिकोण एक-सा नहीं है। फिर झगड़ना क्यों ?"

"तुम्हारा मानदंड क्या है, क्या मैं जान सकता हूँ ?"

"इस विषय पर तुमसे बात करने का कोई लाभ नहीं। उससे कुछ होनेवाला नहीं। तुम उसे कभी समझ नहीं पाओगे। फिर समय क्यों नष्ट करना और मुफ्त में कड़ुवाहट को बढ़ाना ?"

"तुम मुझे क्या समझते हो–दुराचारी, मूर्ख, पैदायशी मंदबुद्धि जो तुम्हारी इन

झझोरी बातों को समझ नहीं सकता ?''...उसे बहुत गुस्सा आ गया और उसने फिर घातक दृष्टि से मुझे देखा। ''तुम गंदे हो, सूअर ! सावधान रहना। मैं किसी भी दिन तुम्हें पकड़कर तुम्हारी शक्ल-सूरत बिगाड़ दूँगा।''

''मैं पागलों की बात पर ध्यान नहीं दिया करता। फिर भी मैं पूरी ईमानदारी से तुम्हें कह रहा हूँ कि कभी भी मेरे ऊपर हाथ उठाने का दुस्साहस न करना। अगर तुमने यह करने का प्रयास भी किया तो तुम्हें पछताना पड़ेगा।...इसे ध्यान में रखना। मैं जो कह रहा हूँ वह सोच-समझकर कह रहा हूँ।...चेतावनी के लिए धन्यवाद।...मैं सावधान रहूँगा।''

''मुझे धमकी मत दो, मुझे क्रोध मत दिलाओ।''

''मैं धमकी नहीं दे रहा। धमकियाँ देना मेरी आदत नहीं है। मैं सद्भावना से तुम्हें सलाह दे रहा हूँ। और क्रोध की बात, भगवान के लिए, मत करो। मैं भी क्रोधी स्वभाव का हूँ। विश्वास करो, मेरा गुस्सा बहुत खराब है, लेकिन मैं गुस्सा नहीं होने वाला। कमज़ोर गुस्सा दिखाते हैं और कायर धमकियाँ देते हैं।''

''तुम हरामी हो, घृणित, हत्यारे, पाज़ी...हाँ तुम यही हो।'' यह कहते हुए वह मेरे सामने से हट गया और क्रोध से काँपते हुए उस क्षेत्र से बाहर निकल गया।

लगभग दो महीनों के बाद नबीबक्श फिर मेरे पास आया। मेरे लिए जो नई पुस्तकें आई थीं, वह उन्हें लेकर आया था। इस बार वह पहले से कम कटु और अपेक्षाकृत शांत दिखाई देता था। संभवतः वह पश्चात्ताप कर रहा था। उसके मन में कुछ था जिसे वह कहना चाहता था, परंतु ऐसा लगता था कि उसे मन की बात कहने के लिए सही शब्द नहीं मिल पा रहे थे।

वह मन की बात 'कैसे कहे और क्या कहे', इस चक्कर में वह बहुत देर तक चुपचाप खड़ा रहा। फिर कुछ उखड़े-उखड़े असंबद्ध बातों में उसने कहना शुरू किया। हम दोनों में पिछली बार जो बात हुई थी, उससे वह असंतुष्ट दिखाई पड़ता था। इससे पहले कि मैं उससे संधि करने की बात करता वह क्रोध में आ गया। कुछ देर तक ऊटपटांग बोलने के बाद उसने निश्चयपूर्ण आवाज़ में कहा कि 'वह मेरे स्वस्थ होने की इंतजार में था और मेरे स्वस्थ हो जाने पर मुझसे मल्लयुद्ध करेगा।' फिर उसने कहा कि 'मल्लयुद्ध में जो चाकू इस्तेमाल होंगे, उनका एक-सा होना जरूरी है।'

उस विचित्र पागल की बचकानी बातों पर मैं हँस दिया। (उसकी बातें मूल रूप से डूमस और स्कॉट की कहानियों पर आधारित थीं) मैंने मज़ाक से कहा कि ''चाकू मुझे बहुत ही असभ्य और अशिष्ट शस्त्र लगते हैं। मैं चाकुओं की अपेक्षा तलवारों की जोड़ी अधिक पसंद करूँगा। अगर तलवारों का जोड़ा उपलब्ध करना संभव नहीं तो पिस्तौलों का जोड़ा भी चलेगा।'' मेरी बात पर उसने ध्यान दिया और फिर सोचने के बाद सिर हिलाते हुए बोला–

"नहीं, खेद है। तुम्हारी बात स्थिति के अनुरूप नहीं। जेल में तलवारों या पिस्तौलों को लुका-छिपाकर लाया नहीं जा सकता। जेल के अंदर उन्हें लाना संभव नहीं।"

"तो मैं लड़ूँगा भी नहीं। जो शस्त्र उचित नहीं है, मैं उसे प्रयोग नहीं करूँगा। मल्लयुद्ध में चाकुओं के प्रयोग से कोई भी भद्र पुरुष अपने हाथ गंदे करना नहीं चाहेगा। नहीं, नहीं, धन्यवाद, मुझे चाकुओं से मल्लयुद्ध करने को मत कहो। मैं ऐसा कभी नहीं करूँगा।"

"नादानी मत करो। तुम्हें वही प्रयोग करना होगा जो यहाँ उपलब्ध किया जा सकता है। अगर संभव होता तो मैं अवश्य तुम्हारी पसंद के शस्त्र बटोरने की कोशिश करता। खुदा की कसम, उन्हें लुका-छिपाकर अंदर लाने के लिए मैं अपने परिवार की सारी संपत्ति दाँव पर लगा देता। परंतु उन्हें अंदर लाया ही नहीं जा सकता। तुम न प्यार से और न पैसे के प्रलोभन से उन्हें अंदर मँगवा सकते हो। मैं फिर क्या करूँ ? मैं लाचार हूँ। नहीं, तुम्हें चाकुओं से ही लड़ना होगा। और कोई रास्ता नहीं है।"

"अच्छी बात। परंतु मेरे पास तो चाकू भी नहीं है। मैं उसे कहाँ से लाऊँ ?"

"उसकी चिंता मत करो। उसने मुसकराते हुए कहा। उनका प्रबंध मैंने कर लिया है। मैंने बहुत सा रुपया खर्च कर दो असली पेशावरी चाकू मँगवा लिये हैं। वे बहुत सुंदर हैं, उनके फल लंबे-लंबे हैं—छः इंच से भी अधिक लंबे। तुम देखना चाहोगे ? यह रहे वे चाकू।" मुसकराते हुए चेहरे से उसने अपनी कमरपेटी की तह से दो बिलकुल नए चाकू निकाले और सलाखों के बीच से मुझे पकड़ा दिए। वे दोनों चाकू कमानीदार थे, लड़ाइयों में घोंपनेवाले। वे पक्के लोहे अर्थात् इस्पात से बने हुए थे, उनके फल वक्रीय थे। वे चाकू, उसकी आँखों की घृणा की तरह बहुत तेज़ और कठोर थे। "इन दोनों में से तुम अपने लिए कोई भी एक चुन लो। पहला चयन तुम्हारा है, फिर उसे लुका-छिपाकर तुम अपनी कोठरी में रखे रहना।"

"तुम सचमुच पागल हो गए हो—इसमें कोई संदेह नहीं।" मैंने मैत्रीपूर्ण फटकार के साथ मुसकराते हुए उससे कहा, "मैं तुमसे कोई बहस नहीं करना चाहता। उसका कोई लाभ नहीं होगा। मेरी बात से तुम गुस्से से भर उठोगे। हाँ, इस बात को समझने की कोशिश करो कि यथासंभव मैं तुम्हें न मारना चाहता हूँ और न तुम्हारे हाथ से मरना चाहता हूँ।"

"नहीं, यह नहीं हो सकता। तुम्हें मेरे साथ मल्लयुद्ध करना ही होगा, तुम्हें पसंद हो या न हो।"

"नहीं, मैं नहीं करूँगा। साथ-साथ मैं यह भी स्पष्ट कर दूँ कि मैं दूसरों के कहने पर नहीं चलता। मुझे न तो दूसरों के निर्देशों व आदेशों पर चलना पसंद है और न ही कोई अब तक मेरे विचारों के विरुद्ध मुझसे कुछ करवा सका है। तुम भी सफल नहीं हो सकोगे।...फिर अभी तो लड़ने का समय भी नहीं आया। उसके लिए बहुत समय पड़ा है। जब समय आएगा, देखा जाएगा। अभी तुम इन अति सुंदर

चाकुओं को यहाँ से उठाकर ले जाओ।…और तब तक के लिए हम क्यों न युद्ध विराम की घोषणा कर दें और शांति से रहें।…क्यों, ठीक है न ?…तुम्हें यदि यह स्वीकार हो तो मैं कहना चाहूँगा कि जब तक मल्लयुद्ध का समय नहीं आता, तुम अपनी कटुता और घृणा को त्यागकर जितना अधिक हो सके, मुझसे मिलते रहना।…क्या कहते हो ?''

''वह क्यों ?''

''इससे हम दोनों का भला होगा। हम दोनों एक-दूसरे से बहुत कुछ सीख सकते हैं। जैसे, मैं खुशहाल खाँ खटक के बारे में जानना चाहता हूँ। वह पाक्तूनी प्रेम और बगावत का महान् कवि था। वह तुम्हारे प्रदेश का था।…इसके बदले में, मैं तुम्हें क़ाज़ी नज़रुल इस्लाम के बारे में बताऊँगा। वह बंगाल का क्रांतिकारी कवि था। उसने जोश और गर्जन के साथ क्रांति के गान गाए हैं, और प्यार भरे आँसुओं के साथ फूलों के गीत भी गाए हैं।…तो क्या तुम मेरी बात से सहमत हो ?''

''ठीक है, परंतु मेरी एक शर्त है। तुम बातों-बातों में मल्लयुद्ध को टालने की कोशिश मत करना और न ही मुझसे मित्रता करने की कोशिश करना।''

''ठीक है। तुम्हारी शर्त मुझे स्वीकार है। पर नबीबख़्श, तुम कैसे अजीब आदमी हो। तुम दुश्मनी से नहीं डरते, चाकुओं आदि से भी नहीं; तुम न दर्द से डरते हो और न मौत से। तुम मित्रता और सहानुभूति से क्यों इतना डरते हो ?…क्या यह मानसिक विकार नहीं है—कायरता से भी अधिक बुरा ? इसके बारे में क्या तुमने कभी सोचा ?''

''अब अंट-शंट बोलना बंद करो। तुम अपनी उन अधपची दर्जनों किताबों को मुझ पर उगलने की चेष्टा मत करो जिन्हें तुम लालची बकरे की तरह चबाते रहते हो। उनकी गंध से मेरा दिल मिचलाता है। अच्छा, जल्दी से तुम ठीक हो जाओ, जल्दी-से-जल्दी मल्लयुद्ध के लिए तैयार हो जाओ। मेरा सब्र अब खत्म होता जा रहा है।…मैं फिर जल्दी आऊँगा।'' उसने दोनों चाकू उठा लिये और अपनी ढीली सलवार की कमरपेटी में छिपाकर अपनी बैरक के लिए चला गया। वह तब सरल ढंग से चल रहा था, उसकी चाल में पहले जैसे आक्रमणकारी झटके नहीं थे। दुआ-सलाम करने के लिए जब वह पीछे मुड़ा तो उसकी आँखों में मुझे हलकी-सी मुसकान की झलक भी दिखाई दी।

वह नीत्शे के अतिमानव की तरह कठोर और सहानुभूति से दूर था। किंतु अब वह उस भयानक बोझ से मुक्त था जिसने उसकी आत्मा को झंझोड़ रखा था।…क्या वह अकेलेपन का बोझ था ?…क्या वह मानव संपर्क के अभाव से अर्थात् बातचीत करने की अवदमित इच्छा से पीड़ित था ?…क्या उसे दूसरों के संसर्ग की भूख थी, भले ही उनमें एक-दूसरे के प्रति घृणा का भाव हो। अब, जब उसे मुझसे आश्वासन मिला तो उसकी आत्मा—अकेली असहाय आत्मा—को कुछ ढाँढ़स मिला, भले ही वह आश्वासन श्राद्ध के बचे टुकड़ों जैसा था।…बेचारा अतिमानव !

मैं नहीं जानता नबीबक्श ने मुझे क्यों नीत्शे की याद दिला दी और पहली बार मुझे अपने पूर्वकालिक प्रिय कोलोसस के थोथलेपन का आभास कराया। मैंने उस दुःखांतक दार्शनिक की विचारधारा के अध्ययन की सब प्रावस्थाओं को मन-ही-मन दोहराया। उस अध्ययन ने मेरे मन में जो विचार और भाव पैदा किए थे, वे स्पष्ट रूप से मेरे सामने आ गए।

काजांत्ज़ाकिस ने उसे पूर्ण शुद्धता का महान् ईसा विरोधी कवि कहा है। एक दिन सहसा मुझे अपने पिता के पुस्तकालय में उसके लेखन मिले थे जिन्हें पढ़कर उस निडर और खून से लथपथ योद्धा की विचारधारा मेरे मन पर छा गई थी। मैं पूर्णरूप से उसका भक्त बन गया। मैंने उसके एक-एक शब्द की प्रतिध्वनि अपने मन में अनुभव की। उसके शब्द शिकारी पक्षियों के नखों और पंखों तथा साँप के विषैले दाँतों की तरह पैने थे। साथ में उनमें ढिठाई, अहंकार, दृढनिश्चय, प्रबल इच्छा, उन्मत्त क्रोध, विध्वंस, आक्षेप, मानव द्वेष और घृणापूर्ण हँसी भी समोई हुई थीं। उनकी तीक्ष्णता और अभिमान ने मुझे विवेकशून्य बना दिया; उनकी विचारधारा में जो खतरे दिखाई देते थे उन्होंने मुझे मदोन्मत्त कर दिया। मैं खुशी और आशाओं के साथ उनके दर्शाए मार्ग पर चलने के लिए तैयार हो गया। मुझे ऐसा लग रहा था कि मैं एक घने वन में प्रवेश कर रहा हूँ जिसकी झाड़ियों और रंग-बिरंगे फूलों की सुंदर लताओं से ढके ऊँचे-पेड़ों के नीचे भूखे शेरों का वास है। इस भगवान और मनुष्य विद्रोही का मेरे मन पर विशेष प्रभाव पड़ा। उस प्रभाव को ग्रीस के कवि और दार्शनिक काजांत्ज़ाकिस की सुंदर टिप्पणियों ने और भी बढ़ा दिया। उसकी प्रतिध्वनि अगले कुछ पन्नों में नीत्शे के अधर्मी और ईश्वर निंदक कथनों में मिलेगी। उस भगवान घातक और अतिमानव के कथन मुझे ऐसे लगे जैसे वे मनुष्य की विशेष असहाय और दुःखांत घड़ी में आशा का फरफराता हुआ लंबा तिकोन झंडा हो। मुझे वह नज़रुल इस्लाम के 'विद्रोही' नामक स्वतंत्रता-स्तुतिगान का प्रतिरूप दिखाई दिया। इस अमर गाथा में उन्होंने सुंदर संगीतमय ढंग से अपने युग के मृत्यु को चुनौती देनेवाले बंगाली युवकों का वर्णन किया है।

नीत्शे की विशुद्ध विचारधारा और उनके दैहिक कष्ट ने मेरे मन को पसीज दिया, जैसा काजांत्ज़ाकिस ने उनके विषय में कहा है, मेरे मन में भी उनकी रूपाकृति एक साधू जैसी थी जिसके माथे से रक्त टपक रहा हो--मानों वह ईसा विरोधी काँटों का मुकुट पहने हुए हो। उनकी बीमारी उनका एक ऐसा शत्रु था जिसके साथ उन्हें लगातार लड़ना पड़ रहा था। किंतु इसके साथ में यह भी कहना पड़ेगा कि उनकी बीमारी ने, एक सच्चे मित्र की भाँति, जीवन के अंतकाल तक उनका साथ नहीं छोड़ा।

नीत्शे के जीवन में अनेक मित्र आए, जो एक-एक करके उनको बीच में छोड़कर चले गए--नीत्शे को अपने उद्देश्य की पूर्ति के लिए संकटमय रास्ते पर अकेले ही चलना पड़ा। जो व्यक्ति उनके जीवन में सबसे पहले आया और जिसने उनके चंचल युवा मन को प्रभावित किया, वह शोपनहार था। नीत्शे ने उनके चरणों में बैठकर उनसे

ज्ञान प्राप्त किया और जीवन की अति असारता को अनुभव किया।

'संसार मेरी अपनी रचना है।' यह पश्चिम के ब्राह्मिन ने उन्हें सिखाया। संसार में सब कुछ, प्रत्यक्ष और अप्रत्यक्ष स्वप्नस्वरूप है, भ्रम है। इच्छा के अतिरिक्त और कुछ नहीं है; और यह इच्छा अंधी है, इसका न आदि है और न अंत। यह उद्देश्यविहीन है, उदासीन है। यह न कारणमय है और न अकारण; यह अ-कारण, सर्वव्यापक और सर्वभक्षी है। जब यह समय और स्थान के मायाजाल में फँस जाती है तो यह अनेक प्रकार के रूप धारण कर लेती है, और फिर यही उन्हें मिटा देती है। यह चक्र इसी तरह चल रहा है और अनंत काल तक चलता रहेगा। प्रगति जैसी कोई चीज़ नहीं है; भाग्य न बुद्धि से संचालित है और न धर्म व नैतिकता से। बड़े-बड़े आदर्श अर्थहीन हैं, वे कायरों और मूर्खों की आत्मसंतुष्टि का साधन हैं। इसे जानते हुए शक्तिशाली मनुष्य संसार के उद्देश्यहीन दृष्टिभ्रम का सामना शांति से करता है और मायाजाल के विभिन्न रूपों के आवरण को खोलने में आनंद लेता है।

शोपनहार के निराशावाद ने 'अतिमानव' के भावी पैगंबर को सोचने पर विवश किया। जो कुछ उसने पहले सोचा था उसे एक प्रभावशाली सिद्धांत में संगठित किया। उनके मन के अंदर के कवि, दार्शनिक और योद्धा के बीच जो संघर्ष चल रहा था, उसका निवारण हुआ। इन तीनों में.समझौता और समन्वय स्थापित हो गया। और कुछ समय के लिए इस वैरागी युवक को संगीत, एकांत और दूर-दूर तक टहलने में शांति मिली।

और तब जब उनकी आत्मा अति कटुता से परिपूर्ण थी, उनकी अपने दूसरे मार्गदर्शक, वैग्नेर से भेंट हुई जिनकी विचारधारा ने उनके जीवन को सबसे कटु आनंद दिया।

काजांत्ज़ाकिस के अनुसार वैग्नेर के संगीतिय नाटकों ने नीत्शे के मन को उस समय मुग्ध किया जब पश्चिमी विचारधारा अपनी खिन्न मनःस्थिति के कारण शांति की खोज में लगी हुई थी और उस खोज में वह सुकरात से पूर्व युग की पौराणिक और अलौकिक कथाओं की ओर मुड़ी थी।

सुकरात पूर्व युग महान् काव्यों का युग था। उन काव्यों में हमें अंतर्दृष्टि की असाधारण झलकियाँ, भयंकर पौराणिक कथाएँ, दुखात्मक विचारों के उल्लेख और सबसे अधिक दुःखी आत्माओं के विवरण मिलते हैं। उस समय के महाकाव्यों में अति सुंदर शब्दावली में अंधकारमय मृत्यु पर भी विजय पाने का प्रयास है—इस विषय पर सुंदर काव्यों की रचना की गई थी। उस समय भगवान सदृश अपोलो और डायोनेसस की युगल जोड़ी ने रचनात्मक लेखकों के मन पर अपना-अपना आधिपत्य जमा लिया था। उनके प्रभाव में ग्रीस में दुःखांतक नाटकों का जन्म हुआ।

अपोलो संगीत और प्रेम के सौम्य अवतार थे। उन्होंने अपने महाकाव्यों में संसार की सुंदरता और शांति के सुंदर सपने देखे थे। उन्होंने वैयक्तिकता पर बल दिया और उसी विचारधारा में लीन वे सांसारिक घटनाओं के अशांत सागर की तूफ़ानी

लहरों में भी शांत रहे, और उनका आनंद उठाया। दुःख और क्रोध की स्थितियों में भी उनका सुंदर संतुलन बना रहा—वे उनके संतुलन में बाधा नहीं डाल पाईं।

इसके विपरीत, प्रचुरता के चंचल भगवान डायोनेसस ने अपोलो के वैयक्तिकता-सिद्धांत का खंडन किया। वे घटनाओं के सागर में कूद पड़े और परिवर्तनशील लहरों के प्रवाह के साथ चलते गए। उन्होंने मनुष्य और पशु को साझीदार कहा और मृत्यु को एक नकाब कहा जो जीवन को ढकता है, मिटाता नहीं। उन्होंने मनुष्य के विचारों का चुपके से पीछा करनेवाले बहुरूपी-भ्रमों की धारणा का घोर विरोध किया और एक आकर्षक धारणा का प्रतिपादन किया, जिसके अनुसार—'हम सब एक हैं। हमने मिलकर भगवान का निर्माण किया है। भगवान हमारा पूर्वज नहीं, मनुष्य भगवान का जन्मदाता है।'

अपने परस्पर विरोधी सिद्धांतों को लेकर दोनों अवतार मिले, वाद-विवाद में कोई भी दूसरे को पराजित नहीं कर पाया। अंत में उनमें मित्रता हो गई और उस महान् क्षण के निमित्त अमर दुःखांतक साहित्य का जन्म हुआ। ऐसे समय में सुकरात का आगमन हुआ। उन्होंने अपने निर्मम और गूढ़ तर्क से दुःखी मनुष्य की रक्षात्मक युक्तियों का अनावरण किया और उसे जीवन की वास्तविकता का सामना करने के लिए तैयार किया। दुःखी मनुष्य प्रायः सुंदर शब्दों की आड़ में, दुःख को भूलकर सुख का आभास करने लगते हैं। यह मनोवृत्ति स्वच्छ और स्वस्थ चिंतन में बाधा पैदा करती है। इसलिए सुकरात ने सीधी और स्पष्ट भाषा में मनुष्य की इस मनोवृत्ति को बदलने और उसे सीधे और स्पष्ट चिंतन के लिए तैयार करने का प्रयास किया। सुकरात के विशुद्ध चिंतन के आदर्श में कवियों का कोई स्थान नहीं है, जैसाकि उसके शिष्य प्लेटो ने 'रिपब्लिक' में कहा है। यूरीपाइड्स एक कदम और आगे बढ़े और उन्होंने कविता का ही संहार कर दिया। उनके हाथों दुःखांतक नाटक छलिया धर्मोपदेश में बदल गए जो दैवी उत्कंठा से रिक्त थे। दुःखांतक पक्ष के निकल जाने पर दुःखांतक साहित्य निस्सार होकर स्वतः खत्म हो गया।

परंतु सुकरात के निर्मम तर्क और यूरीपाइड्स के उपद्रव के होने पर भी लोगों के मन पर डायोनेसस का मद छाया रहा। डायोनेसस ने अपने रहस्यवाद से अपने आपको स्थिर किया और लोगों को आनंद का आभास कराया—यह उनकी रचनात्मक ईमानदारी का प्रताप था।

उस समय ग्रीस के विद्वान् पश्चिमी सभ्यता का आदर्श थे, किंतु विज्ञान की उच्च स्थिति डगमगाने लगी थी। डायोनेसस की प्रभावशीलता बार-बार ताज़ा होती रही। जिसका स्वागत बाक् से लेकर वैग्नेर तक के जर्मन संगीतकारों ने किया। एक नई दुःखांतक सभ्यता उदय हुई जो शोपनहार के नीरस और निराशमय विचारों के संसार को भ्रमों की दुनिया में बदलने लगी।

इस बौद्धिक अस्थिरता की स्थिति में वैग्नेर ने घोषणा की कि रचनात्मक कला ही मनुष्य की दुःखी आत्मा का उद्धार कर सकती है। रचनात्मक कला जीवन को

क्रीड़ा सदृश बनाती है, जीवन की विशेष भयप्रद घटनाओं को भी सुंदर कलाओं में बदल सकती है। इस प्रकार कला मानव को ऊँचा उठाते हुए उसकी दुःखी आत्मा को ढाँढ़स पहुँचाती है। इस आश्वासन ने नीत्शे की दुःखी आत्मा को धीरज दिया। उन्होंने अपने गुरु के शब्दों में प्राण डाल दिए और उन सबका खुलकर मुकाबला किया जो रचनात्मक कला के संबंध में उनसे सहमत नहीं थे।

महान् कलाकार वैग्नेर ने संगीत के साथ नाटक को जोड़ दिया और इस प्रकार संगीतिय नाटकों की रचना की। (रवींद्रनाथ टैगोर के संगीतिय नाटक भी उसी प्रकार के हैं, यद्यपि वैग्नेर के संगीतीय नाटकों का स्तर ऊँचा था; उनमें शब्दों, भावों, संगीत और विषयवस्तु का सुंदर समन्वय था)। नीत्शे के लिए यह आशा का प्रतीक बन गया। उन्होंने वैग्नेर की रचनात्मक कला को संसार की उभरती आशाओं का आधार माना।

दुःखांतक विवेक के जोश में नीत्शे ने अपनी कलम उठाई और अत्यंत सुंदर साहित्य की रचना की जो उनके गुरु की भविष्यवाणी और सिद्धांतों के अनुरूप था। परंतु उनके लेखों पर किसी ने ध्यान नहीं दिया; विद्वानों ने उसे हीन दृष्टि से देखा और युवक उसके प्रति उदासीन रहे। धीरे-धीरे उनका अपने युग के व्यक्तियों की मानसिक परिपक्वता पर से विश्वास उठ गया, यहाँ तक कि उन्हें अपने गुरु पर भी विश्वास नहीं रहा।

उनके अंदर के कवि ने गहरी अँधेरी खाई को फूलों से ढक दिया, उनका भीतर का दार्शनिक असंतुष्ट रहा। कवि के रूप में उन्होंने कविताओं की रचना की और परितुष्टि पाई; उनके अंदर के दार्शनिक ने विषयों का विश्लेषण और विवेचना की और निराशा पाई। नीत्शे की समालोचक बुद्धि ने आराध्य वस्तुओं का खंडन किया—जो कुछ भी उनके लिए पहले पवित्र और पूज्य था, उसकी सार्थकता को संदेह की दृष्टि से देखा। उन्होंने सोचा : 'वैग्नेर की रचनात्मक कला का क्या मूल्य है ?...इसका न कोई स्वरूप है और न विश्वास, और न ही किसी से कोई सार्थक संबंध। इसमें आलंकारिक अभिव्यक्ति के अतिरिक्त और कुछ नहीं है—पवित्र उन्माद भी नहीं। यह केवल वातोन्माद से ग्रस्त स्त्रियों, पाखंडियों और बीमारों के लिए ही उपयुक्त है—यूरीपाइडस की रचनात्मक कला से किसी प्रकार भी अच्छी नहीं है।'

नीत्शे जल्दी ही अपने गुरु के प्रभाव से मुक्त हो गए। वे अपने विचारों पर स्थिर नहीं रह पाए थे, इसलिए नीत्शे को उनकी सच्चाई पर विश्वास नहीं रहा।...वे ईसाई धर्म की विचारधारा पर काम करते हुए पार्सिफ़ल लिख रहे थे और ईसाई धर्म के आगे पराजित हो चुके थे।

नीत्शे चिल्ला उठा, उसने कहा, 'रचनात्मक कला भयानक सच्चाइयों को सुंदर चित्रों में ढकने की कला है। इसलिए यह कायरों के लिए ढाँढ़स का विषय है। मनुष्य को सच की खोज करनी चाहिए। रचनात्मक कला जीवन का उद्देश्य नहीं है, उससे जीवन संघर्ष में केवल कुछ शांति मिलती है। ज्ञान का स्तर कविता से कहीं ऊँचा है।

सच्चाई चाहे कितनी कटु और घातक क्यों न हो, चतुर और सुंदर सधे झूठों से कहीं अधिक श्रेष्ठ है।

इस क्रोध ने उसे अपने पहले गुरु शोपनहार की याद दिलाई, परंतु अब वह भी उसकी प्रचंड आवश्यकताओं को पूरा करने में असफल रहा। उसने सोचा, 'जीवन केवल जीने की इच्छा ही नहीं है, जैसा शोपनहार का कहना है। उसमें उन्नति करने, विजय पाने और व्यावृत होने की इच्छाएँ भी हैं।'

विचारों के इस नए झुकाव ने उनके मन में 'अतिमानव' की धारणा को जाग्रत किया। अतिमानव के मूल विचार को लेकर उन्होंने अपनी पूरी शक्ति से मानवता के इस नए सिद्धांत का प्रतिपादन किया। उन्होंने अपने विचारों को न तो महाकाव्य के रूप में अभिव्यक्त किया है और न भविष्यवाणी के रूप में। उन्होंने अपनी विचारधारा को एक सुंदर लयमय साहित्य के रूप में व्यक्त किया है। इस साहित्यिक रचना की तुलना का न कोई ग्रंथ पहले था और न आज तक रचा गया है। उनकी दर्शन पर आधारित यह लयमय रचना मनुष्य के लिए एक अत्यंत सुंदर उपहार है। इसका नाम है—'जरादुस्तरा ने यों कहा।'

नीत्शे ने 'अतिमानव की धारणा' द्वारा संसार के जिस उद्देश्य की व्याख्या की, वह केवल मनघड़ंत कल्पना थी। उन्होंने जिस तरीके से दुःखों के निवारण की बात की, वह झाड़-फूँककर प्रेतों को भगाने के बराबर थी। उन्होंने क्रोधभरी आवाज़ में कहा, 'समकालीन समाज रोगग्रस्त है'—पूरी तरह से सड़ा हुआ और दुर्गंधमय। प्रचलित नैतिकता गुलामों के दिमाग की उपज है, वह शक्तिशालियों के विरुद्ध कमज़ोरों का षड्यंत्र है—गड़रिये के विरुद्ध भेड़ों के संगठित झुंड के षड्यंत्र जैसा। गुलामों ने अपने स्वार्थ के लिए, बहुत चतुराई से शब्दों को घुमा-फिरा दिया है। शक्तिशाली को धूर्त और दुष्ट कहा है और कमज़ोर व रोगग्रस्त को अच्छा। गुलाम दर्द नहीं सह सकते और अपने आपको लोक-हितैषी, धर्मात्मा और समाजवादी कहते हैं। अतिमानव ही, जो पहले सख्ती का बरता करता है, सही व्यवहार के नियमों को स्थिर करने योग्य है और वही जनता का मार्गदर्शन कर सकता है।

नीत्शे के कथनानुसार, 'मनुष्य को अतिमानव को उत्पन्न करना होगा। मनुष्य में जो बहुत मानवी है उसे त्यागकर अतिमानव बनाना होगा—भगवान, पितृभूमि, नैतिकता, सत्य आदि मिथ्या और झूठा दिलासा देनेवाले विचारों को त्यागना होगा। और निर्लिप्त भाव से, शक्ति के बल पर, अकेले ऐसी दुनिया बनानी होगी जहाँ तर्क और कला का समन्वय हो जिससे डायोनेसस के रथ के साथ विवेक का शेर जोता जा सके।

कमज़ोर का विनाश होगा और शक्तिशाली का आधिपत्य शक्तिशाली को करने की प्रवृत्ति और अभिभावी होने की मनोवृत्ति को पूर्ण अभिव्यक्ति मिलनी चाहिए। उसके भीतर के साँप के विषैले दाँतों और गरुड़ के घातक नखों को अपना कार्य करने की खुली छूट होनी चाहिए।

अतिमानव, पिछले सब सेतुओं को तोड़कर शूरवीरता और नैराश्य के संसार में अकेले प्रवेश करता है। कौन सा रास्ता सबसे खतरनाक है जिस पर अतिमानव चलना चाहता है ? अंधकार की गुहा कहाँ है जिसकी ओर अतिमानव बढ़ना चाहता है ?...सबसे साहसी आनंद क्या है ? पूर्ण उत्तरदायित्व के साथ शासन करना ! सबसे बड़ा गुण क्या है ?...नैतिकता के नियमों को ललकारना !...सबसे दयावान मनुष्य कौन है ?...जो दूसरों को दया से सावधान करता है ?...जीवन पर कैसे विजय पाई जा सकती है ?...जीवन को मूल्यहीन समझकर !

इन सूत्ररूपी धारणाओं से नीत्शे ने बहुत वर्षों तक मेरे मन और मस्तिष्क पर अपना आधिपत्य जमाए रखा और वह भी उस समय जब मैं बौद्धिक रूप से परिपक्व नहीं था। मेरी संवेदनशील युवावस्था में वह मेरे सपनों और विचारों पर छाए रहे। नीत्शे ने मुझे मदोन्मत्त कर दिया। उन्होंने मुझे अपनी पुरानी धारणाओं को तोड़ने का आनंद दिया और बाद में कई वर्षों तक अतिमानव की मूर्ति ने मेरे मन में अपना स्थान बनाए रखा। वह मूर्ति मेरी पूर्व धारणाओं की मूर्तियों से किसी प्रकार भी कम पवित्र नहीं थी। उनके लयमय महाकाव्य ने मुझे बहुत आनंद दिया। उनका सर्वव्यापक संदेह मेरी निष्ठा का विषय बन गया। उन्होंने मुझे भगवान, धर्म, नैतिकता, मूल्यों व पवित्र गुणों को संदेह की दृष्टि से देखना सिखलाया। और अंत में, मैं उनकी शिक्षा को भी संदेह की दृष्टि से देखने लगा—विशेषकर अतिमानव के सिद्धांत को।

अतिमानव उस युग की देन थी। उस समय पूँजीवाद और साम्राज्यवाद का जोर था और वर्ग-संघर्ष ज़ोरों से चल रहा था। नीत्शे का सिद्धांत उस युग का एक भ्रष्ट रूप था। जब उनके सिद्धांत का मैंने समझदारी के साथ अध्ययन किया तब उनके विचारों के विश्लेषण और विवेचन से उनमें छिपा राक्षस मेरे सामने आ गया—बुद्धिविहीन, कठोर, अहंकारी और अकेलेपन से पीड़ित। नबीबक्श से जब मैं मिला तो उसमें मुझे नीत्शे की हलकी झलक दिखाई दी। मेरे मन ने कहा—'यदि यह छोटा सा अतिमानव इतना अकेला, इतना दुःखी और असहनीय हो सकता है तो नीत्शे के विचारों का पूरा परिपक्व अतिमानव क्या होगा !'

मुझे नबीबक्श का धन्यवाद करना चाहिए जिसने मुझे नीत्शे के दीर्घसूत्री आकर्षण से मुक्त कर दिया। जब मैं जेल में आया था, उस समय मेरा कोई भी निश्चित सिद्धांत या दृष्टिकोण नहीं था। मुझे केवल इतना ही ज्ञान था कि मेरा जन्म एक गुलाम देश में हुआ है, जहाँ विदेशियों का राज्य है। इस बोध को मेरे व्यक्तिगत जीवन व सुखद परिवेश की देन नहीं कहा जा सकता। मेरे लिए केवल देश की स्वतंत्रता के लिए लड़ना ही मायने रखता था और इस विचार ने मुझे बहुत भावपूर्ण ढंग से बेचैन कर रखा था। नीत्शे के लिए मेरे युवाकाल के आकर्षण व पारिवारिक रूढ़ियों और राजपूतों की कथित कहानियों ने मेरी मनोवृत्ति को ऐसे प्रभावित कर रखा था कि मैं गाँधीजी

के दिखाए पथ को स्वीकार नहीं कर पाया।

उस समय मेरे लिए गुलामी का अर्थ केवल देश पर विदेशियों का राज्य था। मैंने अपनी सारी शक्तियाँ पराधीनता के विरुद्ध लड़ने में लगा दीं, परंतु जेल की परिस्थितियों से मैंने जाना और समझा कि गुलामी का अर्थ केवल विदेशी राज्य की अधीनता ही नहीं है। पराधीनता के शाप को हमारे अपने लोग हम पर लाद सकते हैं। ये उनके इशारों पर और उनके लिए कभी-कभी ऐसे काम करते हैं जैसे शिकारी के लिए उसके कुत्ते। कभी-कभी वे अपने लिए भी दूसरों का शोषण करते हैं। इस सच्चाई का आभास मुझे जेल-अधिकारियों और उनके कारिंदों के व्यवहार ने कराया। सब जेल अधिकारी भारतीय थे। वे मातृभूमि भारत की संतान थे। उनमें कोई भी अंग्रेज नहीं था और तब भी उन्होंने अपने देशवासी कैदियों के साथ ऐसा बरताव किया, जैसे वे किसी दूसरे देश के गुलाम हों; उन्होंने उन पर ऐसे जुल्म किए जिन्हें करने में घोर दुराचारी को भी शर्म आएगी। इसने मेरे मन को व्यग्र कर दिया। मैं दुःखी होकर सोचने लगा—'तब आज़ादी क्या है ?...आज़ादी का सार अर्थात् मूलतत्त्व क्या है ? वह क्या है जो राष्ट्र को आज़ाद करता है ?...आज़ाद पुरुष क्या और कौन है ?...'

पहले प्रश्न का उत्तर मुझे सुकरात से मिला और दूसरे का नीत्शे से। प्लेटो की 'रिपब्लिक' में सुकरात के विचारों का उल्लेख है, उससे हमें सुकरात की आज़ाद देश की धारणा का परिचय मिलता है। उसने आज़ाद देश को एक स्थिर स्थिति में देखा। उसमें नागरिकों को स्थायी रूप से तीन वर्गों में बाँटा है और कवियों का उसमें कोई स्थान नहीं है। नीत्शे ने आज़ाद आदमी को अतिमानव का रूप दिया जो सामान्य रूप से हिटलर सदृश था।

सुकरात और नीत्शे, दोनों में से मुझे कोई भी आश्वस्त नहीं कर पाया। उनके कथनों में मुझे आज़ादी का कोई भी विवेकपूर्ण आधार नहीं मिला। एक में आज़ादी का अभाव था और दूसरे में आज़ादी का असंयम। अतएव दोनों ने अपने-अपने ढंग से आज़ादी की अवहेलना की। यथार्थ में आज़ाद व्यक्ति वह है जिसके व्यक्तित्व में उसकी विभिन्न विलक्षणताओं के तालमेल के साथ परिवेश से भी सुंदर समन्वय हो।

फलतः मैं इन दोनों विचारधाराओं से असंतुष्ट होकर अराजकतावाद की ओर मुड़ा। मैंने प्रूधो, बुकानिन तथा क्रोपोट्किन, गोड्विन, गोल्डमैन तथा पूर्ण आज़ादी के अनेक अन्य भक्तों की विचारधाराओं का श्रद्धापूर्ण अध्ययन किया और उनके समृद्ध ज्ञान भंडार से कुछ लाभ-प्राप्ति का आनंद भी उठाया।

अपने साहसपूर्ण विचारों के लिए कुरबान होनेवाले वे सच्चे शहीद थे। उनकी विचारधाराओं में आशा का पवित्र उजाला था। उनके शब्दों में मनुष्य की दुर्गति से दुःखी आत्मा की आवाज़ थी। उनके परिश्रमों से जाग्रति का जो प्रकाश हुआ, वह उनके दुःख, दर्द, वीरता और असीम करुणा के विचित्र आकाशों में चमकते हुए सूर्य

के समान था। उनमें अपने प्रतिरोधियों के प्रति घृणा भी थी। उनके साथ उनका वाद-विवाद चलता था; वाद-विवाद काफ़ी कटु होता था--उसमें कोई ढील नहीं दी जाती थी। अपने विचारों के लिए वे जमकर लड़ते थे—संघर्ष करते थे।

जैसे-जैसे इन विचारकों का पारस्परिक प्रतिरोध कम होता और वे एक-दूसरे के निकट आते उन्हें एक-दूसरे की दुखभरी आहें सुनाई पड़ने लगतीं; उनकी घृणा तब करुणा में बदल जाती और अनजाने में संघर्ष मेल में बदल जाता। घृणा भी, सूझ-बूझ, करुणा और सहानुभूति की प्रावस्थाओं में से होते हुए प्रेम में बदल सकती है—यह मैंने पहले कभी अनुभव नहीं किया था। और तब मैंने सोचा कि जब अच्छाई-बुराई से लड़ती है, प्रकाश की अँधेरे से मुटभेंड़ होती है, तब भी तो यह हो सकता है। पर क्या यह हो सकता है ?…और इससे भी अधिक, क्या यह होना चाहिए ?

अराजकता का अध्ययन मेरी मनःस्थिति के लिए लाभप्रद तो अवश्य रहा, परंतु उससे मेरे ज्ञान में वृद्धि नहीं हुई। आज़ाद पुरुष के संबंध में अराजकतावादियों के जो विचार थे, मुझे वे विवेकशून्य और मनघड़ंत लगे। सुकरात के विचारों में या नीत्शे की अतिमानव की धारणा में आज़ाद पुरुष को जैसे दर्शाया गया, वह अराजकतावाद की धारणा से किसी प्रकार भी अच्छा नहीं। जिस प्रकार धार्मिक पुस्तकों में स्वर्ग की कल्पना से गरीब और अभागे लोगों को भ्रम में रखा जाता है उसी प्रकार अराजकतावादियों की आज़ाद पुरुष की धारणा भी गरीब और अभागे व्यक्तियों के लिए मृगतृष्णा के समान थी--कष्ट और पीड़ा से उन्हें सम्मोहित करने का प्रयास था।

इस जन्म के कर्मों के फल को अगले जन्म पर टालकर धर्म ने गरीबों और अभागे लोगों के साथ छल किया और उन्हें बिना शिकवा और शिकायत के अपने स्वामी के अत्याचारों को सहने के लिए तैयार किया। धार्मिक विचारों ने आदमी को इतना सम्मोहित किया कि वह आज के वास्तविक जीवन को भूलकर, कल की आशा में दुःख-दर्द और जुल्म सहने लगा। दूसरे शब्दों में, धनी और पंडितों ने मिलकर गरीबों के साथ छल किया।

पुराने 'देवदूतों' ने पुस्तकों को स्वर्ग की सुंदर कल्पनाओं से भर दिया और नए 'देवदूतों' ने अतिमानव और आजाद पुरुष के विचारों का खुलकर प्रचार किया। दोनों ने आज की वास्तविकता को छिपाया और कल का प्रलोभन देकर उन्हें सम्मोहित किया। उन्हें कल के सुंदर स्वप्न दिखाकर, उनके आज को उनसे छीन लिया—उनका घोर शोषण किया।

महात्मा बुद्ध ही एक ऐसे देवदूत थे जिन्होंने साधारण मनुष्यों को खुश करने के लिए 'शब्दों का ढोंग' नहीं रचा और न ही उन्होंने जन-साधारण को अत्याचारियों के प्रति शांत रखने के लिए धमकियों या प्रलोभन का प्रयोग किया। उन्होंने आज के बाद 'आनेवाले कल का' मायाजाल भी नहीं रचा। उन्होंने आज की वास्तविकता को ही कटु सच माना और दुःख से भरे और अंगारों की तरह जलती हुई आज की वास्तविकता को अंगीकार किया।

महात्मा बुद्ध का कहना था, 'इच्छा उद्वेग रूपी ज्वाला है, प्रेम, नैतिकता, आशा, मैं और तुम, स्वर्ग और नरक—सब ज्वालाएँ हैं। ज्योति एक, और केवल एक है और वह ज्वालाओं को त्यागने से मिलती है। तुम्हें जो ज्वालाएँ जला रही हैं उन्हें त्यागकर ज्योति प्राप्त करो और फिर उसे बुझा दो।'…यह था महात्मा बुद्ध का आदेश।

बुद्ध ने चारों ओर देखा और संसार को दुःख और दर्द से रोते पाया; तब उन्होंने हर व्यक्ति और हर पौधे के दुःख में अपने आपको भी दुःखी पाया। प्रेम ने उन्हें वशीभूत कर लिया। उनमें 'अपने लिए' प्यार और करुणा का भाव उमड़ा जिसमें सारे जगत् के व्यापक दुःख और दर्द समोए हुए थे। सारे संसार के दुःख उनके अपने दुःख थे। और उन्होंने कहा, "हम सब 'एक' हैं, हमें इस 'एक' को दुःख से मुक्त करना होगा। अगर संसार में कहीं एक भी कण दुःखी है, तो मैं दुःखी हूँ।"

ईसा की तरह महात्मा बुद्ध हर दुःखी के साथ दुःखी हुए, किंतु उन्होंने ईसा की तरह केवल मनुष्यों की मुक्ति की बात ही नहीं की; उनके सर्व व्यापक प्यार के दायरे में पौधे, कीड़े-मकोड़े, पशु-पक्षी और मनुष्य तथा सब जीवित और अजीवित पदार्थ थे।

महात्मा बुद्ध की विचारधारा में करुणा का विशेष स्थान है, उन्होंने इसे मार्गदर्शक माना है। बुद्ध के अनुसार करुणा से हम अपने आपको अपने शरीर से मुक्त कर सकते हैं। अपने और दूसरों के बीच के भेद को मिटा सकते हैं और शून्यता में मिल सकते हैं।

उनका कहना है, 'यह संसार जाल है जिसमें हम फँस गए हैं। मृत्यु हमारी मुक्ति नहीं करती, क्योंकि मृत्यु के बाद हमारा पुनर्जन्म होगा। हमें तृष्णा पर विजय प्राप्त करनी है, इच्छा को जड़ से उखाड़ना है। हमें अपनी आत्मा को इच्छाओं और आशाओं से रिक्त करना है। हमें यह नहीं कहना कि मैं मरना चाहता हूँ या मरना नहीं चाहता। केवल यही कहो, मुझे कुछ नहीं चाहिए। अपने मन को इच्छाओं और आशाओं से ऊपर उठाओ और तब तुम जीवित ही 'न होने की मनोवृत्ति' में प्रवेश कर जाओगे और अपने ही हाथों से पुनर्जन्म के चक्कर को रोक सकोगे।

'तुम स्वप्न देखते हो और जानते हो कि वे केवल स्वप्न हैं। निद्रा में तुम जो कुछ देखते हो, अच्छा या बुरा, उससे तुम्हें न सुख मिलता है और न दुःख और न ही भय, क्योंकि तुम जानते हो कि जागने पर वह सब खत्म हो जाएगा। इसी तरह आनंद और भय से विरक्त होकर संसार का जो छायाचित्र तुम्हारे सामने आए, उसे देखते जाओ।'

महात्मा बुद्ध के विचारों को पढ़ते समय मुझे अति आनंद आया और संतोष मिला। मुझे ऐसे लगा कि मेरी आत्मा आनंददायक निद्रा में प्रस्थान कर गई है और शांति में समो गई है।

परंतु उसके बाद मैंने जितना अधिक बुद्ध-धर्म पर सोचा उतना ही उसके जादू के बाहर निकलता गया। बुद्ध का उद्देश्य संसार को दुःख-दरिद्रता से मुक्त करना था,

परंतु उसके स्थान पर उन्होंने एक-भाव का सुंदर ताना-बाना बुन दिया और अत्याचारी और अत्याचार से पीड़ित, दोनों को ही 'एकत्व' के भाव में जोड़ दिया—कारक और परिणाम को एक आनंदमय सूत्र में गूँथ दिया। उस समय के लोग हिंदू समाज की कठोरता से पीड़ित थे। उनकी मर्मभरी चीखों ने बुद्ध के संवेदनशील मन को उद्विग्न किया था और वे हिंदू समाज की कठोरता से लड़ने के लिए बाहर निकले थे। परंतु उनके विचारों ने डॉन क्योजोट की भाँति काम किया—इच्छा की हवा चक्की बनाकर अपने भाले को उसी की ओर घुमाकर उसका सर्वनाश कर दिया।

कारावास से पहले मुझे लोगों की दुःख-पीड़ा के संबंध में कोई गहरी चिंता नहीं थी। वह केवल मेरे सोच-विचार का एक शास्त्रीय विषय था, जिसमें पीड़ाजनक आकर्षण भी मिला हुआ था। अपनी रचनाओं में शैली और हार्डी ने इस विषय को बहुत सुंदर ढंग से प्रस्तुत किया है और उतने ही सुंदर ढंग से फारसी के कवियों हाफ़िज और खय्याम ने उसको साधने का प्रयास किया है। पुराने विचारक मेरे संशय का कोई भी संतोषजनक उत्तर नहीं दे पाए; मेरे लिए वह ठीक ही रहा क्योंकि उससे मेरे युवा संवेदनशील मन की अनिश्चितता और बढ़ गई।

कारावास से पूर्व मुझे विचारकों के सरसरे उत्तरों से घबराहट नहीं होती थी। परंतु जेल ने मेरे लिए मनुष्य के दुःख-दर्द के अर्थ ही बदल दिए। मेरा मन स्पष्ट उत्तर की खोज में लग गया। मानव पीड़ा मेरी अपनी समस्या बन गई; उसका संबंध जेल के दैनिक जीवन से था। नबीबक्श ने इस समस्या की तीव्रता को और बढ़ा दिया और मैं आधुनिक विचारकों की ओर मुड़ा। जो प्रश्न मुझे लगातार तंग कर रहे थे उनके समाधान के लिए मैंने वैज्ञानिकों की शरण ली। मैं लगातार सोचता रहता था कि संसार इतना दुःखी क्यों है ?...दुखियों के भाग्य को निश्चित करने वाला कौन है ?

जैव रासायनिकों ने मनुष्य के कष्ट का कारण शरीर में हॉरमोन का असंतुलन बताया; मनोवैज्ञानिकों ने इसे बाल्यकाल की अन-सुलझी मनोग्रंथियों का परिणाम कहा; अर्थशास्त्रियों के अनुसार इसका कारण भौतिक पदार्थों की कमी और उद्योगों का अभाव है; समाज-वैज्ञानिक इसे सामूहिक चेतना की कमी और असमंजस की देन कहते हैं; नीतिज्ञों के अनुसार इसका कारण समाज में उच्चतर मूल्यों अर्थात् सदाचार के मूल्यों का अभाव है। इन सब विचारों में सच्चाई के तत्त्व हैं, परंतु एक-एक तत्त्व ही—उससे अधिक नहीं। अर्थात् उनके विचार आंशिक रूप से सच हैं और आधी सच्चाई झूठ से भी अधिक खराब होती है।

इन सब विचारधाराओं में मनुष्य के दुःखों के स्पष्टीकरण में केवल मनुष्य को ही दृष्टिगत रखा गया है—रोबिन क्रूसो की भाँति अकेले मनुष्य को ही। ऐसे सरलीकरण में मानव के दुःखों को केवल मनुष्यमात्र के स्तर पर ही देखा गया—मनुष्य को ही सब बुराइयों के लिए दोषी ठहराया गया। अतः इस संबंध में यह वैज्ञानिक पहले विचारकों से किसी तरह भी भिन्न नहीं थे।

उच्चकोटि के विद्वानों ने मुझे सोचने और विचारने के लिए बहुत कुछ दिया, परंतु वे मेरे प्रश्नों का संतोषजनक उत्तर नहीं दे पाए। परिणामस्वरूप मैं घूम-फिरकर, लंबा सफ़र तय करते हुए कार्ल मार्क्स के निकट आया, उनके विचारों का गंभीरता से अध्ययन किया और मेरे संशय मिट गए। उनके विचारों का अध्ययन करने से मेरे चिंतन को दिशा मिली। उन्होंने मेरे विद्रोही मन का मार्गदर्शन किया और मेरे जीवन को सार्थकता दी।…किंतु यह कहानी अलग है—यह कहानी मेरे मार्क्सवाद की ओर बढ़ने की है—जिसकी ओर मुझे जेल की परिस्थितियाँ और नबीबक्श जैसे मित्र अनजाने में खींच लाए।

दिन बीतते गए, एक के बाद एक, ठीक उसी तरह जैसे मैं पुस्तकों को पढ़-पढ़कर पन्ने पलट रहा था। फिर रेगिस्तान में मुरझानेवाले फूलों की तरह महीने भी बीतते गए। परंतु जिन किताबों को मैं पढ़ रहा था, उनके विचार फूलों की सुगंध की भाँति मेरे मन पर छाए रहे। उस समय जब मैं पुस्तकों की दुनिया में खोया हुआ बिलकुल अकेला अपने दिन बिता रहा था, कभी-कभी नबीबक्श मुझे मिलने के लिए चला आता था। वह आकर इधर-उधर की बातें करता था जो उस नीच स्थान की भद्दी वास्तविकता थी। इसके अतिरिक्त वह कभी-कभी जेल के अस्पताल से चुराकर मेरे लिए पोषक खाना भी लाता था जैसे मक्खन, दूध और अंडे का पाऊडर, सूप के क्यूब आदि।

वह चाहता था कि मैं जल्दी-से-जल्दी स्वस्थ हो जाऊँ। उसे मेरे स्वास्थ्य लाभ की धीमी गति पर शिकायत थी, यद्यपि उसने यह बात कभी मुझसे खुलकर नहीं की थी। वह मुझसे मल्लयुद्ध करने के लिए बेचैन था। उसे मेरे स्वास्थ्य की उतनी ही चिंता थी जितनी कसाई को बकरे के संबंध में होती है। कसाई जिस लगाव से चाकुओं की धार का ध्यान रखता है, उसी तरह वह मेरा ध्यान रख रहा था।

इन मुलाकातों में एक दिन उसने मुझे कोयले के टुकड़े से दीवार पर एक लड़की का चित्र बनाते हुए देखा। रेखाचित्र बनाना मेरा मनचाहा खेल था। उससे मैं अपना मन हलका कर लेता था। जिस समय उसने मेरी कोठरी के सलाखों से अंदर झाँका, उस समय मैं नाक बनाने की कोशिश कर रहा था, किंतु वह ठीक तरह से बन नहीं रही थी। परिणामस्वरूप न तो उसके होंठों का प्यारा आकर्षण खुलकर सामने आ रहा था और न ही कपोल और ठुड्डी का जो उसके चेहरे की शोभा थे। रेखाचित्र बहुत कुछ उसके चेहरे से मिलता था, परंतु वह निर्जीव दिखाई पड़ रहा था। निराश होकर मैंने उसे मिटाकर, उसे फिर से नए सिरे से बनाने का विचार किया। नबीबक्श ने मुझे ये सब करते देखा और मेरी पराजय पर हँस दिया। उसने सोचा कि मैंने उस रेखाचित्र को इसलिए मिटाया था क्योंकि मैं नहीं चाहता था कि वह उसे देखे।

"यह तुमने क्यों किया ?" उसने पूछा और कहा, "वह सुंदर चेहरा था। मैं उसे खा तो नहीं जाता !…वह कौन थी ?…क्या तुम उसे जानते थे ? या वह तुम्हारी

कल्पना की उपज थी ?''

''मैं इसे उस समय से प्यार करता हूँ जब मैं बहुत छोटा था, किशोर भर था। यह पहाड़ की बंजारा जाति की गरीब अनपढ़ लड़की है—मेरा पहला प्यार और मेरे जीवन का स्वप्न।'' बिना किसी संकोच के मैंने कहा।

''तुमने उस चित्र को दिन का बहुत सा समय लगाकर बनाया था, फिर इतनी जल्दी मिटा क्यों दिया ?''

''क्योंकि मैं उसे ठीक तरह से बना नहीं पाया था; मैं उसके जीवन की पवित्रता, उमंगों और भावपूर्ण मौन को व्यक्त नहीं कर पाया था, या यूँ कहूँ कि मैं उस चित्र में उसके किशोरावस्था की उस सुंदरता को पकड़ नहीं पाया जो उसके चेहरे पर साफ़ दिखाई पड़ती थी। वह चेहरा आज तक मेरे दिल में बसा हुआ है।''

मैंने अपने व्यक्तिगत जीवन की बात इतने सरल और स्पष्ट रूप से कही कि उसने नबीबक्श के दिल को छू लिया; उसका रूखा तिरस्कार भरा चेहरा गायब हो गया और उसकी आँखों में हलके से आँसू छा गए। उसने आग्रह किया कि मैं उस लड़की के बारे में तथा अपने बारे में उसे कुछ और बताऊँ।

सामान्य रूप से मैं अपने बारे में कुछ कहता नहीं था, परंतु उस दिन मैं बहुत खुलकर बोलने लगा और आश्चर्य की बात यह है कि मैं जितना बोलता गया उतनी ही मेरी जबान खुलती गई। उससे मुझे काफ़ी शांति मिली। मेरे मन का तनाव कम हुआ और दिल का बोझ हलका हुआ।

मैंने देखा कि नबीबक्श में भी कुछ ऐसा ही हो रहा था। उसके चेहरे पर उत्सुकतापूर्ण मुसकान आ रही थी, चेहरे की व्यग्रता शांति में बदल रही थी। देखते-ही-देखते उसका चेहरा बिलकुल बदल गया। उसका वह रूपांतर, विशेषकर चेहरे पर मानव सहृदयता का आ जाना बहुत ही आश्चर्यजनक था। अब वह पहले जैसा नहीं, बल्कि बिलकुल दूसरा दिखाई दे रहा था। उस समय उसका करुणा और कोमलता से भरा मन ऐसा लग रहा था जैसे रेगिस्तान में अकेले सूखे और ऐंठे हुए पेड़ की आकाश को कोसती हुई नंगी शाखाओं के ऊपर चाँद का सुंदर करुणामय रूप हो।

कुछ देर तक वह आँखें मूँदकर चुपचाप बैठा रहा ऐसा लग रहा था कि वह अपनी दृष्टि को अंदर घुमाकर कुछ टटोल रहा था, अपनी धूल-मिट्टी से ढकी यादों में से कुछ खोज रहा था। उसने जब आँखें खोलीं तो उसकी नज़र कहीं दूर टिकी हुई थी। उसकी दशा उस अकेले थके और प्यासे राजहंस जैसी थी जो उस झील के लिए तड़प रहा हो जो कहीं पीछे, पहाड़ों के पार छूट गई हो।

तब बिना मेरे कहे उसने बोलना शुरू किया। उसके मुँह से कभी अनेक शब्द—उलझे, अस्पष्ट और क्रमरहित—एक साथ निकलते थे और कभी रुक-रुककर; मानों भस्म में से चिनगारियाँ निकल रही हों।

''मैंने भी प्यार किया था, बहुत प्यार, सब कुछ भूलकर।'' 'भूलकर' पर गुस्से

से बल देते हुए उसने कहा, "वह मेरे ही गाँव का था, नवयुवक था। वह पतला, दुबला और सुंदर था—ईद के चाँद की तरह सुंदर। वह मेरे जीवन का आनंद था।"

वह फिर चुप हो गया, उसने आँखें बंद कर लीं। ढलते हुए सूरज ने उसके दुःखी चेहरे पर एक शीत किरण बिखेरी और उसके चेहरे के गिर्द एक पीला घेरा बना दिया। उस समय वह मैरी मैगडालीन की भाँति क्रास के नीचे पड़ा अपने गुनाहों का पश्चात्ताप करता हुआ दिखाई दे रहा था।

"और फिर ?" मैंने उसे गहन चिंतन से बाहर निकालने के भाव से कहा।

"फिर क्या ?...कुछ नहीं।" उसने आँखें खोलकर कहा। उस समय उसकी आँखें मन में भरे लावे के धुएँ से लाल हो चुकी थीं। "वह प्यार मेरे लिए असहनीय था। मैं न उसका दुःख सह सकता था और न सुख। दोनों ही मेरे लिए प्राणघातक थे। उसकी अनुपस्थिति मेरे लिए असहनीय पीड़ा बन जाती थी और उसकी उपस्थिति उसी तरह असहनीय सुख। मुझे न उसकी उपस्थिति में शांति मिलती थी और अनुपस्थिति में। मेरा जीवन उसकी चंचल मनतरंगों का खिलौना बन गया था। उसके ललाट की तनिक सी सिकुड़न मेरी दुनिया को अँधेरी रात में बदल देती थी, और उसके होंठों की हलकी सी मुसकान मेरी दुनिया को दीप्तिमय बना देती थी।

"मैं ऐसी बेसुध, पागल मनःस्थिति में लगभग छः महीने रहा—कभी असहनीय पीड़ा में और कभी असीम सुख में मैं अदलता-बदलता रहा। मैं सब कुछ भूले हुए था, बस उसका प्यार मुझे पूर्णरूप से अपने में समेटे हुए था। मेरे दिन और रात उसी के ध्यान में बीतते थे। मैं उसी की सोचता था, उसी के स्वप्न देखता था। मेरी दशा उस गुलाम जैसी थी जो कड़ा दंड भोग रहा हो। मेरी वह स्थिति नीच दासत्व की स्थिति थी—पीड़ाजनक और फिर भी मुझे वह स्वेच्छा से स्वीकार थी।"

"तुम अपने आपको अकारण कष्ट दे रहे हो, नबीबक्श।" मैंने सहानुभूति के साथ कहा, "प्यार तो एक आनंद है, भले ही प्यार के बदले में प्यार न मिले। यदि कोई एक क्षण के लिए भी मेरे मन में प्रेम जगाता है मैं उसका सदा आभारी रहता हूँ। इस बात की चिंता मैं क्यों करूँ कि वह प्रेम के योग्य है या नहीं है। यह मेरा काम नहीं। मैं तो अपने मन को मंदिर बनाकर उसकी पूजा कर सकता हूँ। अगर वह मेरी प्रेम-पूजा के योग्य सिद्ध नहीं होता तो उससे मुझे क्या मतलब, यह उसे सोचना है, यह समस्या मेरी नहीं है। मैंने अपने सपनों में अपने प्रियवर को जिस रूप में देखा उसी की पूजा करूँगा, भले ही वह पूजा आँसुओं से भरी क्यों न हो।"

"इससे तो केवल यही पता चलता है कि तुम भावुक हो, मूर्ख हो और प्यार के बारे में कुछ नहीं जानते।" उसने फिर बिगड़ते हुए कहा, "तुम प्यार को आनंद कहते हो ? इसका मतलब है तुमने अपने जीवन में कभी किसी से प्यार किया ही नहीं। प्यार भगवान का सबसे बड़ा श्राप है। भगवान इसे उन्हीं के लिए बचाकर रखता है जिन्हें वह दुःख देना चाहता है। मैं इसे अपने अनुभव से जानता हूँ। मेरे प्यार ने मुझे दुःखी कर दिया, ठीक जंगल की आग में फँसे निस्सहाय जंतु की तरह।

अल्लाह ने दंड देने के लिए मुझे ही क्यों चुना था ?…मैं नहीं जानता।

"मैं हताश हो गया और मैंने बदला लिया। एक दिन, तीसरे पहर अत्यधिक प्यार के मद में मैं उसे पास की एक पहाड़ी पर ले गया। वहाँ एक निर्जन गुफ़ा में उसके गले को एक कान से दूसरे कान तक काट डाला। उसी चाकू को मैंने फिर अपने दिल में घोंपने की कोशिश की। मैंने उसे अपनी छाती में काफ़ी अंदर तक घोंप भी दिया। और तब सहसा परिवार की मर्यादा का जो मुझ पर कर्ज था मुझे उसकी याद आई। मेरे दादा के खून ने मुझे ललकारा। मुझे शर्म आई कि मैं उसका बदला लिये बिना ही संसार से कूच करने की सोच रहा था, उनके प्रति अपना उत्तरदायित्व पूरा किए बिना मैं आगे जाकर कैसे उनके सामने जाऊँगा ?

"मैंने चाकू को घाव से बाहर निकाला और फिर अँधेरा होने पर मैं लड़खड़ाते हुए कदमों से गाँव लौट आया। गाँव पहुँचकर मैं घर नहीं गया। उसके स्थान पर मैं सीधे अपने एक बहुत पुराने शत्रु के घर गया। उसके बाप ने, मेरे जन्म से पहले मेरे दादा को मारा था। मैंने अपने और अपने प्रियवर के खून से सने उस चाकू से उसकी छाती पर बार-बार आघात किए और उसे मार डाला।

"इस काम को पूरा करने के बाद मैं लड़खड़ाते गाँव के मुखिया के घर गया और आत्मसमर्पण कर दिया। कितने शर्म की बात है कि उसने मुझे मारा नहीं, उसकी जगह मुझे मेरी जाति के जिर्गा (बड़ों की सभा) के हवाले कर दिया। उन मूर्खों ने मेरी जवानी पर तरस खाकर मुझे तुम जैसे कायरों से तिरस्कृत होने के लिए छोड़ दिया।"

"नबीबक्श, मुझे तुम्हारी हालत पर दुःख हो रहा है। कृपा करके मुझे माफ़ करो क्योंकि…" इससे पहले कि मैं पूरा वाक्य कह पाता, उसने मेरी बात को बीच में ही काटा और जलते हुए गुस्से से चिल्लाकर कहा, "मुझे तुम्हारी सहानुभूति की तनिक भी आवश्यकता नहीं। उसे तुम अपने लिए बचाकर रखो। तुम निर्लज्ज, पाखंडी, धोखेबाज़, काफ़िर।" यह कहते हुए वह कोठरी से बाहर निकल गया।

बहुत दिनों तक वह मेरे पास लौटकर नहीं आया। एक दिन दोपहर के बाद आया परंतु मेरे प्रति उसने बहुत उदासीनता का बरताव किया। मेरी कोठरी से दूर खड़ा होकर, वह ड्यूटी पर खड़े पहरेदार के साथ बहुत जोश से बातें कर रहा था। यद्यपि वह अपने आपको खुश दिखाने का नाटक कर रहा था तथापि वह बहुत उदास और रूखा-रूखा दिखाई पड़ रहा था—व्यग्रता की एक सही तसवीर। उसके व्यवहार में धृष्टता के लक्षण नहीं थे और न ही उत्पात करने की धमकी; उसके हाव-भावों में डाँट-डपट और धमकाने के लक्षण भी नज़र नहीं आ रहे थे। उसकी चाल ढीली पड़ चुकी थी। उसमें वह अकड़ भी नहीं थी जिसे उसने दूसरों की दया से प्राप्त प्रभुत्व से अपनी चाल का अंग बना रखा था। स्पष्ट था उसके मन का भारी बोझ उसे क्षण-प्रतिक्षण तिल-तिल मार रहा था।

मुझे उस पर दया आई और मैंने नमस्कार कहकर उसे पुकारा। उसने उदासीन भाव से उत्तर दिया और एहसान-सा करते हुए मेरी कोठरी की ओर आया।

''मुझे लगता है, अब मुझे तुम्हारे स्वस्थ होने की प्रतीक्षा करनी होगी।'' यह मैंने अपनी दया-भावना को छिपाने के लिए, मज़ाक करते हुए कहा। ''तुम अपनी इस हालत में मुझसे मल्लयुद्ध करने की उम्मीद नहीं कर सकते। तुम इतने पतले और निर्जीव क्यों लग रहे हो ? क्या किया है तुमने अपने साथ ?''

''कुछ नहीं, मैं बिलकुल ठीक हूँ। क्या तुम सचमुच लड़ने के लिए तैयार हो ? खूब ! तो हम कब मल्लयुद्ध कर सकते हैं ?...आज ?...कल ?''

''तुम जब चाहो, पर उस समय तक नहीं जब तक तुम ठीक नहीं हो जाते। मैं लाश के साथ लड़ना नहीं चाहता। मरे हुए को कौन मारता है ? मैं एक मरे समान व्यक्ति में चाकू घोंपकर अपना चाकू गंदा नहीं करूँगा ! मैं अपने शस्त्रों की इज़्ज़त करता हूँ, उससे कहीं अधिक जैसा तुम सोचते हो।''

''बंद करो यह बकवास। मेरे में कुछ गड़बड़ नहीं है। पिछले दिनों मुझे थोड़ा सा फ्लू हो गया था, लेकिन अब मैं बिलकुल ठीक हूँ। इस मामले का अब निर्णय हो जाना चाहिए, जितनी जल्दी हो सके।''

''जैसी तुम्हारी इच्छा। मैं भी यही सोचता हूँ कि इसका निपटारा जल्दी ही हो जाना चाहिए। बस, तुम जल्दी से ठीक हो जाओ, समय नष्ट न करो।''

''यह फ़िजूल बातें हैं। मैं तुम्हारे छल जानता हूँ, तुम बदमाश हो, चालाक हिंदू। तुम इससे बाहर निकलना चाहते हो, परंतु मैं तुम्हें ऐसा नहीं करने दूँगा। विश्वास रखो।''

''तुम जो चाहो, सोचो। मैं जो कह रहा हूँ, मैं उस पर स्थिर हूँ। जिस दिन तुम्हारा स्वास्थ्य मल्लयुद्ध करने के योग्य हो जाएगा मुझे तुम्हारी चुनौती स्वीकार होगी।''

''अच्छी बात, इसे हम अगले महीने के लिए छोड़ देते हैं। तब तक मैं तुम्हारे साथ लड़ने के लिए अवश्य स्वस्थ हो जाऊँगा। तब कोई बहाना नहीं चलेगा। क्यों...स्वीकार है ?''

''हाँ, अगर उस समय तक तुम पूरी तरह स्वस्थ हो गए तो।''

''हाँ'', चलते-चलते मेरा हाथ पकड़कर बोला, ''तुम्हें बता दूँ कि तुम्हारा मित्र कुछ समय पहले मुझे मिला था—वही बूढ़ा कैदी जिसके साथ तुम छिप-छिपकर किताबें अदलते-बदलते रहते हो। (उसका अभिप्राय पंडित जगतराम से था जो गद्दर षड्यंत्र के सन् 1914 का कैदी थे और आजीवन कैद की सजा काट रहे थे)। तुम्हारे लिए उसने यह संदेश भेजा है।...पकड़ो।''

मुझे उसने एक पर्ची दी और मेरे सामने कुछ ऐसे खड़ा हो गया कि पहरेदार मुझे देख न सके। वास्तव में, वह उस पर्ची के बहाने मेरे साथ पुनः संपर्क बनाने के लिए आया था। परंतु अपने बचकाने अभिमान के कारण वह ऐसा बरताव कर

रहा था जैसे कि वह किसी विशेष काम से पहरेदार से बात करने आया हो।

"बहुत-बहुत धन्यवाद, नबीबक्श। मैं तुम्हारा बहुत आभारी हूँ। कैदियों के गुप्त संदेशों को पहुँचाने में तुम बहुत जोखिम उठा रहे हो। इसका परिणाम क्या हो सकता है, क्या तुम जानते हो ?"

"भगवान के लिए बकवास बंद करो। मुझे तुम्हारा आभार नहीं चाहिए और परिणामों से तुम्हें क्या वास्ता ? तुम्हारी यह चोंचलेबाज़ी मुझे अच्छी नहीं लगती, इससे घिन आती है। इसे बंद करो, मैं और सुनना नहीं चाहता। हाँ, तुम अगर जवाब भेजना चाहो तो मुझे दे दो, मैं तुम्हारे लिए एक पर्ची और पेंसिल लाया हूँ।"

मैंने उत्तर लिखा और उसे दे दिया।

"मैं इसे अभी पहुँचा दूँगा। बैरक में जाते-जाते रास्ते में उसे पकड़ा दूँगा।" यह कहने के साथ और एक-दो सप्ताह में फिर आने का वायदा करते हुए वह मुसकराता हुआ वहाँ से चला गया।

किंतु उसके बाद मैंने उसे फिर कभी नहीं देखा, वह कभी वापस नहीं आया। केवल रुक-रुककर थोड़े-थोड़े समय के बाद कभी इधर से और कभी उधर से मेरे पास एक कहानी पहुँची और वह भी लगभग छः महीने के बाद। एक ओर वह कहानी बहुत भयानक थी और दूसरी ओर पराक्रम की गाथा। समय के साथ उस पर काफ़ी धूल-मिट्टी पड़ चुकी थी।

सुनने में आया कि जब वह मेरे संदेश को पहुँचाने के लिए पंडित जी के पास जा रहा था, दुर्भाग्यवश जेल-अध्यक्ष भी जेल का निरीक्षण करते हुए उसी क्षेत्र में पहुँचा हुआ था। वह पंजाब की जेलों का अति क्रूर और निर्दयी अधिकारी था। अंग्रेज सरकार का वह भ्रष्ट कारिंदा अपने आपको बहुत शक्तिशाली समझता था। उसे अपना प्रभुत्व जमाने का उन्माद था। अपना रोब जमाने के लिए वह कैदियों को मारता था, उनकी तलाशी लेता था। निरीक्षण के दौरे में जो भी कैदी उसकी नज़र में आ जाता वह उसे नीचा दिखाने की कोशिश करता था। वह ढींग हाँकता था कि उसकी शक्ल देखते ही कैदी थर-थर काँपने लगते थे। अपनी इस अमानवीय सफलता का उसे बहुत घमंड था।

उसने जब नबीबक्श को उस आँगन में जाते देखा जो उसकी बैरक के क्षेत्र में नहीं था तो वह उस पर टूट पड़ा। गंदी गालियों के साथ उसे ठोकरें और घूँसे मारते हुए उसने नबीबक्श से स्पष्टीकरण माँगा। उसके इस व्यवहार से नबीबक्श आग बबूला हो उठा और कड़े शब्दों में उसका प्रतिरोध किया।

दैनिक दौरे में जेल-अध्यक्ष के साथ बदमाश कैदियों का जत्था रहता था। उसने उन कैदियों से नबीबक्श को बहुत पिटवाया। उसे नीचा दिखाने और तलाशी लेने के लिए उसके कपड़े उतारकर उसे नंगा कर दिया। तलाशी में कपड़ों की जेब से उन्हें संदेशवाली पर्ची मिल गई।

उस पर्ची पर जब उस अवमानव ने एक्वीनॉस शब्द पढ़ा तो उसके क्रोध की

कोई सीमा नहीं रही, उसकी जुल्म करने की प्रवृत्ति तीव्रोत्तर हो गई। वह मूर्ख उसे गुप्त भाषा समझ बैठा था। उसका सिर घूम गया। (पर्ची पर लिखा था, मुझे एक्वीनॉस बहुत अच्छी लगी है—यह विशेष आकर्षक है, तुम्हें जल्दी ही मिलवाऊँगा)।

वे धूर्त, निर्ममता से उसे पीटते हुए, उससे एक्वीनॉस का अर्थ और पर्ची देने वाले का नाम पूछते रहे। नबीबक्श बहादुर पठान था। उसने नाम बतलाने से साफ़ इनकार कर दिया। एक्वीनॉस के अर्थ वह स्वयं नहीं जानता था, उन्हें क्या बतलाता। जब पर्ची भेजनेवाले का नाम बतलाने के लिए उसे और पीटा गया तो वह आपे से बाहर हो गया। उसने जेल-अध्यक्ष के मुँह पर थूक दिया।

जेलवासियों का कहना था कि इस पर जेल-अध्यक्ष को इतना क्रोध आया कि वह अपना संयम खो बैठा। उसने नबीबक्श को और पिटवाया। उसके गुंडे उसे तब तक पीटते रहे जब तक वह खून से लथपथ और बेहोश नहीं हो गया। उसके बेहोश हो जाने पर वे उसके मुँह पर पानी छिड़कते थे और जैसे ही वह होश में आता था, वे उससे पर्ची भेजनेवाले का नाम पूछते थे। उसके इनकार करने पर वे उसे फिर से मारते थे और मारते जाते थे जब तक वह फिर बेहोश नहीं हो जाता था।

उन्होंने उसके शरीर के नाजुक अंगों के बाल नोचे, उसकी नासिकाओं में जलती दियासलाइयाँ डालीं, उसके कई दाँत तोड़ दिए, पाँवों की उँगलियों के नाखून उखाड़े, उसके गुदा में लकड़ी का डंडा डाला, उसके लैंगिक अंगों को ऐंठा। पूछताछ का यह क्रम जेल-अध्यक्ष के निर्देशानुसार हुआ। पर्ची भेजनेवाले का नाम जानने के लिए उसे एक के बाद दूसरी यातना पहुँचाई गई, परंतु वे अपने उद्देश्य में सफल न हो पाए। नाम बताकर नबीबक्श उन यातनाओं से आसानी से बच सकता था। परंतु स्वाभिमानी पठानों के सपूत ने नाम बताने से साफ़ इनकार कर दिया और बहादुरी के साथ सब यातनाएँ झेलता गया।

आधी रात तक वे उसे मारते-पीटते रहे, परंतु उसके मनोबल को तोड़ न सके। वह नाम 'न बतलाने' पर अड़ा रहा और बीच-बीच में जब अवसर मिलता था उन पर गालियों की बौछार करता था। फिर ऐसी स्थिति भी आ गई जब बेहोश होने के बाद पानी छिड़कने व डालने के बाद भी वे उसे होश में नहीं ला सके। तब हताश होकर उन्होंने उसे कोठरी के एक कोने में फेंककर, लोहे के दरवाज़े पर एक बड़ा ताला लगा दिया और वहाँ से चले गए। बेचारा नबीबक्श, खून से लथपथ, ज़ख्मी और बेहोश, घायल गरुड़ की तरह जमीन पर पड़ा रहा। उसका रिसता खून, कोठरी की गंदगी और मलिनता के साथ उसके शरीर पर चिपक गया।

दूसरे दिन, जेल-अध्यक्ष अपने पूरे जत्थे के साथ वहाँ आया। उन्होंने उसे जीवित ही नहीं होश में भी पाया। मुझे बताया गया था कि उस समय उसका चेहरा मांस का एक भद्दा चिथड़ा दिखाई पड़ रहा था, उसकी नाक जमे हुए खून का एक पिंड था और उसके सूजे हुए होंठों का रंग कच्ची कलेजी जैसा था; उसकी एक आँख बंद थी और भौंहों के कटे हुए मांस में बुरी तरह से धँसी हुई थी। प्यास से झुलसी

जबान बाहर को लटक रही थी जैसे कि वह कोई मोटा और भारी चमड़ा हो। वह दर्द से कराह रहा था और उसका शरीर बुखार से जल रहा था।

उन्होंने उसे ठोकरें मारीं, फिर तलाशी लेकर और 'पूछताछ' करने के लिए उसे घसीटते हुए बैरक में ले गए। वहाँ वह किसी तरह घिसटते हुए एक कोने में बने शौचालय में पहुँच गया जहाँ उसने ईंटा और चून से बने शौचालय-स्थल के नीचे चाकू छिपा रखे थे।

पहले कि जेल-अध्यक्ष के आदमी कुछ समझ पाते, नबीबक्श ने चाकू उठाया, उसकी कमानी दबाई और अपनी पूरी शक्ति लगाकर जेल-अध्यक्ष पर हमला कर दिया। नबीबक्श की बाँह बुरी तरह से घायल थी, इसलिए निशाना ठीक नहीं बैठा, उसका हाथ डगमगाया और चाकू तिरछा होकर निशाने से नीचे लगा। जेल-अध्यक्ष की फूली तोंद को चीर डालने के स्थान पर चाकू उसकी जाँघों के बीच लगा और उसके लैंगिक अंगों को बुरी तरह से घायल कर डाला। पहले की वह चाकू को घाव से बाहर खींचकर दोबारा आघात कर पाता, जेल-अध्यक्ष के एक आदमी ने उसके सिर पर डंडा मारकर उसे बेहोश कर दिया। जेल-अध्यक्ष भी बेहोश था, उसे तुरंत सिविल अस्पताल ले जाया गया। वहाँ उसे तीन महीने रहना पड़ा—पहला पखवाड़ा जीवन और मृत्यु के संघर्ष में बीता। जेल-अध्यक्ष की अनुपस्थिति के कारण नबीबक्श को जीवित रह सकने का एक और अवसर मिला।

कुछ समय बाद नबीबक्श पर 'खून करने के प्रयास' के जुर्म में मुकदमा चलाया गया—उसे आजीवन कैद की सजा मिली। उसके पश्चात् उसके बूढ़े प्रभावशाली पिता की दया-याचना पर उसे पेशावर भेज दिया गया। पेशावर उसके गाँव के निकट था, इसलिए उसके पिता ने सोचा कि वहाँ वह अपने बचे हुए इकलौते बेटे से कभी-कभी मुलाकात कर सकेगा। उसे क्या पता था कि उसके भाग्य में कुछ और ही लिखा था; वह नहीं जानता था कि वह अपने बेटे को निकट बुलाकर उसकी मृत्यु को बुलावा दे रहा था।

जब नबीबक्श पेशावर जेल पहुँचा तो उसने वहाँ देखा कि उसके छोटे भाई का हत्यारा भी उसी जेल में आजीवन कैद भुगत रहा था। नबीबक्श उस समय भी बहुत कमज़ोर था। परंतु वह यह सहन नहीं कर पाया कि उसका वह पुराना शत्रु, जो वर्षों से उसके दिमाग पर छाया हुआ था, उसी जेल और उसी हवा में साँस ले रहा था जहाँ वह स्वयं कैद था। इसने उसके बदले की भावना को पुनः प्रज्चलित कर दिया। एक दिन उसे अपना वह पुराना शत्रु दिखाई पड़ गया और उसने दिल खोलकर उसे गालियाँ दी। दूसरा भी पठान था। (दुश्मन को न माफ़ करनेवाला और न अपमान को भूलनेवाला)। गालियों के बदले में उसने भी उस पर गालियों की बौछार की। उसने नबीबक्श के भाई को मारकर अपने पिता की हत्या का बदला ले रखा था, तथापि इस समय असली खूनी नबीबक्श उसके सामने खड़ा था। इसने उसके बदले की भावना को प्रज्चलित कर दिया और नबीबक्श की गालियों ने जलती आग

में ईंधन डाला। वह उसे कैसे अनदेखा कर सकता था ? आखिर उसकी भी मर्यादा का प्रश्न था। पुराने असभ्य उद्वेगों में बेचारे शब्दों की कैसी खींचतान हो रही थी।

उसने उचित अवसर की प्रतीक्षा की। एक दिन, दिन के पूरे प्रकाश में, उसने नबीबक्श को चाकू मारकर उसका पेट चीर डाला। जब वह नीचे गिर पड़ा तो उसने उसके सिर को धड़ से अलग कर डाला। हत्यारा इससे भी संतुष्ट नहीं हुआ। जैसे कि अफ़वाह थी, उसने उसके फड़फड़ाते शरीर से अंतड़ियों और उदर को बाहर निकालकर एक तरफ फेंककर ज़ोर-ज़ोर से चिल्लाया, 'अल्लाह-ओ-अकबर' (भगवान महान् है) और फिर फुटबॉल की तरह उसके सिर को ठोकरे मारता हुआ अपनी बैरक में नाचा।

जेल की दुनिया के अपने ही कानून हैं जिनके निर्वाह में उन सब संवेदनशील नियमों और मानवीय मूल्यों को कुचल दिया जाता है जो सामान्य रूप से सभ्य व्यवहार और सदाचार का निर्देशन करते हैं।

□□□